AŞKIN GÖZYAŞLARI-III
KİMYA HATUN
BİYOGRAFİK ROMAN

Sinan YAĞMUR

...... / ...... / ....

Karatay Akademi Yayınları

Copyright© Karatay Akademi Yayınları

© Bu kitabın tüm yayın hakları Karatay Yayınlarına aittir. Yayınevinden yazılı izin alınmadan kısmen veya tamamen alıntı yapılamaz, hiçbir şekilde kopya edilemez, çoğaltılamaz ve yayımlanamaz.

Aşkın Gözyaşları-III - Kimya Hatun
Sinan Yağmur

Yayın Koordinatörü	: M. Kemal Avcıoğlu
Editör	: Nural Çiftçi
Yayın Danışmanları	: Kezban Bayık-Hikmet Yılmaz
	Ayla Erdem
Tashih	: Abdullah Erdinç
Kapak	: www.masske.com
Sayfa Düzeni	: Hikmet Yılmaz
Baskı-Cilt	:Ertem Basım Ltd. Şti / Ankara
	Tel: (0312) 284 18 14

1. Basım İlk 100.000 Kasım 2011

ISBN : 978-605-113-051-4

Kültür Bakanlığı Sertifika No: 17120

Karatay Akademi Yayınları

Fevzi Çakmak Mahallesi Menemen
Sk. No: 34 Karatay/KONYA

Tel: 0332 342 58 44 Fax: 0332 342 58 45

www.karatayakademi.com / karatayakademi@hotmail.com

AŞKIN GÖZYAŞLARI-III
KİMYA HATUN
BİYOGRAFİK ROMAN

SİNAN YAĞMUR

Sinan Yağmur:

1965 veya daha sonrası. Gerisi mi? Öncesi ve sonu bir hikâye. Dünya ile sınırlı bir ilgin varsa nerede, ne zaman doğduğunun ve öldüğünün ne anlamı var! Ömür denen kronoloji, "Aşk" ta doğmak için ol'dan öl'e, öl'den ol'a bir yolculuk değil midir? Özün közde yaşamadıktan sonra; ne öz geçmiş vardır, ne öz gelecek! En yakın insanı da, en uzak insanı da aşk ateşinde bulmaktır yaşamak. Her şeyi derinden duyabilmenin yoludur, ruhunu ateşe salmak. Ve ateşin çetelesi tutulmaz takvimlerde.

MUHABBET-İ AŞK İLE

Ölü ve ölgün ruhlara *"Allah'tan güzel yâr mi var!"* diyen tasavvufun *"Korkma! Rab sana yakın..."* mesajını güler yüzlü muştu nefesi ile üfleyen mutasavvıf yazar **Cemâlnur Sargut** hanımefendiye,

Aşka hükümlü olan yüreklere, her bir harfi müjdeler buyruğu kelimelerle cümle kapısını açan, kirpiği gözü üzerine kapanmazları sözün inceliği ile nur uykularına çağıran, isim ile ateş arasındaki o görünmez çizgiyi kelime kelime resmeden "aşkın kalemi" yazar **Nazan Bekiroğlu** hanımefendiye,

Himmeti insanlık olan nezaket ve tevâzu ile cümle canlara yüreğindeki aşk-ı muhabbeti "Hu Aşk" ile sedası ile serdeden asude ruhlu **H. Nur Artıran** hanımefendiye,

Maşk-u Mevlâna yüreğindeki billur manaları "Tenden ve benden geçmişim, sevgi yolunu seçmişim" neşidesi ile ruhunu nur rengine bürüyen **Nural Çiftçi** hanımefendiye,

Âlemde Âdem'leri değil, Âdemlerde Âlemi arayan, arayışında hayatının pınarlarınca ab-ı hayatça akan, letafetin nişanesi **Sebile Eke** hanımefendiye,

Aşkı özünde demkeşçe yaşayıp ateşin harflerini nur soluğunda şiirselleştiren, "Aşkı Üfleyen Adam" olarak namzetleşen **Kahraman Tazeoğlu** beyefendiye,

"Dünyayı hiçe satmaktır adı aşk" diye dervişâne aşkın makamında efendilik edebince, yer edinen gönül insanı **Bedirhan** Gökçe beyefendiye,

"Yazılar gönüle inen nur yağmurlarıdır" kelamınca kalemini huzurun hikmetli kapılarını açmak için aşk ile aşkın mürekkebinden besleyen **Dr. Ender Saraç** beyefendiye,

Ölmeden önce ölmeyi zerre zerre yudumlayarak "Eyvallah" desturunca ölümü aşka getiren yandığı her yangının küllerinden ter-i taze güller devşiren, "Döktüm varlığı ne varsa" diye hırsın bela tünelinden nur iklimine alnının akı ile çıkan **Murat Göğebakan** beyefendiye,

Benimle birlikte, Şems'in kuyuya atıldığı bahçede gecenin efkârını, yüreği ve kalemi ile paylaşan yazar dostum **Ahmet Küçükkerniç** beyefendiye,

Sanatına hâkim, sazına hâkim, bestelediği muhteşem eserlerle, her bir kelimemizi ilhamla süsleyen usta Bestekâr **Göksel Baktagir** beyefendiye,

Yaralı ruhlara Lokman Hekimce aşkın devahânesinden şifalar sunan, gözlerindeki gülümseyişi ile zemheri iklimlerde üşüyen yürekleri aşk-ı hâr ile ısıtan **Dr. Hüsamettin Olgun** beyefendiye,

Bütün samimiyetimle şükranlarımı arz ederim.

Sinan Yağmur

ÖNSÖZ

Ey aşk! Bu nasıl bir sır? İçine giren tufan oluyor.
Bu nasıl bir hırka? Kim giyse aşk sarhoşu olup çıkıyor.
Aşkın çilesini küçümsediğiniz an içinizdeki cehennem büyür.
Aşkın çilesiymiş aşka dayanak olan. Yeter ki yan! Dumanın bulut olur.
Yeter ki yak! Ummanlar kazan olur. Nerede ateş, orada su.
Nerede su, orada ateş. Ne tuhaf kimya!

Bazı hayat hikâyeleri vardır, sadece sonu hüzündür. Benimse ömrümün başı da sonu da hüzün. Bir ömür boyunca hiçbir şey istemeden bir erkeğe sevdalanmış ve ölene kadar bu adanmışlıktan o erkeğe bile söz etmemiş bir kadının hikâyesidir bu. Bu hikâye, kadınları, acılarını ve onların, yalnızlıklarını taşıyışlarındaki görkemli hüznü anlatıyor.

Ömrümün defterine bir önsöz yazmak istiyorum. Özü aşk olan, başı aşk sonu aşka varan. Öyle ya aşk; yakınlarını, tanıdıklarını, eksik olan şeyin diğer yarısını, yürek yarını, yârin yüreğini bulmak için susuz, suskun yola çıkmaktı. Yalnızlığına, meçhul bir gönüldaş bulup, ruh solgunluğuna maşuktan can soluğu almayı umut etmekti. Aşk, insanın en dürüst, en yüce ve en gerçek duygusu ve ihtiyacıdır. Peki maşuk? Meçhuldür. Yüce aşk doğuran gönüller az değildir; ama maşuk olabilecek ruhlar bulmak hiç de kolay değildir. Neden aşk hakikat, maşuk hayaldir? Âşığın içinde taşıdığı maşuk ile onun hakikati arasındaki uyuşmazlığın adıdır aşk, acıya yatırılmış bir hayal kırıklığıdır. Maşuklar hep hevesin muhataplarıdır, tenselliğe dayalıdır; ama ilk başlarda aşkla kendi yüzlerine makyaj yapıyorlar? Neden? Çünkü muhtacız, doğruya benzeyen yalana bile çok muhtacız. Ben, bu hayatın cahil ve çirkin çizgisinin dışında kalan, sürekli, gönül sahibi, mana ehli, dert ortağı, ruhi halveti doygun ve diğer âlemi tanıyan yolcumu bekledim. Geldi. Ben Şems'imi buldum. Ya sizler?

Hayat ne umduğumuz kadar önemlidir, ne de sandığımız kadar önemsiz. Hayat, çoğumuz için kendisi ile ismi arasındaki o kısa çizgiye sığanlardır. Hayat, su üzerinde yürümek, yürürken yüzünü suya dönmektir. Benim hayatım, ölümü uslandırmak için değil, ölmeye sevgi ile razı olma gayretidir. Peki gerçek hayat ne? Yaşamak istediklerinle yaşadıkların arasında kalan.

Sevdama söz söylemeyin bırakın yüreklerde tarih olsun. Hüzünle yetinemiyorsanız alnınızda karanlığın tüm gölgeleri ile bekleyin güneşinizi. Ben güneşimi geçmiş masallardan değil derin bir sevdanın kuyusundan çıkarırım.

Ben bu aşkı alın terimle yıkamışım. Aşkını ihanetle mayalayanlara inat, acıların içinden yürümüşüm. Veda etmesini bilmek gerekir ya sabra, ben bu aşka sabrımı dökmüşüm. Yüreğimi yakmışım sevdaların uğruna, gözyaşlarımı esirgememişim gecenin koynunda. Yıkılmışım duvar diplerine, inleyişlerim hayat sofrasında kan çorbası. Zaman aşan kelimelerim kör yüreklere bir sancıdır. Evet, artık herkes sussun. Sus ey gece! Mehtap sen de sus. Deniz, çöl, yıldız ne varsa sussun. Söz sırası bende. Çekilin kenara ey karanlıklar! Şems'imi örtmeyin. Aşkımı hoşgörün bilemezsiniz Şems dolu yüreğimden ne parıltılar parlayacak.

Ne aynalar parçaladık içimizde. Yüreğimiz bin parça. Bir yanımız kış diğer yanımız nevbahar. Masallara bırakılmış sevdaları sevdamız sandık, sevgi ekmeğine nefreti katık ettik. Gözlerimizde yaşlar vardı sadece ve yüzümüz ihanet... Yüzümüz maskeli, yüzümüz, kaç tane yüzümüz var unuttuk. Sevgi bir nefes kadar yakın bazen. Bazen biz kadar bize uzak. Gözlerimiz dolsa da bin bir acı ile bir şeyler kalır içimizde hafif yanık hafif dumanlı. Kurak topraklar gibi yüreğimiz, bir tatlı tebessüme muhtacız, uzağız kendimize. Gözlerden damlayan, ateşten bir yağmur. Bizler aynaların içinde hapis kalan gölgeler gibiyiz. Parmak ucunuza mum dikip yakın. Yakın da aşkta yanmak nedir bir görün.

Hayalleriniz var mı? Hayatınızın kaçta kaçını yaşadınız? Hülyalarınız, içine sığındığınız yasaklara mı kurban gitti? Siz yüreğinizi ne kadar dinliyorsunuz bilmem ama ben gittiğim yere yüreğimi de götürüyorum. Artık, yüreğime doğru akıtıyorum gözyaşlarımı. Gözyaşlarımla gidiyorum hayallerime.

Biliyorum ki; bu yürek bu tende oldukça daha çok defa ağlayacağım. Umarım beni anlıyorsunuzdur çünkü benim sizden başka kimsem yok. Gözyaşlarımı ancak siz görebilirsiniz. Çığlığımı ancak siz duyabilirsiniz ve bir gün benimle beraber siz de ağlarsınız. Sahi, benimle ağlar mısınız?

Ben, Kimya... Ben Rabb'ime âşık bir garip kul... Ben Mevlâna'nın ciğerparesi Kimya... Ben dünyanın anlamamakta ayak dirediği ve yüreğine parmak sayısınca kişinin agâh olduğu Tebrizli Şems'i anlamış, yaşamış, maşuğum. Şems... Şems... diye inleyen acıların çağırdığı kelimeler kadar gerçek, gerçeğin acılarından mutlulukla geçen o kadınım... Aşka sadık, maşuğa yanık bütün kadınların kendilerini seyrettikleri bir ayna, hayatın boz bulanık tozlarının kirletemediği simyasını, sırrını, boğum boğum her zerresinde yansıtan Kimya... Bizi anlamanızı, anlayanların bize bir Fatiha ve üç İhlas okumasını istirham ediyorum. Aşk adına. Aşkın nârına... Biz aşkı yaşadık, aşkla yaşadık, aşkla sonsuzluğa ulaştık. Biz sizler adına sevdik. Aşkın masumiyetini size emanet ederek ayrıldık başı muamma sonu muhal yeryüzü yatağından. Biz toprağın üstü için değil toprağın altı için yaşadık.

Sakın bu aşkı beşerî aşkla karıştırmayın, anlamlandırmayın. Ve bizi sakın üzmeyin vebalimiz büyüktür üstünüze almayın. Biz sadece sevdik; her şeyi, herkesi, Yaradan'ın penceresinden bakıp gördüğümüz her varlığı.

Ben, kaderi, ilân-ı aşkının ilk harflerinde saklı bir suskun kadın... Kaderin cilvesi ki, bazı aşklar ancak «Bir mahzun kadının duran kalbi»yle ölümsüzleşebiliyor ve geriye sizlere miras olarak vuslatın ocağında birkaç damla, kanlı gözyaşı bırakıyorum.

Güya gibi yaşayanlara gözlerimi vermek istiyorum son kez, sonra sormak istiyorum:

"Ey gözleri aşkın gözyaşlarında yıkananlar!

Ağlamak gittikçe daha çok zorlaşırken var mı benim için de birkaç damla gözyaşınız?"

Şems'in Kimya'sı

ÇOCUKLUĞUM

Ben rüya görmüş bir dilsiz, âlem ise hep sağır. Ben söylemekten âciz, âlem ise duymaktan... Maneviyat âşıklarını aşk-ı muhabbetle dinle; onlar hazineyi meşakkatle huzura taşımaktan biteviye yorulmazlar...

1 Kasım 1229 İznik'in İnikli köyünde doğmuşum. Babam, İranlı bir halı tüccarı iken ticaret için kasabaya geldiğinde annemi tanımış. Birbirlerine âşık olmuşlar. Annem Hristiyan, babam ise Müslüman olunca, büyük dayım bu evliliğe şiddetle karşı çıkmış ve annemi önce evden sonra kasabadan kovmuşlar. Bana hamile iken, dedemin köyüne küçük bir göz odalı eve taşınmak zorunda kalmışlar. Babam işi gereği sürekli yolculuk yapmak zorunda olduğundan annemi güvenilir bir yere yerleştirmek istemiş. O nedenle annemin doğduğu köyde benim de doğumum gerçekleşmiş.

Küçük bir köyde, ufak bir evde yaşıyorduk. Annemin doğduğu ev, gelin geldiği ev oldu aynı zamanda. Annemin dinî inancına saygı gösteren babam asla ona dini telkinlerde bulunup Müslüman olması için baskı kurmadı. Annem de babamın inanç ve ibadetlerine müdahale etmedi.

Bir Rum kasabası olan Elbeyli'deki Hristiyanlar başta müsamaha gösterdikleri babama, zamanla kin duymaya ve dini ile alay etmeye başladılar. Köyde, Haçlı seferlerinin kalıntıları hâlâ dipdiriydi. Bana gelince, annem ve babam, küçük Kristina büyüyünce dinine kendi karar versin diye anlaşmışlar. Annem ismimi koyarken, "Bir çocuk, annesinin dinine bağlı olur," diye düşünmüş.

Hayat, macerasını bulmuş, ağır ağır zaman nehrinde akmaya devam ediyordu. Büyük mutluluklar yaşanan küçük evde, minik bir kelebektim sevilen, paylaşılamayan. Yanağıma, ellerime öpücük kondurmak, onların dünyadaki mutluluklarına mutluluk katıyordu.

Ailenin ilk çocuğuydum. Zayıf, sıska ve yerinde duramayan, kedi kovalayan, nerede bir ağaç görse ona tırmanarak en yukarısına çıkan ve bir dala oturup yemyeşil çayırlıkları seyretmekten zevk alan bir çocuk. Babam benim bu hallerime " Hiç de bir kız çocuğu gibi değil, bez bebeklerle oynayacağına oğlanlar gibi sekerek koşup hopluyor," diyordu.

Babam kervan ile yola çıktığında arkasından ağlayarak el sallardım. Döndüğünde boynuna sarılır ve çantasındaki şekerlerimi avuçlardım. Annem yaramazlıklarımdan şikâyet edip dururdu. Bahçeye saklandığımda konu komşu beni ararlardı. Hava kararsa dahi eve gitmekten hoşlanmazdım. Hep bir kuş olmayı isterdim, dünyayı gökyüzünden seyrederek süzülen bir kuş. Kartal, şahin, serçe ya da kırlangıç fark etmez.

Yeter ki kanatlarım olsun uçayım. Bu çocukluk hayalimi ileriki yıllarda Şems sezmiş olacak ki bana genellikle "Serçecik" diye takılırdı.

Büyüdüğümde Şems'in serçeciği olacaktım, küçüklüğümde babamın kelebeğiydim. Bana sürekli olarak kelebek hikâyeleri anlatırdı babam.

"Bir zamanlar ufacık bir kelebek yaşarmış uçurumlarla çevrili bir dağ başında. Daha kozasından yeni çıkan yavru kelebek, minik kanatlarıyla uçmaya çalışırmış. Her kanat çırpışında yaşama sevinci akarmış üzerinden. Bir an önce uçup uzaklara gitmek istiyormuş. Hemen annesinin karşısına çıkıp durumu anlatmış: "Kısacık ömrümü dağ başında geçirmek istemiyorum, yeni yerler, farklı bitkiler tanımak istiyorum." demiş. Annesi: "Olmaz, bizim ömrümüz zaten kısadır, uzaklara gidemezsin, üstelik burayı çevreleyen uçurumları aşamazsın. Düşersin uçurumdan, kırılırsın, incinirsin, ölürsün yavrucuğum." demiş. Yavru kelebek: "Ya yasakladığın uçurum benim uçurumumsa o uçurumda özgürlüğüm varsa, ben varsam..."

Sonra, ölmeyecek miyiz eninde sonunda? Ne fark eder burada ya da başka yerde?" demiş ve uçuruma doğru kanat çırpmaya başlamış. Gözden kaybolana dek arkasından bakmış anne kelebek ve uzaklaşıp giden yavrusunun ardından son sözlerini söylemiş:

"Kendi göğünde doğmak için uzak bir yıldız misali, kendi uçurumundan düşmen gerekirmiş. Kaderin buymuş yavrum..."

Babamın anlattığı hikâye yazgımın okunmasıydı âdeta. Anlamıştı babam taa o günlerde ömrümün uzun yollar üzerine kurulduğunu ve kısa bir hayat sürdürüp gençliğimin baharında öleceğimi. Öyle ya, kelebeklerin ömrü azdı.

Çocukluğumda en çok sevdiğim şey bir ağacın üzerinde oturtup etrafı seyretmekti. Ağacın güzelliğini kelimelerle anlayamazsın, gözlerinle o ağacı görmen gerek. Ağacın altına uzanmak, yapraklarının hışırtısındaki musikiyi dinlemek, gövdesine tırmanmak, daldan dala geçmek ve oturup seyre dalmak. Fezaya çıkmak isterdim hep. Yıldızları beşik yapıp gökte uyumak isterdim. Babam bana ahireti anlatırken ağaçlardan, ormandan örnek verirdi. Dünya, ihtirasın elinde karanlık bir ormandı. İnanç, umut ve ibadetle aydınlatılabilirdi ancak bu kara orman. Ahiret aydınlık, rengârenk bir ormandı. Bu güzel ormana aşk ile yürünebilirdi.

Dağda uzun yürüyüşleri, gölgeli ikindide ağaçlar arasında koşuşturmayı seven, neşeli, bol çığlıklı bir çocuktum. Gelincik tarlalarını seyretmekten, küçük dereleri, kuş seslerini dinlemekten keyif alırdım. Ele avuca sığmaz bir çocuktum. Çocukluğumun güneşli uykuları annemin sesiyle bölünürdü. Günlerim hep ışıklı geçerdi. İçimdeki şenliğin ışığıydı bunlar. Hiç bitmeyecekmiş gibi gelen, ama o kadar çabuk bitiveren, sabun köpüğü gibi uçup giden, ardında ince yorgunluklar, çocukça arzular ve akşam kızıllığına doğru yükselen toz bulutları bırakan ışıklı günler.

Annem beni hikâyelerle ve ninnilerle uyuturdu. En sevdiğim hikâye "Fakir bir kadın ve kızı." Fakir bir kadın, kucağında kızı ile kırlarda dolaşırken yolunu şaşırmış ve kaybolmuş. Günlerce aç kalmışlar. Nihayet bir çobanla karşılaşmışlar. Çoban onların bu haline acımış ve biraz ekmek vermiş. Annesi ekmekten bir lokma dahi almadan kucağında uyuyan yavrusunun uyanmasını beklemiş. Kızının gözlerini açtığını fark edince ekmeği ona uzatıvermiş. Kız, annesinin de aç olduğunu bildiği için "Sen de ye anneciğim" demiş. Anne yemediği halde; "Ben yedim yavrum. Sen devam et." demiş. Böylece ekmeğin tamamını çocuğa yedirmiş, kendisi aç kalmış.

Bu hikâye beni çok etkilemişti ve ömrüm boyunca nerede aç bir insan olduğunu duysam hemen koşup yardım ederim.

Yaşadığımız yerde bir Müslüman'la, bir Hristiyan'ın evliliği, evin dışındakiler tarafından hiçbir zaman hoş karşılanmadı. Sürekli konuşulanlar, artık hem annemin hem de babamın huzurunu kaçırmaya başlamıştı. Kolay değildi. Farklı dinlere mensup iki kişinin aynı çatı altında yaşaması ve doğan çocuklarının da –onlara göre– din yönünden arada kalması, kabul edilemez bir durumdu.

Evimize gelen Hristiyan kadınlar, babamın namaz kıldığı seccadesini ya da sürekli okuduğu Kur'an-ı Kerim'ini gördüklerinde, anneme türlü serzenişlerde bulunurlardı. Babam için de durum bundan farklı değildi. Annemin, önünde dua ettiği Hz. Meryem ve Hz. İsa ikonalarından dolayı, babamın hiçbir Müslüman arkadaşı evimize girmek istemezdi. Müslümanlara göre bizim evimiz bir kiliseydi, Hristiyanlara göre ise bir cami. İki tarafın mensupları da bırakın diğer dine ait ibadethanelere girmeyi, önlerinden bile geçmekten son derece rahatsız olurlardı.

Bu kadar karmaşa ve insanların bize bakışları, belki de Konstantiniyye'ye gidişimiz için bir sebep oluşturdu. Babam ise hiçbir zaman bunu dile getirmedi. Uğraştığı halı ticaretinin, Konstantiniyye'de daha iyi yürüyeceğini düşünse de asıl sebep, burada gördüğü baskılardı.

Uzun ve meşakkatli bir yolculuğun sonunda geldiğimiz bu devasa Bizans şehri, daha önce yaşadığımız küçük yerden çok farklıydı.

Aile fertleri arasındaki dini farklılık, pek de kimsenin umurunda değildi. Bunun yanında, babamın işleri de eskisinden daha iyi yürür olmuştu. Bizans İmparatoru'nun kervanlarıyla seyahat ettiği için, ticaretini yaptığı mallar eskisinden daha güvenli bir şekilde yerine ulaşabiliyordu. Babam, eskiden kervanlara dadanan eşkıyalardan bahsederdi. Her kervan öncesi ise annemi korkunun hâkim olduğu bir telaş sarardı. Şimdilerde annemin böyle bir telaşı kalmamıştı.

Küçük bir bahçesi olan, iki katlı, taştan bir binada oturuyorduk. Bahçemizin girişinde sağ tarafta, kapının karşısında bir üzüm asmamız vardı. Babam, birkaç gün uğraşıp, o üzüm asması için yapılan çardağı onarmış ve onun altına bir sedir kondurmuştu. Çardağı o kadar sağlam onarmıştı ki, bana ipten bir salıncak bile yapmıştı. Arada sırada, beni salıncağa bindirir, "Uç bakalım kelebeğim," diyerek sallardı. Bazen hızlı sallamasını isterdim. Göklere, en yükseklere çıkmak için ısrar ederdim.

"Sen nasıl bir kız çocuğusun, anlamıyorum?" diye gülümserdi. "Hiç korkmaz mısın, minik kelebek..."

Korku, sadece kız çocukları için miydi?

Bir keresinde, arkadaşlarımla sokakta oynarken, tasmasından kurtulan küçük bir köpek aramıza girmiş, benimle oyun oynayan erkek çocuklar ağlayarak kaçışmışlardı. Neden o köpekten kaçmadığımı, inanın ben de bilmiyorum. Kaçmamıştım işte. Belki de kaçamamıştım. Ama o yavru köpekten korkmadığımı iyi biliyordum. Üstümü başımı, ellerimi koklayan köpeğin karşısında, öylece hareketsiz dururken gelen sahibi, küçük yaşımda gösterdiğim cesareti görmüş, "Aferin sana, " diye gülümsemişti.

Eve gelip, başımdan geçenleri anlattığımda ise, geçmiş bir olay için annem fazlaca telaşlanmıştı.

"Başına olmadık bir şey gelecek sokakta. Bundan sonra evimizin bahçesinde oynayacaksın. Sana kötü bir şey olsa, babana ne derim ben?"

Bu cezanın sebebi, başıma kötü bir şeyin gelmesi mi? Yoksa babamın buna tepki verip, üzülmesi miydi?

Ya babamın başına gelen kötü bir olay, hepimizi üzerse? İşte, ileriki günlerde oluşacak böyle bir durumdan şimdilik haberimiz yoktu...

KALBİMİN ÜZERİNDEKİ BUZ: KONSTANTİNİYYE

Yaram artık kanamıyor, biz artık gölgesiz kaldık.
Kulluk cennet karşılığında bile feda edilmezdi.
Kulluğunu kurban edeceksen, Allah için olmalı.
Allah'a kul olmak için Leyla'ya köle olmaya gerek yok!

Konstantiniyye... Köyümden, alışık olduğum yuvamdan ayrılıp geldiğim Bizans...

Etrafı, irili ufaklı taş surlarla çevrilmiş, kasveti insanın içini ürperten şehir. Haçlı seferlerinin hıncı ile ayakta duran kara suratlı sokaklar. Güneşin isteksizce üzerine doğduğu çan sesleri ile fırtınaların dalga dalga surlarına vurduğu uğultular şehri. Bu koca şehre bir türlü alışamamıştım. Sanki bu şehirde yok olup gidecektim. Neden herkes bu kadar soğuk ve itici geliyordu bana...

Buna bir türlü anlam veremiyorum. Her Pazar kilisede düzenlenen ayine katılıyordum ama kilisedekiler sırf babamın Müslüman olmasından dolayı, bizi bir türlü aralarına kabul etmez bir tavır sergiliyorlardı. Dua ederken bile yanımıza gelmemek, yanımızda durmamak için çabalayan insan görüntüleri beni fazlasıyla üzmekteydi. Oysa babam, onlara karşı oldukça hoş görülü davranmaktaydı. Allah'a inanmanın birçok yolu olduğu, mühim olanın, kimin hangi dinde olduğu değil, Yüce Yaradan'a nasıl kulluk ettiği olduğunu anlatırdı.

Yine bir Pazar günüydü. Annemle beraber, Aziz Yorgi Kilisesi'ne gitmek için hazırlık yapıyorduk. Ben, bir gün önce giydiğim kıyafetlerle kiliseye gitmeye hazırlanırken, babam anneme,

- Neden kiliseye gündelik kıyafetlerinizle gidiyorsunuz? diye sordu.

- Kıyafetlerimizde ne varmış? diyen annem, şaşkın bir halde hem kendi kıyafetlerine, hem de benim kıyafetlerime bakıyordu.

- Allah'ın huzuruna çıkıp, ondan merhamet ve lütuf dilenmeye gidiyorsunuz. Daha temiz, daha güzel elbiselerle gitmek dururken, bunlarla gitmek doğru mu? diye sordu babam.

- Allah üzerimizdekilere bakarak mı kabul edecek, ettiğimiz duaları? dedi annem.

Babam sakalını sıvazladı. Yanıma gelerek saçlarımı okşadı. Gülümsüyordu. Her zaman ki gibi değil, sanki bu kez daha içten gülümsüyordu. Anneme döndü. Annemin gözlerinin içine baktığından emindim. Yumuşak bir ses tonuyla konuşmasına devam etti:

"Bak, " dedi. "Gönlün sahibi, Yüce Allah'tır. Nasıl ki, evimize bir misafir geleceği zaman ortalığı silip süpürüyor, etrafı daha da güzelleştirmek için türlü çabalar sarf ediyorsun. Misafirini ağırlamak için, türlü yiyeceklerin en güzellerini sofraya koymak için uğraşıyorsun. İşte, gönlünü açtığın Yaradan'a da öyle davranmalısın. Kaldı ki, evimize gelenler sadece misafir. Bu evin, bu eşyaların sahipleri değiller bile. Bir zaman ağırlayıp gönderdiğimiz kimseler. Oysa Yüce Allah, bütün bunların sahibi ve bizim mutlak efendimiz. Onu, sahip olduğu bir gönülde ağırlarken, nasıl tertemiz bir iman gerekiyorsa, huzuruna çıkmak için de tertemiz bir beden gerekmekte. Biz Müslümanlar, işte bu yüzden her namaz öncesinde abdest ile temizlenir, temiz bir kıyafetle camiye gidip, Allah'ın huzuruna öylece çıkmaya özen gösteririz. İş kılık kıyafette değil aslında, ona gösterdiğin saygıda."

Annem bu konuşma karşısında çok şaşırmıştı. Ona göre bir Müslüman, bir Hristiyan'a daha güzel ibadet edebilmesi için öğütlerde bulunuyordu.

"Ama nasıl olur da senin gibi bir Müslüman bütün bunlara dikkat eder. Bizim gittiğimiz kilisenin, seni bu kadar ilgilendirmesi..." derken babam, annemin sözünü kesti.

"Biriniz karım, diğeriniz çocuğum. En güzel şekilde ibadet ederek kazanacağınız sevaplar, elbette ki beni ilgilendirecek." dedi.

Babam haklıydı ve çocuk aklımla bu dediklerini anlamıştım...

Kiliseye geldiğimizde ise durum, babamda gördüğüm hoşgörüden tamamen farklıydı. Simsiyah, sık sakalları neredeyse yüzünün tamamını kaplamış rahip, kürsüden verdiği vaazında Müslümanları aşağılayarak, dini anlatmaya çalışıyordu. Müslümanlar hakkında söylediği küçük düşürücü kelimeler de ise, doğrudan bizim bulunduğumuz tarafa bakması beni rahatsız ediyordu. Oysa ben de bir Hristiyan'dım ve buradaki diğer Hristiyanlar gibi dua etmeye gelmiştim.

Vaaz bitip, evlerimize gitmek için kiliseden çıktığımızda aklımda kalan bir cümle vardı. Bunu babama sormalı ve cevabını ondan almalıydım...

Eve geldiğimizde koşarak yanına gittim. Boynuna atladım. Gülerek beni kucağına aldı ve pencere kenarındaki sedire oturdu.

"Ayin güzel geçti mi bakalım?"

Güzel geçmemişti. Aslında bu cevabı vermek isterdim ama annemin de üzülmesini istemeyerek sadece,

"Güzeldi..." diyebildim. Babam ters giden bir şeylerin olduğunu hemen anlamıştı. Ben ise kilisedeki rahibin söylediği sözün karşılığını bulma niyetindeydim. "Bir şeyi merak ettim bugün, kilisede."

- Neymiş?
- Allah korkusu!
- Evet...
- Allah korkulacak bir varlık mı?
- Yerine göre. Aslında tam olarak öyle denemez. Yani..." diyerek biraz durakladı. Sakalını sıvazlayarak devam etti. "Yüce Allah her zaman sevilecek bir varlıktır kızım. Korkulması gereken şey ise ona yeteri kadar kulluk edememektir. O'nun bizden yapmamızı istediği şeyleri yapamamaktan korkmak lazım. Ayrıca bizden, asla yapmamamızı istediği şeyleri yapmaktan da korkmak. Sen, O'na kulluk için gereken vazifelerini yerine getirdikten sonra, O'nun merhameti ve sevgisi daima senin gönlümde yer alır.
- Ya bu anlattıklarının tersi olursa?
- O zaman işte, hem bu dünyada hem de öldükten sonra gideceğimiz ebedi dünyada mutlak bir azap vardır güzel kızım.
- Pişman olursak eğer, yine mi azap çekeceğiz?
- Asla, diyerek saçlarımı okşadı. "Tövbe edeceksin. Allah'tan af dileyeceksin ve aynı hatayı bir daha yapmamaya dikkat edeceksin.
- Affeder mi o zaman?
- Yüce Allah affetmek için, insanlara tövbe kapısını açmıştır. Affetmeyecek olsa, neden bunu yapsın ki?

Evet... İşte aradığım cevap buydu...

Babam böylesine hoşgörü sahibi bir insan olmasına karşın, babamın başına gelen kötü bir olay beni annemin inandığı dinden artık iyice soğutmuştu.

Sıcak bir yaz günü, babam evimizin bahçesindeki üzüm asması için yaptığı çardakta öğle vakitleri kıldığı namaz için hazırlanıyordu. Ben sokaktaki çocuklarla oynamak için bahçeden dışarıya çıktığımda, kapı yeterince örtülmemiş olacak ki, ağır ağır açılmış. Babam ise ibadet etmeye başladığı için, namazını yarıda kesmeyip devam etmişti.

Birkaç tane Rum gencinin bahçe kapısından içeri girdiğini gördüm. Arkalarından ben de onları takip ettim. Sarhoşlardı. İçlerinden hafif sakallı olanı, yüzü çilli olan diğerinin omzuna elini koyarak:

"Görüyor musun?" dedi. "Şu Müslüman'ın neler yaptığına bak!"

Diğeri pis pis sırıtarak babama bakıyordu. Sakallı olan babama doğru,

"Hey, sen!" diye bağırarak önüne geçti. O sırada babam, secde ediyordu. Sakallı olan, boynundaki istavrozu çıkararak babamın önüne bıraktı. "Buna secde edeceksin!"

Babam, başını sağa ve sola çevirdikten sonra, yavaşça önünde duran istavrozu alarak, kenara bıraktı. Sarhoş olan sakallı Rum, babamın bu davranışı karşısında ona küfürler savurarak bir tekme attı.

"Senin ona dokunmak ne haddine!" diyerek, yerden aldığı istavrozu, sakalına yapıştığı babamın ağzına doğru götürüyordu. "Önce bunu öpeceksin! Sonra da önünde eğileceksin!"

Bir yandan da vurmaya devam ediyordu. Bunlara dayanamıyordum.

"Bırakın!" diyerek karşı koymak istedim ama çilli olan beni kolumdan tuttuğu gibi, avlunun ortasına fırlattı. Babama yapılanlar karşısında elimden, ağlamaktan başka bir şey gelmiyordu.

Gürültü ve patırtıyı duyan komşularımızın gelmesiyle, bu rezilliğe son verilmeseydi, bu serserilerin gideceği yoktu. İşin en acı tarafı ise, evinde, çocuğunun gözü önünde hakarete uğrayan babamın, sanki kabahatli olan taraf gibi gösterilmesiydi. Gururu incinen babam, uzunca bir süre benim ve annemim yüzüne bakamadı. Günlerce ağzını bıçak açmadı...

Bir gece gördüğüm rüyanın etkisiyle yatağımdan çığlıklar atarak fırladım. Günlerdir sessiz sedasız, vakit namazlarını kılan babam, sabahın erken saatlerinde kıldığı namazı yeni bitirmiş olacak, koşarak yanıma geldi. Annem de yattığı yerden koşarak gelmiş, yanımıza oturmuştu. Ellerimi tutuyordu. Elleri sıcacıktı babamın.

"Kızım, neyin var?" diyerek, beni göğsüne bastırdı babam.

"Bir rüya gördüm ve çok korktum..."

"Rüya işte kızım. Bak, geçti. Biz yanındayız..."

Babamın sıcak göğsüne yaslandım. Sanki korkunç bir fırtınadan, koca bir dağın kuytu bir köşesine gizlenerek korunuyordum. O ise kocaman elleriyle saçlarımı okşuyor ve Arapça bir şeyler mırıldanıyordu. Anlamıştım. Benim için dua ediyordu. O, dua ettikçe, içimi dolduran huzur damlaları koskoca bir ummana dönüşüyor, içimi ele geçiren korkuyu hızla yok ediyordu.

Duasını bitirdikten sonra, gülerek yüzüme baktı. Sol gözünün altında belli belirsiz bir morluk vardı. O günden kalan kötü bir iz. Yaraları iyileştikçe, o melun hadisenin izleri de bir bir yok olacaktı...

"Gördüğün rüyayı anlatmak ister misin?"

"Bilmem?"

"İstemiyorsan anlatma."

"Anlatırsam yeniden öyle bir rüya görmem değil mi?"

"Onu ancak Allah bilir güzel kızım."

"Anlatmak istiyorum."

"Seni dinliyorum..."

"Ağaçlarla dolu bir yerdeyim. Orman gibi ama korkutucu bir yer. Hava çok soğuk ve üşüyorum. Sanki arkamda birileri var. Ben yürüdükçe, ayın ışığı sayesinde oluşan gölgeleri önüme düşüyor. Onlardan sızan karanlıktan dolayı, bazen önümü görmüyorum, takılıp düşüyorum. Ormandan çıktıktan sonra, taşlık bir yoldan geçiyorum. Bu kez şiddetli bir yağmur başlıyor. Ayaklarım çıplak olduğu için, yerdeki çakıllar ayaklarıma batıyor, acıtıyorlar. O yüzden hızlı kaçamıyorum peşime takılan gölgelerden. Yaklaştıklarını hissediyorum. Ayak sesleri yakınlaştıkça, korkum daha da artıyor. Bağırmak, yardım bulmak için haykırmak istiyorum ama sesim çıkmıyor. Ayaklarıma batan çakıllara aldırmadan, koşuyorum. Yeniden ayağım takılıyor ve derin bir kuyuya düşüyorum. Kuyunun içinde su var. Ay ortadan kaybolmuş, gökyüzü bulutlardan simsiyah. Ağlamaya başlıyorum. Burada, bu kör kuyunun içinde öleceğimden korkuyorum. Gözyaşlarım, yağmur damlalarına karışıyor. Fakat içinde bulunduğum kuyuya dolan su, beni ağır ağır yukarı kaldırıyor. Kuyunun başında bir adam var. Bana elini uzatıyor. Ben de ona doğru elimi uzatıyorum ama bir türlü elini yakalayamıyorum. O kuyudan çıkamamaktan korkuyorum..."

"Sonra?" dedi annem. Endişeli bir hali vardı.

- Bir ses duydum ve uyandım: Rüyamdaki ses bana: *"Kalbin çoktan ulaştı, sen hala direniyorsun."* dedi.

Babam yine gülümsüyordu. Saçlarımı okşadı.

"Yusuf aleyhisselâm..." diye mırıldandı. "Kardeşleri, babalarından kıskandıkları için onu kör bir kuyuya attılar. Ama o Allah'a sığındı. Günler ve geceler boyunca hep dua etti. Hem de kimin için biliyor musun?"

"..."

"Kendisini o kuyuya atıp, ölüme terk eden kardeşlerinin affedilmesi için... Ve bir gün Yüce Allah dualarının karşılığını verdi. Oradan geçen bir kervan tarafından kurtarılmasını sağladı..."

"Sonra ne oldu Yusuf'a?"

"Mısır ülkesine sultan oldu. Kuyuya düştükten sonra Yusuf oldu o. Çünkü kendisini düşünmedi. Hep kardeşlerinin affedilmesi için dua etti... Ve sultan olduktan sonra, kardeşleri af dilemek için yanına geldiler. Babaları üzüntüsünden, Yusuf'un ardından gözyaşı dökmekten kör olmuştu. Yusuf sırtından çıkardığı giysisini kardeşlerine verdi. Babaları kendine getirilen kıyafeti kokladığında Yusuf'un yaşadığını anladı. Elbiseyi yüzüne sürdü ve kör olan gözleri yeniden açıldı..."

"Ben de mi o kuyuyu gördüm yoksa?"

"Hayır kızım. Ama sen de bir kuyudasın. Çıkmak için çabalıyorsun ama buna ne aklın, ne mantığın ne de gücün yetiyor. Bu kadar küçük yaşta, bir iman sınavından geçiyorsun. Yani güzel kızım, kuyu, Yusuf demektir ve kuyuya düşmeden Yusuf olunmaz..."

Birkaç gündür yaşadıklarımız hepimizi çok etkilemişti. Annem, sessizce ağlıyor, gözyaşları yanaklarından süzülüyordu.

"Bunların hepsi bir tesadüf olamaz. Yüce Allah, bize sürekli olarak bir şeyler söylüyor." diyerek babamın ellerine sarıldı. "Bizler de, senin dinine geçmek istiyoruz!"

Babam yine mütebessimdi ama bu durum karşısında onun da gözlerinden yaşlar dökülüyordu.

"Söyle bana, senin dinine geçmem için ne yapmalıyım?"

"Şehadet..."

Babamın bize gösterdiği şekilde abdest aldıktan sonra karşısında diz çöktük. Annem ve ben onun dediklerini tekrar ediyorduk.

"Eşhedü en lâ ilâhe illallah ve eşhedü enne Muhammeden abdûhü ve rasûlühû."

"Bu kadar mı?"

"Elbette hayır... Neye şahitlik ettiğinizi önce anlamak, sonra yaşamak zorundasınız. Ancak bu zorundalık tatlı, sevimli bir zorundalık."

"Dininizi değiştirdiniz, isimler de değişmeli. Kim hangi ismi alıyor?" diye soran babama ilk cevap annemden geldi. Annem:

"Kerra olsun..." dedi. Ben ise:

"Sen ver ismimi babacığım..." dedim. Biraz düşündü sonra,

"Masalları seversin, masallardan bir isim bulalım..." diyerek sakallını sıvazladı. Sonra yeniden saçlarımı okşayarak, gülümsedi. "Kimya olsun!"

"Kimya mı? Kimya'nın manası nedir?"

"Kimya öncelikli, özel ve değerli olan manasına gelir, benim güzel kızım..." diyerek anneme döndü. "İslam dinine göre önceki dinin bütün alışkanlıklarını yıkmalı. Temizlemeli önce ruhunu sonra içinde yaşadığı mekânı. O nedenle evdeki heykelleri kaldırmak gerek. Haç işaretli eşyaları kolyeleri atmanız gerek."

Dediklerini yaptık. Bunları yaparken sanki her seferinde üzerimizden bir ağırlık düşüyor hafifliyor, ferahlıyorduk.

Babam her akşam bize İslam dini ile ilgili bilgiler veriyordu. Cemaatle namaz kılıyorduk. Bir gün namazdan sonra bana doğru dönerek bir ayet okudu:

"Biz kalbini açıp ferahlatmadık mı ve üzerinden yükü kaldırmadık mı, o belini büken yükü? Şerefini ve itibarını yükseltmedik mi?" (İnşirah, 1-4)

Yüreğime nur üstün nur yağıyor. Ruhuma rahmet üstüne rahmet akıyor. Dilimden şükran üstün şükran dökülüyor. Huzur ve anlayışa olan özlem, kendimi arındırma isteğim ve hayatın derinliklerine dalmak.

Babamdan ilmihal ve akaid bilgilerini öğreniyordum. Zaten babamla işi gereği fazla beraberliğimiz olmuyordu. Konstantinopolis'ten Konya'ya yolculuğumuzda, mola için durduğumuzda akşamları dini sohbet yapma fırsatı doğuyordu.

Dini ilimlerde, Mevlâna babamın da bende çok eğmeği vardır.

Tasavvuf ve ilmi-ledun'da ise Şems'in...

Babamın davranışlarının güzelliği benim inancımı daha derin perçinliyordu.

Bir ikindi vaktiydi. Babamla bedesten içinde geziniyorduk. Bir dilenci geldi:

"Karnım aç, yemek parası verir misin?" dedi. Babam onu başından savdı. Az sonra başka bir adam daha geldi şarap parası istedi. Babam ona çıkarıp bir miktar para verdi.

"Babacığım İslamiyet'te şarap içmek günah değil mi?" diye sorduğumda aldığım cevap kesindi.

"Elbette."

"Peki, yemek için isteyene vermedin şarap için isteyene verdin. Ben bu işi anlamadım."

"Kızım ben doğru sözlü olmayı ödüllendirdim. İlk gelenin karnı aç değildi. Açlığı bahane edip bizim duygumuzu da hassasiyetimizi de istismar edip yalan söyledi. O parayı kumar oynamak için istiyordu... Diğerine gelince arzusunu, mertçe dile getirdi. Şarap haram, ancak insanları kandırmak, yalan söylemek daha da haram. Bazen çirkin, haramı ödüllendir ki helalin büyük tatlılığı ortaya çıksın."

İnsanlara ve hayata bakışım yeniden şekilleniyordu. Hristiyanlığın katı yaklaşımlarıyla çıkmazda kalan ruhum, İslamiyet'in engin tatlılığı ile huzur buluyordu...

Bir akşam babam, eve yüzü asık bir şekilde geldi. Onu daha önce hiç böyle görmemiştim. Yüzünde kızgınlıktan çok, bir üzüntü hâkimdi. Nedenini sormak için annem, akşam namazından sonra bir vakte kadar bekledi. Ben ise, bu üzgün haline teselli olabilmek için türlü şirinlikler yapmaya uğraşsam da bir türlü, bu sabah evimizden güler yüzüyle çıkan babamın yüzüne tebessüm dahi konduramıyordum.

Akşam namazını kıldıktan sonra, bahçeye çıktı. Yemeğe bekliyorduk.

"Aç değilim, siz yiyin..." dedi sadece. Annem, bu durumu anlamazlıktan geldi. Yanına gidip, babamın ellerini kendi avucuna aldı.

"Bak Muhammed," dedi, sevgi dolu bir sesle. "Dışarıda her ne olduysa, başında bir dert varsa bu hepimizin derdidir. Senin başına hayırlı bir olay geldiğinde, o olaya ailecek sevinmiyor muyuz? Belli ki bugün tatsız bir olay yaşamışsın. Elbet bu duruma da ortak olacağız. Ama şunu unutma ki, senin bin bir meşakkatle evimize getirdiğin nimetler, sen olmadan ne benim, ne de Kimya'nın boğazından geçmez. Sevincimiz ortaksa, acımız da ortak. Tıpkı soframız gibi," diyerek ayağa kalkan annem, hâlâ babamın ellerini tutuyordu. "Şimdi kalk bakalım Muhammed, sofrayı bekletmek günahtır..."

Babam annemin bu tavrı karşısında tam anlamıyla şaşırmıştı. Gözleri buğulandı babamın.

"Yüce Allahım'a sonsuz kere şükürler olsun ki, bana senin gibi bir zevce nasip etmiş," diyerek anneme sarılan babam, gözyaşlarını tutamıyordu.

Böyle bir akşam geçiyordu evimizde. Hiç alışık değildim oysa. Bu bir türlü sevemediğim Konstantiniyye'nin kara, puslu havası bir şekilde bizim de evimize girmişti anlaşılan. Uzun zamandır, -özellikle de bahçemizde geçen tatsız olaydan sonra- babam bu şehirden gitmeyi kafasına koymuş.

"Bugün İmparator'un adamları geldi pazara. Müslüman ve Yahudi tüccarlardan topladıkları vergiyi üç katına çıkarmışlar. Vergisini ödeyemeyen kim varsa saraya köle yapılacakmış. Sizin, benim yüzümden bu durumda kalmanız bana bu dünyada cehennemi yaşatır. Uzun zamandır iş yaptığım bir Yahudi var, birkaç kez sende görmüştün onu. Adı İshak. Bana Konya'ya gitmemi önerdi. Onun, orada akrabaları varmış. Bize yardımcı olacaklarını, beni kendisinden ayırmadan ne gerekiyorsa yar dım edeceklerini söyledi. Onlara, İshak'ın yazdığı bir mektubu götürmem yeterli olacakmış."

"O kadar eşya, bu ev ve senin malların ne olacak peki? Yollarda bu kadar eşyayla ne yaparız?"

"Aslında onu da düşündüm. Bu evi, içindeki eşyalarla ve benim mallarımla beraber satın alacak. İşte yazacağı mektup da bunun için. Bize yolda yetecek kadar bir miktar para verecek. Geri kalanını mektubu akrabalarına ulaştırdığımda onlardan alacağım."

"Güvenebilecek misin peki, İshak'a?"

"Sen orasını merak etme sultanım. Uzun zamandır iş yaparım onunla. Her ne kadar bir Yahudi de olsa, inançlı, Allah'tan korkan bir adamdır İshak," diyerek beni kucağına aldı. Ben olanlardan pek bir şey anlamamıştım ama bu anı beklediğimi çok iyi biliyordum. Sabahki güler yüzlü adam yeniden gelmişti işte…

"Selçuk sultanı Alâeddin Keykubat yönetmekteymiş Konya'yı. İshak tanıyormuş. İrfan sahibi ve oldukça hoşgörülü bir sultandır, diye bahsetti. Bir de önemli birini anlattı uzun uzun. Celâleddin-i Belh-i diyorlarmış. İlmi bir okyanusa benziyormuş. Her şey den öte, bizim gibi Müslümanların arasında olacağız…"

Birkaç gün içinde yaptığımız hazırlıklar son bulmuştu. Sabah namazının ardından hareket edecek bir kervana katılmak için evimizden çıkmıştık. Konstantiniyye'nin taştan ve dar sokaklarında ilerliyorduk. Annem babam, kendisi ve benim için üç bohça hazırlamıştı.

RUHUMA ŞEKİL VEREN ŞEHR-İ AŞK: KONYA

Dalalet gecesinin ortadan kalkması için hidayet güneşinin doğması gerekiyor. Ne yazık! Hidayete hayran olmayan yürekler şeytana secde ediyor. Gözünden iblis püskürenin aşk meclisinde işi ne!

Konstantiniyye'den ayrılan kervandaki bir devenin üzerindeydik annemle beraber. Babam, bir elinde bindiğimiz devenin yuları, aşağıda yürüyordu. Surlardan çıktığımızda, Konstantiniyye'den artık sonsuza dek ayrılıyorduk. Ardıma dönüp bir kez baktım, Hıristiyan olarak girdiğim ve Müslüman olarak çıktığım, beni hidayete erdiren Bizans şehrine...

Konstantiniyye'den Konya'ya doğru yolculuğumuz başlamış, dağlara doğru uzanan bu yolculuk bir bozkırda sona ermişti. Acı dolu mevsimlerin en çetin, en sert kışı vardı dışarıda. Kervan sanki kan revan yollara düşmüştü. Heybetli ağaçlar gece karanlığında gözümü korkuturdu. Korktuğumu anlayan babam bana sarılırdı. Dağlar, dereler, yollar aşıldı. Düz bir ovanın ortasında saklı bir cennet gibi duran Konya görünmüştü. Gerçekten bu şehir çok etkileyiciydi. Selçuklunun başşehri, insanlığın hayallerini süsleyen müstesna şehir, muhteşem mimarisiyle göz kamaştırıyordu. Taş yapılı kocaman hanlar, medreseler, sebiller, ahşap evler, şehri taçlandırıyordu. Bu şehirde bir gizem vardı.

Adını koyamadığım bir gizem. Sanki birisi beni bekliyordu. Sanki bu şehri daha önce rüyamda görmüştüm yahut bu şehirde yaşamışım da hafızam silinmiş tekrar hatırlamış gibiydim. Hani olur ya, bir olayla karşılaşırsınız içinizden ben bunu daha önce görmüştüm dersiniz ya, işte öyle bir şey. Bu şehirde beni çeken bir şey vardı. Çekme gücünü, çekilme tahammülümü sonraki yıllarda yaşayacağım bir aşk çekimi.

İçimden bir ses duydum. Bu şehir bana bir emanet hazırlamış gibi gönlüme şöyle bir ses verdi: "Aşkından bahtiyarım, ancak vuslatına azâdeyim, sırrına avâreyim."

Bahardır... Yüreğim kıpır kıpır. Hem baharın gelişi hem de çok merak ettiğim Konya'ya yolumuzun bitişi. Geniş ovalar, yeşil vadiler ve sarp dağlar arasından kıvrıla kıvrıla uzanan yolculuğumuz iki yanında gelincik denizleri ve bin bir çeşit isimsiz çiçekle süslenmiş ağaçlarla dolu. Ruhumu mütemadiyen kaplayacak bir masal şehrinin içine doğru çekiliyorum.

İkindidir. Ezanlar hoş geldin diyor bize. Yayılıyor bahar kokuları, ezanın esintisi yürek serinliğinde.

Konya'ya yerleştikten kısa bir süre sonra Hristiyan komşularımız, annem ve benim daha önceden Hristiyanken Müslümanlığa geçtiğimizi duymuşlardı. Birisi bana sordu:

- Neden dininizi değiştirdiniz?
- Ayrı bir varlığım kalmadı ki, ayrı bir dinim olsun!
- Zaten Mevlâna da Konya'da pek Hristiyan bırakmadı.
- Nasıl yani? Şehirden mi sürüyor?
- Hayır. Gönülleri fethederek onları İslamiyet'e döndürüyor.
- Mevlâna'yı daha önceden duymuştum. Onda nasıl bir hikmet var ki, merak ediyorum?
- Medresesine kadın erkek, genç yaşlı, Yahudi Hristiyan hiç

fark etmez kim olursa olsun kabul ediyor. Onu merak ederek ziyaretine gidenler gizli bir etkiye yakalanmış gibi değişerek çıkıyorlar.

- Annem izin vermez. Medresesine gidemeyebilirim ama, vaaz verdiği camiye mutlaka gideceğim.

Yılların ve yolların yorduğu babam, Konya'ya yerleştikten sonra hastalanmıştı. Gece, kuru öksürüklerini duyduğumda ciğerim parçalanıyordu. Hastalığı gün geçtikçe onu yatağa hapsediyordu. Ölümü, imanî bir tevekkül ile karşılamaya hazırlanıyordu. O, hazırdı ama ben hayatın baharında babamı kaybetmek istemiyordum. O sadece baba değildi. Arkadaşımdı. Hocamdı. İnancımı yoğuran adamdı. O, benim yiğit kahramanımdı. Onsuz, bu şehirde yapayalnız kalacaktım. Gitmesini istemiyordum. Hayatın on dördündeydim babamın alnındaki ayın on dördü gibi parlayan ışığına ağlamaklı bakmaktaydım. Benden kendisine Kur'an okumamı istiyordu. Annem diğer odada sessiz ağıtlar yakıyordu. Son gecesinde yanındaydım. Bir ara göz göze geldik. Ne bilirdim bu bakışmamızın son bakış olacağını. Bilseydim tırnaklardım duvarları, götürmeyin babamı diyerek... Annemin kulağına bir şeyler fısıldadı ve sonra bana dönerek: "Ne mutlu ki, yüce sevdiğime gidiyorum. Üzülme kızım. Peygamberimizin Allah'a yolculuğundan önce kızı Fatıma ile olan vedalaşmasını hatırla!" dedi. Babamın ellerini son kez tuttum. Boşluğa düşer gibiydi elleri. Buz gibi soğuk. Ölümün soğukluğunu hissettim babamın ellerinde. İlk acımdı. İlk kanayan yaramdı. Kim bilir belki de ileride yaşayacağım acıların acısıydı babamı kaybetmenin acısı. Gözleri gözlerime tutundu, uzak yerlere gidecekmiş gibi. Elveda der gibi baktı. Titreyen dudaklarından şu sözler döküldü;

- Göz nurum, ciğer parem! Sizi Rabbime emanet ediyorum. Sen hicranlı ruhumun tesellisisin. Ruhumda hicranlar var fakat şikâyet yok. Ondan geldim ona gidiyorum. Seccadende ellerini göklere kaldırdığın zaman babanı da hatırla, onun için dua et.

Sevgili babam... Her akşam onun bana "Bu gün neler yaptın? Demesine öyle alışkındım ki. Bütün günümü dolduran irili ufaklı, ederli etmezli her şeyi ona anlatırdım, o ise sabır ve tebessümle dinler, mutlaka kıssadan hisse bir hikâye anlatarak bana bir yol çizerdi. Onun anlattığı hikayelerde; bazen kendini tarifsiz acılarla yatağına saplamış bir prenses, bazen kendini bulmak için evinden ayrılıp ormanda kaybolan bir oduncunun kızı, bazen de içinde bulunduğu saltanattan, şatafattan tiksinip kaçan, çöllere sürülen bir kral kızı olurdum. . Artık hikâyeleri yoktu ve ben çok üzgündüm.

Babamın vefatından sonra koskoca Konya'da annem ve ben yalnızdık. Kimimiz kimsemiz yoktu. İznik'teki akrabalarımızla, oradan göç ettikten sonra bir daha görüşmemiştik. Komşularımızdan Gülbanu Hatun ve Kezban Hatun bizi sahiplenmişti. Müslümanlığın komşuluk icabetlerini en güzel şekilde yerine getiriyorlardı. Babamın halı dükkânını onun, İran'dan arkadaşı olan Zeynel Abidin hocaya devrettik, o da bizim iaşemizi tedarik ediyordu. Babamın eksikliği dışında hiçbir sıkıntımız yoktu. Medresedeki Arapça ve Farsça eğitimime devam ediyordum. Evimiz ile medrese arasındaki toprak yoldan geçerken gözüm sürekli Konya'nın uleması, irfan sultanı, Mevlâna'nın dergâhına takılıyordu. İçimden, bir gün bu dergâhta Mevlâna'nın sohbet meclisine katılacağım diyordum. Aradan altı ay geçmişti. Kezban Hatun, annemle konuşuyorlardı. Beni gördüklerinde sustular. Daha sonra konuşmaları fısıltı halinde devam etti. Kezban Hatun gittikten sonra anneme, neler oluyor diye sordum. Annem önce, benim üzülmememi isteyerek ketum davrandı. Konuyu değiştirmek istedi. Sonra, "Konya eşrafından çok sevilen bir âlimin, kendisine talip olduğunu ve ne karar vereceğini bilemediğini" söyledi. Ona, bu âlimin kim olduğunu sorduğumda, "Mevlâna Celâleddîn" dedi. Yüreğimdeki sevinç önce yüzüme sonra da sesime vurdu: Anneciğim! Bu teklif ne senin kararın ne de benim kararım. Bu ilahî kaderin hoş bir sürprizi.

Konya müftüsü Sadrettin Konevî, Kezban Hatun aracılığıyla birkaç gün sonra hayırlı iş için geleceklerini haber verdi. Mevlâna Celâleddîn'in dünürcü başı Sadreddin Konevî idi.

Rahmetli babamın daha önceden birkaç cümleyle de olsa Mevlâna ile ilgili sözleri benim ona hayranlığımı başlatmıştı. Onun sesini vaazlarında dinlemiştim. Ama ilk kez onu daha yakından göreceğim için tatlı bir heyecana sahiptim. Üstelik evimize geliyordu. Anneme talip olmuştu. Eğer annem kabul ederse Mevlâna'nın kızı olacaktım. Belki de Allah hidayete ermemin bir meyvesi olarak ödüllerini veriyordu. Mevlâna'nın kızı olmak herkese nasip olmazdı. Sabah erkenden uyandım. Odayı temizledim. Kapının önündeki gazelleri süpürdüm. Saksıdaki Kasımpatıları ve Hanımellerini giriş kapısının önüne koydum. İhtişamlı bir misafiri ağırlayacakmış gibi kusursuz bir hazırlık olmalıydı. Bayramda giydiğim gök mavisi elbiselerimi giydim. Kokular süründüm. Annem bu hâlimi görünce bana latife ile, "Kızım Mevlâna sana mı talip olacak yoksa bana mı? Bu ne hazırlık?" dedi. Güldüm. Allah murad ettiyse evliliğiniz hepimizin hayrına olsun. Gelen gönüller sultanı... Müsaade et de onun şanına yakışan bir karşılama yapayım.

Öğle namazından sonra yanlarında Sadrettin Konevî ve eşi, Mevlâna'nın annesi Türkan Hatun, oğlu Sultan Veled ile Hüsamettin Çelebi olmak üzere evimize teşrif ettiler. Ben dış kapıda onları karşıladıktan sonra içeriye buyur ettim. Heyecanımdan Mevlâna'ya başımı kaldırıp bakamadım. Misafirler odaya girdiler, ben perdenin gördüğü diğer odada onları merakla dinliyordum. Ara sıra perdeyi aralayıp ona bakıyordum. Oturuşu vakarlı, her yanı tevazu kokan, üzerine taze kar yağmış bir dağ gibiydi. İçimden, "Tam bir hak aşığı" diye mırıldandım. Sadrettin Konevî, hal hatır sualinden sonra söze başladı... "Malumunuz buraya hayırlı bir iş için geldik. Sizler Mevlâna'yı az-çok tanıyorsunuz. Bizler de sizi tanıyoruz. Dinimizin gereği, evlenecek kişilerin birbiriyle bu konuyu baş başa görüşmeleri gerekir. Biz bahçeye çıkalım, Mevlâna ve Kerra Hatun baş başa kalıp konuyu görüşsünler. Üçüncü kişi olarak da eşim Zeliha Hatun onlara refakat etsin.

Annem misafirleri uğurladıktan sonra bana doğru dönerek:

- İstediğin oldu. Kararımı verdim artık Mevlâna'nın kızısın.
- Benim istediğim değil Allah'ın istediği oldu.
- Peki rahmetli babanın hatırası ne olacak?
- Babam, Mevlâna gibi birisiyle evlenmenden rahatsız olmazdı. Kaderimiz yüreğimize hükmeden Allah'ın elinde değil midir?

Annem ile Mevlâna'nın nikahı evimizde kıyıldıktan sonra birkaç gün içerisinde eşyalarımızı topladık ve dergâha doğru yol aldık. Dervişler ile birlikte yola çıktığımızda yıllardır vatanına hasret kervancılar gibiydik.

Dışardan bakıldığında küçük ve dar gibi gözüken dergâha avlu kapısından girer girmez, genişliğinin ferahlığı sarıyordu ruhumu. Sanki cennet bahçesinden bir bahçeye girmiş gibi hissettim. Etrafı çeviren taş duvarlar, tasavvufun müjdelerini, hak eden yüreklere sunacak gibi çevriliydi. Avlunun ortasındaki havuz, havuzun etrafındaki güller, ıhlamur ağaçları, çocukluğumun kokusunu verdiler bana. Hepimiz bu dünyada ömrümüzle birlikte, ruhumuzun rüzgârını da taşıyor ve bu rüzgârda çocukluğumuzun kokularını arıyoruz ya, işte iyiliklerimiz, sevaplarımız ve güzel düşlerimiz tüten bu kokular sanki geçmişin çiçeklerini ve renklerini yeniden tazece sunuyor. Dergâhı gördüğümde yeniden doğmuş gibi hissetmem bu yüzdendi. Sanki ben burada doğmuş gibiydim.

Sabah, güneş, ışıklarını yeryüzüne süzdürmeden önce kalkıyorum. İlk işim pencereleri açmak oluyor. Kuşların cıvıltıları odama doluyor. Bir mübarek hava yüzüme, yanağıma ardından bütün bedenime dirilten bir serinlik veriyor. Güneş, merhametli bir anne gibi yüzümü okşuyor. Dergâha, içimin ışıkları, gül pembeliği ve namazdan arta kalan dualarla çıkıyorum. Çocukluğumda, "her çocuğun bir yıldızı vardır" derdi annem. Benim asumandaki kandilim ne zaman yanacak diye beklerdim. Yüzüm nisan yağmuruna benziyordu.

Hz. Âdem'den bu yana nedendir bilinmez kız çocukları babalarına düşkündür, anne ile de bazen çatışırlar. Bu çatışma, yeri gelir tıpkı bir kadının kuması ile çatışmasına dönüşür. Annem bana bir arkadaş gibi yakındı. Onun yanında kendimi çok rahat hissediyordum ama nadiren de olsa ikimizin anlaşamadığı hususlar da çıkıyordu. Anlaşamadığımız konu sadece çeyiz ve Şems olacaktı. . Şems'in geldiği günden Konya'dan ayrıldığı güne kadar annem Şems'i sevemedi. Kadınların oturma meclislerinde, aile oturmalarında Şems'ten konu açıldığı zaman annem sürekli muhalefet ederek buz gibi bir hava estirirdi. Bense bazen sessiz kalır bazen de "Anneciğim bilip bilmeden başkalarının sözü ile Şems'e niye bu kadar yükleniyorsun?" diye uyarırdım onu. O, benim Şems'i savunduğumu düşünerek "Sen de mi Şems'in tarafındasın? Babanı kaybettim bari seni kaybetmeyeyim" derdi. Şems'in Konya'dan gidişinden sonra annem, onun ne kadar kıymetli bir insan olduğunu yavaş yavaş anlamaya başlamıştı. O nedenle, Şems ile olan evliliğime tepki vermek bir yana, destek verdi. Bu desteğine babam ve ben şaşırmıştık. Ağabeyim Alâeddin'in Şems'e karşı olan hırçınlıklarına annem göz yummuyordu. Şems'i gören bir göz de annem olmuştu.

Annem beni kitap okurken gördüğünde "Bırak elinden kitapları. Dantel, oya yapmayı bırakıyorsun, bir faydası olacakmış gibi kitap okuyup duruyorsun" diye kızardı. Ben de tatlı bir dil ile çeyiz hakkındaki düşüncemi onunla paylaşırdım:

- Anneciğim! Bir kadının çeyizi, tahtalar arasında götürdüğü bez yığını değildir. İffet, sadakat, anlayış ve sevgiden büyük çeyiz mi olur? O bezler, acıktığımızda karnımızı mı doyuruyor? Sırtımız açıldığında bizi mi giydiriyor?

- Ama kızım onlar, el emeği göz nurudur. Konu komşu ne der sonra?
- El emeği göz nuru derken ömrümüzün değerli vakitlerini öldürüyoruz, gözlerimizin ferini kaybediyoruz üstelik konuya komşuya göre mi yaşayacağız, inancımıza göre mi yaşayacağız? O bez yığınları israftan başka nedir?
- Okuduğunuz kitaplar kafanızı karıştırıyor yeni şeyler çıkartıyorsunuz.
- Anneciğim! Hz. Fatma'nın çeyizi var mıydı? Varsa Ali'ye ne götürdü?
- ......

Annem bu konuşmamdan hoşlanmamıştı ve her zamanki gibi hemen bir bahane bulup konuyu değiştirmeye çalıştı.

- Bana müsaade, namazı kılayım. Namazı aradan çıkarayım da rahatça sohbete devam edelim.
- Namazı aradan çıkarma! Sen aradan çık. Sen çıkınca aradan, sana kalır seni yaradan.

YERİ GÖĞE YAKLAŞTIRAN ADAM: ŞEMS

Çalınan her kapı hemen açılsaydı;
Beklemenin, ümidin, sabrın ve susmanın ne önemi kalırdı.
Yüreğini dinleyen, vuslata sağır kalmazdı elbet
ama bunun için yürek sahibi olmak gerekti.

Gecenin bir yarısıydı. Bölük pörçük uykumun aralarında bir yerdeydim. İçimde anlam veremediğim bir huzur vardı. Huzur, nasıl anlamsız gelebilirdi? Sanki daha çok bir sevinç duygusu her yanımı sarmış ve beni ağır ağır yukarıya kaldırıyor, ara ara ayaklarım yerden kesiliyor gibiydi. Yattığım yerde hafifçe doğrulup, başucumdaki küçük pencerenin, uçları kırmızı karanfil işlemeli perdesini aralayıp, dışarıya baktım. Hilal şeklini almış ay, ortalığı pek fazla aydınlatmıyordu. Ortalık, zifiri olmasa da bir gecenin yarısında olabilecek kadar karanlıktı. Gökteki aya eşlik eden yıldızlar ise bu gece her zamankinden daha parlak gelmişti gözüme. Böyle bir geceyi ve böyle bir geceye eşlik eden gökyüzünü doyasıya seyretmek varken, neden uyumak için onca uğraş verdiğime anlam veremiyordum. Yüce Yaradan'ın, sonsuz kudretini, acz içinde seyretmeye koyuldum.

Yıldızlar... Ne kadar da çoktu ve böyle bir evreni var edenin sırrına ermek, ne kadar imkânsızdı...

Semayı seyre dalmışken, karnımın guruldadığını fark ettim. Akşam yemeğinde yediğim el kadar tandır ekmeği beni ancak bu saate kadar tok tutmuştu anlaşılan. Oysa akşamları o kadar çok yemek yiyen birisi de değildim. Üzerimdeki örtünün altından çıkıp, yastığımın kenarına katlayıp koyduğum siyah örtümü başıma örtüp, kapıya yöneldim. Elimi kapının koluna uzattığımda, aklıma kandil almak geldi ama sonrasında vazgeçtim. Şunun şurasında matbah kaç adımlık yerdeydi ki zaten...

Avluya adım attığım zaman, ortalığın penceremden göründüğü kadar da karanlık olmadığını anladım. Belki gözlerim karanlığa alıştığından, belki de bu avludaki her bir taşın yerini artık iyice ezberlemiş olduğumdan, avlunun diğer ucundaki matbahın kapısına kadar ağır adımlarla yürümeye başladım.

Üç beş adım atmıştım ki, arkamdan bir gölgenin geçtiğini hissettim. İçimi bu kez, acıtan bir ürperti ele geçirdi. Olduğum yerde donup kaldım. Etrafıma bakındığımda kimseleri göremedim. Benim gibi uykusu kaçmış bir derviş olmalıydı. Belli ki beni görmüş ve korkmamam için yanıma gelmemişti. Eskisinden hızlı adımlarla, matbahın kapısına ulaştım.

Ateşbaz buralardaysa eğer, bir tas çorba isteyecektim. Matbahın kapısındaki demir halkayı aşağı doğru çekip, tok bir sesle açılan kilidin sesiyle koca kapıyı hafifçe aralayıp, içeri süzüldüm.

Ateşbaz matbahta yoktu, demek ki aşağı zemindeki odasına geçmiş ve yatmıştı. Köşede bulunan ocağın üstündeki büyük kazanda çorba olup olmadığına bakmaya gittiğimde, matbahın ön duvarının yanındaki kapı yönünden ayak sesleri duydum. Az önceki derviş geldi aklıma. Öyle ya, matbaha girdiğimi görünce, beni rahatsız etmemek için sokulduğu karanlık köşeden çıkıp, odasına gidiyordu belki de. Neden bunu bu kadar düşündüğüme de bir anlam veremedim. Matbahın yanından kimin geçebileceği beni neden ilgilendiriyordu ki? Bende hiçbir kıpırdanma olmadı, hiçbir önsezi, hiçbir duyu, benim için bir gece kelebeğinin uçuşundan farksız olan bu ayak seslerinin hayatımda bir dönüm noktası olacağını duyurmadı bana. Bilseydim kapıyı sonuna kadar açardım.

Oysa ben şimdi başka bir seçim yapmıştım. Korkmuştum...

Elimle ağzımı kapayıp, yavaş yavaş burnumdan nefes alıyordum. Kalbim hızla çarpmaya başlamış, sanki her hareketinde boğazıma doğru yükselir olmuştu. Kimdi gecenin bu vaktinde? Avucum terliyordu...

Kime ait olduğunu bilmiyordum, ama aynı ayak sesleri olduklarından emindim. İçimde bunu bilen bir his vardı. Kulağım, üstünde durup düşünmediğim acayipliği fark etmişti. Adımların birinin tetik, ötekinin de sessiz bastığını biliyordum. Bu yok olan ikinci adımı, belki de tek ayakla yürüyen bir insan düşünülemeyeceği için varmış gibi hayalimde canlandırdım. Yoksa bu tek ayaklı, erkenci bir ruh olmasın? Ayak sesleri kapının önünde durdu. Tüm cesaretimi toplayıp, matbahın kapısını araladım ve kapının aralığından, sesin geldiği yöne doğru bakmaya başladım.

Kapı açıldı ve ayak seslerinin sahibi, bulunduğu odadan çıkıp, avluya girdi. Eşik taşının üzerinde, sırtını az önce çıktığı odanın kapısına yaslamış duruyordu. Takati kesilmiş bir halde kapının önünde duruyordu.

Bakışı bakışa ekleyerek bakmadığımdı. Bakmakla görmenin birbirinden ayrıldığı o vakitte gördüm onu. Tepeden tırnağa esmerdi. Matbahın boşluğunda siyah bir gölge gibi duruyordu. Ne yapmak istiyordu? Matbaha girdiğimi görmüş müydü? Benim için mi buradaydı?

Usulca yürüdü. Durdu. Dolabın kapağına uzandı elleri. Kandilleri cılızlaştıracak kadar nefes nefeseydi. Boynunda bir kolye vardı, rengi karanlıkta fark edilmeyen. Dolaptan bir şey aldı. Avucunda sıktı. Ocağa attı. Ateş kızıl. Duman bembeyaz. Kına kokusu yayıldı tavana. Neydi ateşe attığı? Neden kına gibi koktu? Yanan neydi? Yüreğim küt küt çarpıyordu. Ben dayandım. Sırdı bu kara adam. Gelişi sır. İsmi sır. Yaptıkları sır. Sırrın adamıydı. Sır, ancak perdenin önünde durmayı göze almakmış. Korktum aralamaktan. Ya perdem tutuşup yanarsa. Ya yakarsa beni, sürmesi dökülmüş sırlı adamın gözleri.

Bir derviş mi, bir şeyh mi? Dedikleri gibi bir meczup mu? Yoksa bir şaki mi? Çalan, çırpan, çarpan. Beni çalmaya mı geldin yabancı! Beni çarpmaya mı gelensin! Çatlatma beni yabancı! Ne alacaksan al da çık git biran önce. Senin uykun gelmez mi? Git! Odana çekil, sırlara sırlanmış adam. Ben de gideyim. Sabah uyandığımda bütün bu olanın sır dolu bir rüya olduğunu sanayım.

Ey sırlara sırlanmış yabancı! Nasıl bir ateşsin sen, sana doğru adım atanın semâya yükseliyor dumanı. Yoksa sen ruhlarda ölümcül yaralar açmaya gelen misin? Aşkın kılıcını kınından çıkardın da mı geldin? O kılıçlar, yedi gecenin adına senin omzuna mı vurulacak? Karanlıkları kanınla yırtmaya mı geldin yabancı?

Sen misin kurban, babam mı yoksa yüreğim mi? Kimi yüreğinden tutup kaldırmaya geldin? Kanar mı yüreğin! Kanar mı seni seven içse yudum yudum seni.

Kimdi bu yabancı? Dervişe benzer bir tarafı da yoktu üstelik. Üstü başı bir dervişi andırmıyordu. En azından buradaki dervişlerle bir benzerliği yoktu. Tedirginliğim geçince, kim olduğunu tahmin etmiştim. Evet, oydu bu derviş. Ne diyorlardı adına... Şems! Evet Şems diyorlardı. Ona böyle sesleniyorlardı.

Baygın bir halde getirmişlerdi, Şems'i dergâha. İki dervişin kollarında taşımışlardı. Babam çok telaşlanmıştı. Onun telaşı aslında hepimizi etkilemişti. Annem ve Sultan Veled ağabeyim telaşlı bir koşturmacanın içindeydi. Ben ise şaşkındım. Bir ara annemi sakin bir halinde yakalayıp, kim olduğunu sormuştum.

"Ben de tam olarak bilmiyorum. Tebrizliymiş. Şam'dan geliyormuş. Yıllar önce babanla orada karşılaşmışlar. Baban ilkin tanıyamamış. Sokağın içinde, baban dervişlerle camiye geçerken, babana refakat eden kalabalığın arasından sıyrılıp, katırın önüne geçip garip davranışlar göstermiş. Babana birkaç soru sormuş. Meczup sanmışlar kimse üstüne düşmemiş. Daha sonra, öğle namazında cemaatin arasındaymış. Babanın vaazı sırasında, birden "Allah!" diye bağırmış sonra da baygın düşmüş..."

"Pek genç değil gibi geldi bana..."

"O kadar genç değil. Gezgin, gariban bir derviş, bir meczup herhalde. İri yapılı gibi duruyor ama kara kuru bir adam. Biraz ayılır gibi oldu az önce, bir tas çorba götürdüler ama içmemiş."

Annem bunları anlattığı sırada, merakım iyiden iyiye artmıştı. Fatma yengem o kadar hengame arasında, başındaki külaha takılmıştı. Annemin yanına sokulup,

"O başındaki külah da nasıl bir şeymiş. Daha önce hiç görmedim. Bir derviş diyorlar, ama sarığı nerede? O başındaki külahla nasıl derviş olmuş?"

Bir diğeri kıyafetlerine atıfta bulunuyordu.

"Yok yoksul bir zavallı demek ki... Baksanıza üstü başı per perişan. Sırtındaki siyah feracesi, lime lime olmuş neredeyse. İyi ki, dergâhımıza geldi. Şeyhimiz, yemez yedirir, giymez giydirir. Allah'ın sevgili kuluymuş..."

Bir ara, Ateşbaz'ın yanına gittiğimde, o da başka bir şey anlattı.

"Bu adam, bütün buradakilerden daha değişik biri. Sorduğu sorularla, Şeyhimin aklını başından almış..."

Babamın Sultan Veled'e söyledikleri ise nasıl birisi olduğunu anlatmaya yetiyordu.

" Şehre bir güneş koşarak girdi..."

İri yapılı biriydi. Gece kadar siyah bir feracenin içindeydi. Başında daha önce hiç görmediğim türden bir başlık taşıyordu. Fatma yengemin anlattığı başlık buydu demek ki... Yengem haklıymış, daha önce böyle bir başlık takan derviş görmemiştim.

Şems... Tebrizli Şems, işte bu dervişti demek...

İki ağacın gölgesi, kapının üstüne düşüyordu. O ise, sanki halka gösterilen bir hükümlü gibi iki gölge arasındaki ışıklı yerde duruyordu. En koyu bir karanlığın içinde gizlenmek isterdi oysa. Olduğu yerden ayrılamıyordu. Bahçenin bütün genişliğinden, bu adamın eşik taşının üstüne basan çıplak ayağı ile tekke duvarından daha beyaz olan yüzünü görüyordum. Bu beyaz yüzde, bu iki yana açılmış güçsüz kollarda, bu suskunlukta, bekleyişin dehşeti vardı.

Bir süre daha bakmaya devam ettim. Bulunduğum yerden beni fark etmediğini düşünerek, gecenin bu vaktinde gelen bir yabancıyı seyrediyordum. Hareketsiz duruyordu ama nefes nefeseydi.

O orada, ben matbahın kapısının aralığında bir süre bekledikten sonra, genç dervişlerden birinin, gelen yabancıya doğru hızlı adımlarla yaklaştığını gördüm. Yabancının yanına yaklaşan derviş, sağ elini kalp hizasına doğru götürerek, hafifçe öne doğru eğilerek selam verdi. Yabancı da, dervişin kendine verdiği selamı aynı şekilde alarak, elini dervişin omzuma koyarak kulağına eğildi. Belli ki bir şeyler söylüyordu.

Onlar konuşurken, şu anda odama çıkmanın daha uygun bir zaman olacağını düşündüm. O avluda yalnızken belki cesaret edememiştim ama şimdi tam zamanıydı. Yavaşça araladığım kapıdan avluya süzülüp, hızlı adımlarla odamın kapısına ulaştım. İçimde beni fark etmediklerine ya da umursamadıklarına dair bir rahatlık vardı. Açlığımı da unutmuştum...

Ayak seslerini duyduğum yabancının, avluya girmesiyle içimde yeniden bir ferahlık ve yeniden bir huzur dalgası yükselir gibi olmuştu. Bütün bunlara anlam veremiyordum. Uyandığımdan bu yana yaşadıklarım, aklımı karıştırmıştı. Buna rağmen, avludaki yabancıyla ilgili merakım öylece yerinde duruyordu. O adamın aşağıda, bahçede olduğunu biliyordum. Gitmiş olsa, kapıyı açtığını duyardım. Işığı yakmadan, odanın sarı karanlığında ayaklarım ay ışığı içinde duruyor ve bekliyordum. Beklediğim neydi?

Pencere kenarına yanaşınca, bulunduğum yeri göstermek istiyormuş gibi ortalığı aydınlatan ay ışığından çekindim. Kapıya baktım, yabancı orada değildi. Gitmişti. Onu tekrar görmek isteğiyle bahçeye göz gezdirirken onu gördüm.

Gövdesine yapıştığı bir ağacın gölgesine sığınmıştı. Adam, gümüş gibi parlayan ayaklarını sürükleye sürükleye önce sırtını dayadığı ağacın çevresinde döndü. Sonra da sessiz, ağırlıksız adımlarla ilerleyerek gitti, avlu kapısını mandalladı. Bir süre sonra, onu karşılayan derviş gelerek, -tahmin ediyorum- eliyle kendi odasını işaret ediyordu. Derviş önde, yabancı arkada odaya doğru yürüdüler ve gözden kayboldular.

Şimdi aklıma gelmişti. Yoksa öğleden sonraki vakitlerde sözü edilen o derviş, bu yabancı mıydı? Dergâhın dervişlerinin konuştuklarına şöyle bir kulak kabartmıştı. Anlatılana göre, o kadar kalabalığın arasından sanki bir gölge gibi süzülmüş ve babamı taşıyan katırın yularına yapışmış. Ona, "Sen Baba Veled'in oğlu Celâleddîn misin?" diye sormuş. Babam da "Evet" diye cevap verince, bu kez, içinde Peygamber Efendimiz ve âlim Bayezid-i Bistami geçen başka bir soru daha sormuş. Daha sonra medresede de karşısına çıkmış. Neden sonra babam, bu derviş tanıyabilmiş. Şam'da karşılaştığı derviş olduğunu anlamış...

Bir Müslümanın en büyük yardımcısı, hiç şüphe yok ki Cenab-ı Hakk'ın bizlere sunduğu en güzel hediye olan ve kendi sözlerinden oluşan Kur'an-ı Kerim'dir. İnanan kişi, ne zaman acze düştüğünü hissetse, aklına ne zaman bir soru hâkim olsa cevabı mutlaka onun içinde bir yerlerde gizlidir. Aklıma, bu hayatta huzuru bulduğum, mukaddes kitabımızı okumak geldi. Hemen kapının yanındaki su dolu ibriğe yönelip, abdest aldım. Kapı arkasındaki havlu ile ellerimi ve yüzümü kuruladıktan sonra duvardan, ipekten dikilmiş muhafazasının içindeki Kur'an-ı Kerim'i alarak pencere kenarına oturdum. Mukaddes kitabı öpüp, alnıma götürerek ay ışığına doğru açtım. Parmaklarım kitabın ortala sayfalarından bir bölümü açmıştı. Okumaya başladım...

"Nefsini temizleyen iflah olmuş, Onu kirletip örten ziyana uğramıştır." Şems 9, 10.

"Şems," diye fısıldadım. Aşkı öğreneceğim adamın adını...

Parmaklarıma hükmeden Cenab-ı Hakk, mukaddes kitabında onu bulmamı sağlamıştı...

Oturduğum yerde uyuyup kalmışım. Sabah ezanlarının okunmasıyla gözümü açtım. Kur'an-ı Kerim, penceremin kenarında öylece açık duruyordu. Kalkıp, duvardaki ipek muhafazasına koymak için elime aldım. Öpüp, alnıma götürdükten sonra, dikkatlice muhafazanın içine koydum. Abdestimi tazeleyip, sabah namazını kıldıktan sonra bir süre oturduğum pencere kenarından aşağıyı seyre daldım.

Dergâhta dervişlerin sabah namazını kılmalarından sonra,

günlük hareketlilik başlamıştı ve ben de birazdan o hareketliliğin bir parçası olacaktım...

Öğleye doğru, matbaha gittim. Ateşbaz'ın güleç yüzünü gördüğümde her defasında ayrı bir mutluluk kaplardı içimi. Kırlaşmış sakallarının arkasındaki bu ihtiyar, dergâhımızın herkes tarafından sevilen ve sözüne değer verilen bir dervişiydi. Elleriyle hazırladığı yemekler, sadece dergâhta bulunan bizleri değil, yoksulları ve kimsesizleri de beslerdi. Onun elinin değdiği ne varsa, ayrı bir lezzetli olurdu.

Benim orda olduğumu fark etmemiş olacak, yanına çağırdığı dervişe, babamın bir misafiri olduğunu ve tabaktaki yemekleri onlara götürmesini söylüyordu.

"Ben götürürüm, " diyerek Ateşbaz'a seslendim.

"Olmaz kızım, " diyerek şaşkın şaşkın yüzüme bakıyordu. "Canlar götürür. "

"Ne o? Babama bir tas yemeği götüremez miyim?"

"Öyle değil de..."

"Ya nasıl?" diyerek gülümsedim. Siniyi kavradığım gibi havaya kaldırdım.

"Ağırdır diye, dedim Kimya kızım..."

Evet, dediği gibi ağırdı ama yapacak bir şey de yoktu. Hem bu kadar ağırlıktan ne olacaktı ki. Benim merak ettiğim babamın misafiriydi. Acaba misafiri, Tebriz'den gelen derviş Şems miydi? Keşke o olsa... Yakından görmüş olurdum...

Yanımda seğirten dervişin açtığı kapıdan içeri girdim...

Evet, akşam gördüğüm dervişti bu. Başındaki külahı çıkarmış, bir kenara koymuştu. Siyah feracesinin eteklerini kucağına toparlayıp, diz çökmüştü. Bana bakmadan, önüne bakıyordu. Babam da yanı başına oturmuş, ellerini dizlerinin üzerine koymuş, ona bakıyordu. Bizim içeriye girmemizle, şaşkın bir ifadeyle bana baktı. Hiçbir şey söylemeden elimde tuttuğum siniyi önlerine bırakarak, kapıya yöneldim. Çıkarken, tam kapıyı kaparken başını kaldırıp bana baktığını gördüm. O anda, tam da gözlerimin içine baktığında anladım neden kendine Şems dediğini. Güneş gibiydi. Baktığı yeri yakıyordu. Tıpkı içimi yakıp, dağladığı gibi...

Cılız yanan kandil sönmüştü. Kandili yeniden yaktım ve kalemimden kâğıda gecenin sesini yazdım:

Bugün bir çığlık tüketildi arta kalan zamanlardan ve uzun çıkan yollardan.

Bugün zamanın kabuğu yırtıldı. Yarıklarından ince bir sızı sızdı ta derinlerden, içeriden, yürekten. Bugün kimliği aşk olanın söylediği nâme duyuldu.

Bugün kirletilmeye yüz tutmuş kalplerin "nur-ı ayn"ı insan yüzüne çıktı. Saklanmaya gerek kalmayan yüzler birbirlerinin gölgesinde devam ettirirken yaşamlarını, gerçek sima ait olduğu gönle kavuşmaya ramak kaldı.

Bir gün bir çığlık duyuldu, körlüğün eşiğinden dönen sağır kalbin içinden. "O geldi" dediler, "Şems geldi." Kimdi Şems? Derviş miydi? Berduş muydu? Avare miydi? Evsiz barksız bir göçebe miydi? "Şems geldi, Celâleddîn'i alıp götürdü." dediler. "Şems geldi kıyamet kopacak." dediler. "Bizi rezil rüsva eder." dediler, utandılar, sıkıldılar. Korktular. Asıl neden korkuyduy istememelerinde. Korkuyorlardı tüm kurulan düzen bozulacak diye. Kurdukları sahte düşlerle kurdukları saltanatlarından, korkuyorlardı üzerini örttükleri, görmesinler diye gizledikleri hazinenin ortaya çıkmasından. İtibarlarının yerle bir olacağından, şöhretlerinin uçup gideceğinden kaybedeceklerinden korkuyorlardı. Üzerindeki siyah feraceyi çıkartmayan bu şaibeli yolcudan korkuyorlardı. Nereden gelmişti, nereye gidiyordu? Burada kalacak mıydı? En üst makamı ele mi geçirecekti?

Şems, hep korktular senden. Kendi canlarından korktular. Hâlbuki nereden bileceklerdi aşka giden yolda babam ile yâren olacağınızı ve arayışınızın birbiriniz için olduğunu! Sen ki aşka yönelmiş yolda başını vermeye razıyken, diğerleri senin sevgine, sohbetine bile rıza göstermediler.

Kalpten kalbe kurulan köprüyü oluşturacak sevgiyi getirdiğini bilmiyorlardı.

On beşlerimdeydim. Geldin.

Beklemek sessizliğin kuytusunda, kimseye ses etmeden tek senden gelecek bir kıpırtının ayağıydı... İçim içimden yırtılıp gidiyordu ve dua etmek elimden gelen tek şey oluyordu. Namazların içinde ve sonunda, okuduğum cüzlerde sen oluyordun.

Aşktın, sevdaydın, beklenilendin. Seni yaralara derman olarak sarmak dururken, tüm izleri sıyırıp, tamamen yeniden tenleşiyorduk ve her bir sözün adım adım bizi aşka götürdüğünü bilsek de yaramızdan da memnunduk, dermanımızdan da.

Geldin Şems. Beni benden aldın. Bilmiyordun. Uzaktın. Uzaktaydın, sana ermek ve erebileceğimi düşlemek uzaktı. Her sabah avluya girişini izledim dar penceremden ve yamacına bile sokulamadım. Yan yana gelmek hayali şöyle dursun, karşılaştığımız taş sütunlar ağlardı hâlime. Duvarların sözlerini ne zaman işitecektin? Bazen yanımdan geçiyordun. Görmüyordun, görmezlikten geliyordun. Hiçbir kadınla ilgin olmadığını bildiğimden beri kendime dair ümitlerim yitip gitmişti ve belki de hiç olmamıştı, ben öyle sanmıştım.

Bir sen vardın, bilmezdin gözlerimden nasıl geçtiğini, bin sen var oluyordun bana sırtını her dönüşünde. Sen vardın, yalnızdım. Kalabalık bir ailenin içinde tek başınaydım. Sessizliğin hınzır uğultusunda ben vardım senin hayalinin önünde erimiş bitmiş. Bilecek miydin bütün bunları, muamma. Sesin, çığlıklarıma gebe kalıyordu çoğu zaman. Büyük bir şehrin yıkılmaz ve görülmez duvarlarında ayaklarımdan prangalıydım Şems. Gitsem gidemiyor-

dum, kalsam kanıyordu sol yanım. Herkesten uzakta, aşkın içindeki insanla beraberdin. Tuttuğun yola başım fedaydı, sana canım kurbandı da birkaç söz gerindeydim.

Gözün hiç bana değmiş miydi? Değmiş miydi, değmemiş miydi nereden bilecektim. Bakmak yeter miydi sana? Bakmakla olsaydı, sana baka baka aşkta feda olurdum, anlardın ne çok gönlüme işlediğini.

Yangınlar geçerdi, geriye külleri kalırdı, bir de yanık izleri. Her yangından bir de yaralı kalırdı yüreği olanın. Yüreği olanın yarası kalırdı bir de. Yar yarası gibi işlenirdi cana kana. Yangın dediğin iki ateşin birleşmesi değildi. Yar yarası da kolay değildi, seninle anladım. Yangın dediğin dibindeyken ulaşamamanın verdiği ızdıraptı. Dibimdeydin. Kimi zaman aynı sofradaydık, çoğu zaman sen odanda babamla halleşirdin. Kapalı kapılar ardında nelere muktedir olduğunuzu ve nerelerden geçtiğinizi merak etmemek elde değildi. Olsun. Her ne varsa sana dair, hepsi güzeldi.

Beklemek güzeldi. Senden gelecek en ufak bir kıpırtı güzeldi.

Görmüyordum seni çoğu zaman, sen aşk ibadetinde nefesini solurken. Merakım oluyordun. Gözlerinin karasına kurban olacakken, ne yiyip içtiğini, nelerden söz ettiğini ve en önemlisi de nasıl olduğunu öğrenmek merakım oluyordu. Merak benden uzakta değildi ve uzaklaşmaya da niyeti yoktu. Söz konusu olan sendin, söz olan sendin ve her şey sendin. Sözüme göz olan sendin ki sözümün gözü de özü de sendin. Sen her şeydin bilmiyordun ve ne zaman bileceğini düşlemiyordum.

Zifiri karanlıkların eşiğinde bir bekçiyim. Gece karasıydı gözlerin, her gece o gözlerden ben yağardım katre katre. Sen bilmezdin. Susuyordun, sesinin büyüsünü esirgiyordun işitmeyi bekleyen duyularımdan... Mahremimdin, gözlerimin ucuyla dokunsam sana içim sızlardı. Kıyamazdım tek bir kem gözün sana ulaşmasına, sonradan, hak ettiği cezayı bulsa bile o kem gözün, kem sözün sahibi.

Şems... Şems... Şems...

YÜREĞİMİ NASIL TUTUŞTURSAM DA YÜREĞİNE TUTUNSAM ŞEMS!

Aşk, ruhumu acılar ile öptü ve bedel olarak benden canı istedi.
Bin canım mı var! Terinin tuzuna, yolunun tozuna feda olsun!

Havuzun kenarında Fatma yengem ile dergâhtan birkaç kadın oturuyorduk. Hemen bir adım ötemizde Şems karşısına aldığı birkaç derviş ile sohbet ediyordu. Ben yürek kulağımı Şems'e vermiş onu dinliyordum. O'nda diriliyordum. Tane tane konuşan, sözcükleri seçer gibi itinalı, ipek dokunuşlu bir ses. Hiç dinmeyen ses. Dinleyene ferahlık sunan nefes. Her an daha yakıcı, daha sürükleyici olan bir ses. Öyle bir ses ki, yalnız insanı değil, dağı, taşı, ummanı bile ardından sürükleyecek bir ses... Bu sesin tılsımı sanki bütün dünyayı kaplıyor. Yüreklerde dolaşmaya çıkmış tek tek gönülleri okşuyor, bu sese kapı açana ne mutlu. Açmayan da bahtına küssün. Gönül perdelerini aşıyor bulutlara yükseliyor musiki tadında ki sesi. Sesinin ılıklığı bir yarayı sarıp iyileştiren merhem gibi. Cümleleri yıldızları yere indiren bir esrar taşıyordu. Mutlak bir tevazu ile konuşuyordu. Kelimeleri kimi zaman bir güvercin tüyü olup yaralı yürekleri okşuyor, kimi zaman bir bıçak olup taşları törpülüyordu. Sanki karşısındakinin içini görürcesine sözler için içine işliyordu. Her bir harfi içtenlik tütüyordu. O'nu dinlemek coşup giden denizin dalgalarına kapılmaktı.

Allah bilir ya! Hep şunu isterdim. Hep susayım, Şems konuşsun ben dinleyeyim. Onu dinlemek, âlemden âleme, bir bulut üzerinde dolaşmak gibiydi.

Önce kokusu. Sonra sesi. Daha sonra gözleri. Şems'e âşıklığım beni tamamen değiştirdi. Bilemiyorum, neden kendimde aniden böyle bir hâl hissettim? Bu duygu sevinç ya da hayret anında düşünülen anlık duygularım değildi. Şems'e âşık olunca başka türlü oldum, başka türlüydüm, köklü bir değişikliğe uğradım. Yıllardır içimde bulunan derin boşluk doldu sanki. Sanki, usandığım tarifsiz acılar birden kesildi. Benliğim değişti. Yalnızlığımın, dertlerin, sıradan yaşanmışlığın, perişanlıkların ve bıkkınlıkların üzerimden kalktığını ve hafiflediğimi hissettim. Şems'te yeniden doğdum. Yepyeni, gerçek bir doğum bu! Bakışlarım, hissedişlerim, anlayışlarım değişti. Yepyeni göklere gözlerimi açtım. Güneşimi görüyordum artık. Ben böylesine içten, rahatlatan bir nefes almamıştım hiç. Şimdi kalbim başka türlü çarpıyor.

İşittim. İnledim. Dediler ki; "Şems, şarap istemiş Mevlâna'dan. Koskoca hüdâvendigar koltuğunun altında sırlarla dolu bir halde omzuna sırtlar testiyi, taşır dergâhına. Şarap aldığı meyhaneci ertesi gün gelir babama: "Sultanım! Senden sonra dükkânımdaki bütün şaraplar gülsuyu oldu." der. Sultan, Şems midir yoksa "Ne diye buralara kadar uğradın, dileseydin ben gelirdim sultanım" diyen, babam mı?

Bir şişe şarapta benden isteseniz olmaz mı? Çıkayım yollara. Kırılsın şişe. Kıpkırmızı olsun yollar. Yolu gören, dökülen yüreğimi görsün. Namahrem ayaklar basmasın, bir sen ez yolumu Şems.

Varsın dedikodu kazanları kaynatılsın her odasında evlerin. Haset ateşinin dumanları göğe çıksın. Çıkma yüreğimden ki, üşümesin. Üşüsün kelamında ki elif'i, şın'ı ve kef'i işitmeyenler. İşittim. İrkildim. Dediler ki; "Kimya, Şems'e vurgun." Ne güzel söylemişler. Vurgun. Vurgunum yollarına yüreğimi astın göğüne. Bırak kalsın. Sürme çek gözlerime. Çek ki "Şems yürekli" desin mil değmiş bulutlar.

DEĞMEZ BU YANGIN YERİ AVUÇ AÇMAYA

Her gidiş ardınca yangınlarını bırakır. O nasıl gidişti yârim!
Gitmek için önce gelmek gerek. Şimdi sen gidiyorsun ya,
sahi bana ne zaman geldin?

Gecedir. Ah, dilde hecedir. Aylardan Kasım'dır. İn cin uykudadır. Şehir yerine dağlar utangaçtır. Gözlerimin karalığını sırtına ferace sermiş adam yalın ayak yoldadır. Ey hüznün emzirdiği adam, beri dönsün yüzün. Gel gitme! Sinende efkâr. Dilinde ah-ı zâr. Leylim leyl değil. Veyl olsun seni anlamayan dünyaya. Gel gitme! Korkuyorum gidip de geri dönmeyeceksin.

Sabah, beni tuhaf bir huzursuzlukla karşılamıştı. İçime çöken sıkıntının nedeninden habersiz avluya çıktığımda, beni aylarca üzecek bir haberin ortalarda dolaştığından habersizdim.

İçimde bir yerlerde, adını bilmediğim, kendime bile tarif edemediğim kıpırdanmalar yaşamaya başladığımdan bu yana, güneşin, yüzünü semadan göstermesiyle başlayan anlardan itibaren aklımdaki tek düşünce hep o oluyordu. Bazen, günlerce göremediğim, gördüğüm zamanlarda bile siyah gözlerinin, gözlerime bir kere tesadüf etmediği zamanları yaşıyordum. Baktığı yerlerde olmak için sarf ettiğim çabalar, çoğu zaman faydasız bir çırpınmadan öteye gitmiyordu.

Zamanının çoğunu, Mevlâna ile geçirmesi, artık insanlarda günden güne nefrete dönen bir kıskançlık çığlığına başlasa da, onun buradaki varlığı beni her geçen an daha da sarıp sarmalıyordu. Konyalıların gözünde o sadece bir şarlatan, sıradan bir bozguncu ve Mevlâna'nın aklını şer'e doğru çelen bir ahlaksızlık abidesiydi. Onun hakkında kulağıma çalınan onca kem sözü duymak, beni her defasında derinden yaralasa da, benim için daha acısı, sessiz kalarak anlatılanları kabulleniyormuşum gibi görünmekti. Hiçbir zaman kabul etmeyeceğim türden sözleri işitmek, sanki ona bir ihanetti.

Aslında bütün söylenenleri o da biliyordu. Ama o, Şems'ti. Öyle herkesin ettiği lafa cevap verecek türden birisi değildi. Dışarıda, onun yürüdüğü yolların yarısını bile yürümemiş, gittiği yerlerin adlarını ancak o söylediğinde duymuş ve aklına sığdırdığı o kadar ilmi, onu yakından tanıyana dek anlamamış bir sürü insan vardı. Onun arkasından ettikleri kem sözlerin birini bile, karşında toplanıp yüzüne karşı söylemeye zerre kadar cesareti olmayanlar, yeri geldiğinde kem sözlerinin ortasına Mevlâna'yı bile koymaktan çekinmez olmuşlardı. Daha düne kadar:

"Mevlâna'mızı elimizden alıyor," diyorlardı.

Bugün, iki yârenin halvetine bile dil uzatıyorlardı. Fesatlık artık önüne geçilmez bir hâl almıştı.

Ve ben, hayret ediyordum. Hayret etmekten ziyade sabrına ve gururuna hayranlık duyuyordum.

Sabah, beni tuhaf bir huzursuzlukla karşılamıştı...

Bir ara,

"Gitmiş..." dediklerini duydum. İlkin anlam veremedim. Kim gitmişti de ortalıktakilerin bir bayram yapmadıkları kalmıştı. Aylardır asılan yüzler, kimin gidişiyle birden bire güller açmaya başlamıştı. Neydi insanları bu kadar mutlu eden 'gidiş'?

"Kim gitmiş?" dediğimde verdikleri cevabın, onlarda açan gülün aksine, benim yüreğime diken olup saplanacağını tahmin edememiştim.

"O gitmiş!"

"O kim, giden kim?"

"Şems!"

"Şems mi?"

"Evet Şems. Gitti en sonunda... Bugün Konya'ya doğan bayramdır. Nihayet kurtulduk, defolup gitti de, hepimize rahat bir nefes alma lûtfu gösterdi Yarabbi. Kötüyle imtihan etti bizi, şimdi feraha erdirdi çok şükür!"

Ne yani? Gerçekten gitmiş miydi? Bırakmış mıydı Mevlâna'yı, Konya'yı... Beni!

Gelişiyle yüreğime sapladığı hançerini, şimdi acıta acıta, kanata kanata yerinden söküp çıkarmış mıydı?

Her gün, bir an önce sabah olması için edeceğim dualar, yerini kör karanlıkların alabildiğine devam etmesi için edeceğim dualara bırakacaktı artık. Her gün üzerime doğan güneş, adıyla onu hatırlatacaktı. Ardında bıraktıklarına verdiği ızdırabı, kendine o kadar kötü sözleri çekinmeden edenler bile yaşamamıştı belki.

Kızgındım...

Yokluğunun kor alevi yüreğimi dağlamaya başlamıştı. Ansızın ortaya çıktığı gibi, yine ansızın ortadan yok oluvermişti. Bir daha gelecek miydi? Ya ben... Bir daha sevebilecek miydim?

Bilmiyordum...

Ve utancımdan ağlayamıyordum...

Giderken hiç ağladın mı Şems? Ve nasıl becerdin seni seven yüreklere sezdirmeden gidişini? Seni sevdiğimi söyleyebilseydim önceleri, daha önceleri gider miydin yine de? O gece uyumasaydım keşke, duysaydım ayak tıpırtılarını. Önüne geçseydim, boynumu büküp mahzunca "Dur gitme!" deseydim. Olmadı, ayaklarına kapansaydım. Başıma basıp yine de gider miydin? Yahut seni durdurmak için başımı taşlara vursaydım, kanasaydı başım, dökülseydi kanlar taşlara, biliyorum dayanamaz gitmezdin. Keşke o gece uyumasaydım Şems!

Gidiyorsun, gitmenin bütün anlamlarıyla gidiyorsun. Ağır ağır gidiyorsun, her adımda bir parçanı burada bırakarak gidiyorsun. Gidiyorsun bir iç kanaması ayrılığı ile, kim kalır, kim duyar, kim ağlar ardından, hesap etmeden gidiyorsun. Gidiyorsun, kimin gözyaşı hangi dudaktan kimin diline dolaşır, kimin gözleri ayak parmaklarında sürçer, düşünmeden gidiyorsun. Ve sen gidiyorsun!

İnsan ancak yaşadığını bilebilir; gerisi mi, uçan sözdür. Kelimedir her bir harfi yaralı, cümledir her bir hecesi boynu bükük. Ardında takılı kalan kırık bir rüyayı gözlerinden akıtarak gidiyorsun. Gidiyorsun, uzaklaşıyor deniz kıyısındaki yakamoz. Gidiyorsun, kayboluyor yüzünü seyrettiğim yıldızlar. Gidiyorsun, göğsümde parmak değmemiş ızdırablar bırakarak. Ve sen gidiyorsun.

Attığın her adım benim içimde bir iç kanaması, sızıyor güneş rengindeki kanım kara topraklara. Bir gölgen de yok artık, nereye sığınayım? Şimdi ben sözlerin bittiği yerde duruyorum. Sen gidiyorsun ya. Söyleyemediğim,

Yaktın beni Şems! Damarlarımda akan kan, senin iştiyakınla yanıyor. Hasretine can dayanmaz, yaktın beni! Neyler inliyor, çehrem solgun ve perişan. Titreşen dudaklarıma ağlayan gözlerim eşlik ediyor. Bak! Duvardaki taşlar da gözyaşı döküyor. Demek gittin ha! Sahi gelmiş miydin? Ağlayan ruhu şâd etmeden gitmek sana yakıştı mı Şems!

Sen bir adım öteye gitsen gözümden önce canımda senin parmak ucunda senleşir. Bu gitmeler nasıl bir gitmedir Şems? Ölümler eğiliyor saçlarının rüzgârında. Kaç ölüm böyle bir gitmeyi doğurabilir? Hasretleri hangi sevda suyunda yoğurdun? Ve hangi kana yatırdın gözlerini, biteviye akıyor kan sızım...

Herkes, giden sevgilinin ardından "Yanıldığım" derken, ben hep sana "Yandığımsın" diye seslendim Şems. Sen biliyorsun ki bu yüreği taşıyan, yaktığından çok yandı.

Gittin bir rüyanın sabaha yakın vaktinde... Gittin de, yürek kıpırtısı bir kanat kırıldı. .

Kimse bilmiyordu nerede battı güneş. Zaman gitme zamanı değil, etme Şems. Bu gidiş öyle bir gidiş ki bıraktığı yaralara, yüzlerce yıldızı ve ay havanda dövülüp merhem yapılsa, sarılsa yaraya zor iflah olur. Babam yaralı. Ben yaralı. Yaralayanın var mı haberi!

Gitme! Hazan vurmuş saçlarım tel tel dökülür gidişine. Gitme! Senin için biriktirdiğim ömürler çürür kalmaz aşk-ı muhabbete soluğum.. Gitme!

"Gitme!" deyişimin hangi harfi eksikti de gittin. Gittin, sol yanımı eksilterek. Alfabemde hangi harfte anılıyor esamesi okunmayan ismim. Kes! Kes ismimin kef-ini, mimlensin ayni aşkım, nun masallarıyla kefenlensin bedenim.

GELİŞİ GÜZEL OLANA GİDİŞİ GÜZEL OLMAK YAKIŞIR MI?

Ben aşk ile ateş arasında bir gölgeyim.
Hangi söz beni tufandan alıp çeker ki?
Gidişinden büyük tufan var mı Şems?

Şems'in gidişinin, ansızın kayboluşunun üzerinden ne kadar zaman geçmişti? Artık saymayı bırakmıştım. Belki, hepimiz tatlı bir rüyayla avunmuştuk. Onu sevenler, ona kıymet verenler de aynı rüyanın esiri olmuşlardı. Ardından günlerce konuşulmuş, ama konuşulanlar da bir yerden sonra kendini unutulmuşluğa bırakmıştı. Oysa onu unutmayan bir ben vardım, bir de Mevlâna vardı.

Mevlâna, içine düşen acıyı, aldığı her nefese yayıyor, mürekkepler kâğıtların üzerinde ince ince bir hasret dalgasına dönüşüyor, insanlar ne büyük bir yanlış yaptıklarının ancak farkına varıyordu. Gidişiyle yalancı bir bayram yaşayanlar, onsuz olmanın ne büyük bir çıkmaz olduğunu yeni yeni anlamaya başlıyorlardı. Onun gidişiyle yeniden kazandıklarını sandıkları Mevlâna'yı günden güne, yavaş yavaş kaybettiklerini zor da olsa anlamaya başlıyorlardı.

"Yaradan'ın bize lûtfuymuş Şems..." dediklerinde, içimden haykırmak geliyordu.

"Siz benciller! Lûtuf mu? Aklınız neredeydi? Müslümanlığı sadece kendinizin yaşadığını mı sanıyorsunuz? Yaptığınız ibadetlerin ardından, üzerinizin abdesti kurumadan, onun ardından kem sözler ettiğinizi, bir insanın ardından konuşmanın ölü eti çiğnemekten farkı olmadığını bile bile, ortadan kaybolduğu ilk gün, sizler değil miydiniz; Kötüyle imtihan etmiş, bizleri diyenler. İkiyüzlüler!"

Sesim çıkmıyordu...

İçim hâlâ yanıyordu...

Mevlâna, çarşıda olduğu bir gün, odasını temizlemek için içeri girdiğimde bir kâğıda yazılmış şiir gördüm.

"Etme!" diyordu... Onun ardından yazıldığını anlamıştım. Saklıca okumaya başladım. Her harf, her kelime ve hatta her satır Şems kokuyordu. Mevlâna, tıpkı benim gibi, onun gidişinin ardından ağıtlar yakıyordu. Tek fark vardı oysa. O, hasretini haykırıyordu. Benim ise tek yapabildiğim, her gece gizli gizli ağlamak oluyordu. Okumaya devam ettim;

"Etme!" diye başlıyordu...

Duydum ki, bizi bırakmaya azmediyorsun, etme.

Başka bir yar, başka bir dosta meylediyorsun, etme.

Sen, yâd eller dünyasında, ne arıyorsun yabancı,

Hangi hasta gönüllüyü kastediyorsun, etme.

Çalma bizi bizden, gitme o ellere doğru,

Çalınmış başkalarına nazar ediyorsun, etme.

Ey ay, felek harab olmuş, alt üst olmuş senin için,

Bizi öyle harab, öyle alt üst ediyorsun, etme.

Ey makamı var ve yokun üzerinde olan kişi,

Sen, varlık sahasını öyle terk ediyorsun, etme.

Sen yüz çevirecek olsan, ay kapkara olur gamdan,

Ayın da evini yıkmayı kastediyorsun, etme.

Bizim dudağımız kurur sen kuruyacak olsan,

Gözlerimizi öyle yaş dolu ediyorsun, etme.

Âşıklarla başa çıkacak gücün yoksa eğer,

Aşka öyleyse ne diye hayret ediyorsun, etme.

Ey cennetin ve cehennemin elinde olduğu kişi,

Bize cenneti öyle cehennem ediyorsun, etme.

Şekerliğinin içinde zehir zarar vermez bize,

O zehri, o şekerle sen bir ediyorsun etme...

Bizi sevindiriyorsun, huzurumuz kaçar öyle.

Huzurumu bozuyorsun, sen mahvediyorsun, etme.

Harama bulaşan gözüm güzelliğinin hırsızı,

Ey hırsızlığa da değen, hırsızlık ediyorsun, etme.

İsyan et ey arkadaşım, söz söyleyecek an değil,

Aşkın baygınlığıyla, ne meşk ediyorsun etme!

Yüreğim paramparçaydı. Gözlerimde yaşlar belirdi. Şiirin yazılı olduğu kâğıdı, aldığım yere bırakıp, hızla çıktım odadan. O halimi kimsenin görmesini istemiyordum. Gözlerime hücum eden yaşlara ne kadar hâkim olacağımı bilemeden, odama doğru koşmaya başladım. Bir ara Alaeddin'le karşılaştık. Yüzündeki şaşkın ifadeye aldırmadan, yanından hızla geçtim.

"Kimya!" diye seslendiğini duydum. Birkaç adım atıp, olduğum yerde öylece kaldım. Anlamış mıydı? Bilmiyordum... Başımı önüme eğip, yüzümü göremeyeceğinden emin bir şekilde yavaşça arkaya çevirdim. Birkaç adımla yanıma geldi. Ağladığımın farkında olmadığını, konuşmaya başlayınca anladım.

"Bu acele nedendir? Bir şey mi var?"

Ağladığımı görmemişti. Bir an önce gitmem gerektiğini de biliyordum.

"Yok bir şeyim!" diyerek yeniden odama doğru seğirttim. İçeri girdiğimde artık yalnızdım. Hayali gözlerimin önünde canlanan, siyah gözlü dervişe, sessizce,

"Etme!" dedim.

Aşkın gözyaşları, gözlerimden isyan edercesine akıyordu. Kimseler duymasın diye hıçkıramadan, sessizce ağlıyordum. Akan yaşlarım yanağımı ıslatsa da sanki Şems, yanağımı okşuyordu...

Artık ne bir haber, ne bir elçi, ne bir el sıcaklığı, ne aldatıcı bir serap, ne de bekleyiş tesellisi... Kıştı, kar, soğuk, bulut, sessiz ve uzun kara gecelerde ve feryatsız çöllerde derin bir sessizlik. Kışın sonu bahardı, bekleyişin sonunda Şems var mıydı? Bu sorunun cevabını bilecek olan uzakların uzağındaydı. Kışın beyazlığı babamın sakalına, benimse saçlarıma yıldız yıldız düşüyordu. Beklenen hâlâ gelmiyordu.

Şems'in yokluğunda babam Meram bağlarına sığınırdı. Tavus Ana'yı ziyaret eder, ıhlamurunu içer, ney üfler, akşama doğru az da olsa ferahlamış olarak dönerdi. Acaba ben de mi böyle yapmalıydım. Kadın başıma yalnız şekilde sokakta yürümek müşküldü. Bir akşam babama:

- Eğer münasip görürseniz Fatma yengem ile yarın Meram'a gidebilir miyim?
- Olur kızım, isterseniz ağabeyin de yanınıza refakat etsin.
- Gerek yok babacığım. Bu Tavus Ana'yı çok duydum, merak ettim. Gidip bir tanışmak isterim.
- Anlaşıldı. Annenin merakı yetmedi, kızı da merak ediyor öyle mi? diye güldü. Gülmesine sevindim, boynuna sarıldım.
- Haftalardır tatlı tebessümünü özlemişim babam. Ancak benimkisi kaygı merakı değil. Annemi bilirsin, olur olmaz kıskançlığı tutar. Benimkisi gerçekten anlatıldığı gibi tavus kuşları ile konuşan birisi mi, değil mi, bir de Meram havasını özledim. Sahi, baba nedir bu kadının hikâyesi.
- Bu hanımcağızın gerçek ismi Sebile'dir. Eşi ölünce köyde üç yavrusu ile hayatını devam ettirir. Günlerden bir gün, derede çamaşır yıkarken, üç oğlu aşağı dere yatağına doğru inerler. Küçük çocuk yüzmek için dereye girdiğinde bocalar, batar, diğeri onu kurtarayım, büyük olan kardeşlerimi kurtarayım derken üçü de boğulur. Sebile kadının kederden dili lâl olur, ağlamaktan gözleri kurur ve görmez olur. Derken bir gece rüyasında üç tavus kuşu görür, başı çocuklar gövdesi rengârenk tüylü tavus kuşudur bunlar. Bir ses işitir rüyasında ve uyanır. "Çocukların cennet bahçesinin kuşlarıdır." Uyandığında gözlerinin açıldığını fark eder. Köyünü fark eder. Meram bağına tahtadan tek göz küçük bir ev yapar ve burada tavus kuşlarını doyurur, korur, onlarla konuşur. Bir keresinde, Şems ile Meram bağına gittiğimizde Şems o kadını uzaktan gördü. Sanki senelerdir tanıyormuş gibi "Gözyaşı dökmekten kuruyan Sebil'i açan Allah ne yücedir." dedi. Kadın yanımıza geldi bize ekmek ve üzüm ikram etti. Hasbıhalden sonra kadın hikâyesini anlatınca şaşırdım. İlk kez buraya gelen Şems kadının geçmişini nasıl keşfetti diye. Göz göze geldik Şems ile; "Hamu-

şum soru sorma gönül gözümü yorma" dedi. İşte tavuslara analık yapan bu kadın, Çengi Tavus Ana olarak anıldı. Hak âşığı bir hanımdır. Güzel Kur'an okur. O Kur'an okurken tavus kuşlarının hallerini görmelisin. Selamımı iletiniz. Dua buyursun, Tebrizli Şems'imizin dönüşü için niyaz eylesin.

GECENİN KIYAMINDA KIYAMETLERİ SOĞUTUYORUM

*Ey sevgili,
senden beni kim sorsa, ben onu bilmem dersin;
beni bilmek gerekir mi, say ki esrârının esiriyim.*

Aşk erleri geceyi şunun için çok severler: Gece, Allah ile vuslata erme vaktidir. Gündüz meşguliyet, gece tevhiddir aşk ehli için. Gece ile yokluğunu hisseder, yokluğun kara noktasında bilirsin varlığını. Gece teheccüddür. Kıyamdır gece. Gece "Kün feyekün" tesbihidir. Gece kulun dünya elbisesinden sıyrılıp Miraç'a çıkma fırsatını kolladığı andır. Gece "Kadir"dir. Gece aşka vecd hâliyle yürümektir.

Küçükken babamla uyumayı çok severdim. Onu az görmemin hasretinden değildi, huzur bulduğum tek yer onun yanıydı. Sokulurdum yanına. Koklardım yanağını. Sarılır oracıkta uyurdum. Annem de "Bu kızlar niye babalarına düşkündür." diye söylenirdi. Babamın sevgisi ilacımdı. Babamı kaybedince aynı sevgiyi Mevlâna'nın nefesinde, gözlerinde bulacaktım. Büyüyordum. Büyüyen yüreğime sevgi yetmezdi. Sen geldin, sende aşkı keşfettim. Bazı yürekler aşkı hemen keşfeder, bazı insanlar maşuk olmak üzere doğarlar. Seni sevdim. Sığındım sana. Sana adanmış bir ömür ile severken seni, sevgili olamayacak kadar çok sevgi dolu değil miydim senin için? Söyler misin kimim ben? Sırtıma ölümleri sarmışım, en yaralı en yalnız en yalansız halimle seni beklemem suç mu? Beni inciten gitmelerin değil, karşındaki çaresizliğim. Evet! Sana kendimi hiçbir zaman tam olarak anlatamayacağımın çaresizliği bu. Ben senden ömrün sınır taşına kadar süren bir mutluluğu değil onun ötesine yetecek ahret mutluluğunu istiyorum. Dostluğunu istemiyorum. Aşkla yoğrulmuş bir yüreğe, sevilenin dostluğu yetmez "Dostluğuna da razıyım" sözü aşkı tanımayanların kendisini kandırmasıdır. Aşk, sevgiden her zaman bir adım önde değil midir? Payıma düşen, karşılığı olmayan bir aşkın sancılarını çekmekti. Çektim. Çekiyorum. Şikayetçi değilim gözlerimi kaybetsem de. Sitemim yok, yüreğim büyüdükçe un ufak olsa da. Bir gün sonrasını bile düşünmeye takati olmayan neylerse onu yapıyorum: Yazmak... Susarak yanmak. Yanarak yazmak.

Uykularım ıslanırken yastıklarda, hangi aynaya baksam kırılıyor. Uzatıp elimi tutmak isterken güneşi, bir ses yankılanıyordu: Hangi yıldız güneş tutulmasına neden olabilir ki? "En çok suskunluk yolculuklarda vardım, en çok aşkı hayra yorarken yorulandım. En çok beni sorardı kalabalıklar, ben suskunlukta kaybolurdum. Suskunluğu yalan söylemeye yeğlediğimi hiç anlamadılar.

Tek gerçeğim sen iken, seni sadece hayallerde sevmenin çözümsüzlüğünü nasıl anlatayım, aşkın gözyaşlarında boğulmadan?

Her kadın çılgın bir çocuk büyütür içinde. Masum bir çocuk. Aşk çocuğudur bu. Analığın mayası, dünya tatlısı, suçsuz, günahsız. Bende bir kadınım. İnsandım. Sevinçlerim vardı benim. Hüzünlerim vardı. Çok şey istemedim. Biraz sevgi istedim, yudum yudum içmek için. İmkansızı istedim. Çölde gelincik olur mu, işte ben oydum. İçimdeki çocuksuluk, yıldızlarla oynaşırken bir tutam umudum olsun istedim. Karabasanlar bölmesinler istedim uykumu. Kendimi getirdim sana. Üşümüş ellerimi. İlahî aşka ulaşabilmek adına senin yürek ülkene yürümek istedim. Çileydi yolun başı da sonu da kim bilir ama yüklendiğim çileyi de sevdim. Çile dediğimiz, adam gibi sevmelerimizin nazlı çiçeği değil midir?

Yürürüm geceyi çıplak ayakla sana doğru, yanarım senin için, dağıtsın içimde kalan ne varsa, savursun külümü kader... Kurut gözyaşlarımı mahşere kadar, dindir acımı sonsuza kadar.

Ilık bir bahar gecesinin, kendisi kadar ılık bir huzuru içerisindeydim. Yatsı namazı sonrasında, bir süre istirahat ettiğim odamdan, biraz temiz hava almak için çıkmak istediğimde dergâhın avlusunda, ertesi gün yaşanacak olağan işler için hazırlıklar başlamıştı.

Dergâhın kapısından dışarıya, sanki bir gölge gibi süzüldüm. Kimse avluya indiğimi, oradan geçtiğimi ve kapıdan öylece sessiz sedasız çıktığımı fark etmemişti bile. Bazen, ıssız bir gecenin koynunda yalnız kalmak hissi, bana sanki Yüce Yaradan ile baş başa kalıyormuşum gibi geliyordu.

Başımı önüme eğip yürümeye devam ettim.

Bazen yalnızlık ne güzel bir histi. Eğer yanımda, sırf bana göz kulak olma görevi verilmiş bir derviş olsaydı... Ya da Alâeddin?

Yalnız başıma huzuru aramak yerine, onun, çoğu zaman anlamadığım gereksiz konuşmalarına muhatap olmak bazen katlanılmaz oluyordu...

Sahi ya... Alâeddin.

Bir zamandır, tuhaf davranmaya başlamıştı. Bakışları, benimle konuşmaları, bana olan tavırları, eskisi gibi değildi. Sanki bir derdi, bir sıkıntısı vardı da bunu bir tek bana anlatabilecekmiş ve anlatmaya çekiniyormuş gibi bir hâli vardı. Değişmişti. Eskiden tanıdığım kardeşim Alâeddin değildi. Evet, eskiden bir kardeş gibi davranan benimle her türlü derdini sıkıntısını paylaşan ve arada bir bana akıl danışan Alâeddin gitmiş, yerine çok farklı, daha önce hiç karşılaşmadığım, huyu suyu değişik biri gelmişti.

Bak işte! Yine Alâeddin...

Oysa ben yalnız kalmak istiyordum. Yanımda olmasa da aklıma ne yapıp edip girmeyi başarmıştı.

Bir zaman sonra mezarlığa geldiğimi fark ettim. Ne işim vardı ki burada? Ayaklarım neden beni farkında olmadan buraya taşımıştı?

Elimi mezarlığın duvarına koyduğumda, soğuk bir taş yerine, gecenin ılıklığına eş bir sıcaklık hissettim. Sanki duvardaki taşın ılıklığı elime, sonra da bütün bedenime yayılıyordu. Mezarlığın kapısına kadar yürüyüp, içeri adımımı attığımda artık bambaşka bir âlemdeydim. Mezarlığın kapısının hemen yanında, sağ taraftaki akasya ağacından yayılan hoş koku karşılamıştı ilkin beni. Elimi uzatıp, yeni açmış bir akasya çiçeğini koparıp avucuma aldım. O hoş kokuyu doyasıya içime çektim. Aklıma rahmetli öz babam geldi.

Toprağı bol olsun... Ölmeden bana hidayetin nasip olduğunu görmüş ve bu hidayete yürüyüş anında benim kılavuzum olmuştu. Onun cennette olduğuna emindim. Beni ve annemi Müslümanlıkla buluşturan, İslam'ı içimize ilmek ilmek işleyen, kendi dininden olmayanlara bile en az bir Müslüman'a olduğu kadar yakından davranan ve her zaman gülümseyişini hatırladığım öz babam...

Elimdeki akasya çiçeğini bir kez daha derin derin koklayarak, başımı yukarı kaldırdım. Gökyüzünde cılız, ipek gibi bir ay ışığı vardı. Mezarlıktaki mezar taşlarının aklığı, insanın içine bir sıcaklık veriyordu. Gece, dağılıp evlerin arasına çömelmişti.

Mezarlıklar çoğu insanı korkuturken, benim için hayatın ne demek olduğunu insana en iyi şekilde anlatan bir yerden başka bir şey değildi. Dahası mezarlıklar, yaşayan insanlar için, eğer anlamaya başlarlarsa, ders alınacak en iyi okullardan biriydi. Evet, ölüler konuşmuyordu yaşayanlarla ama yaşayanlar ölülere bakarak hayatın ne demek olduğunu daha iyi anlayabilirlerdi. Eğer mezar gören bir insan, kısa süreli faniliğine bir anlam yüklemiyorsa, bu dünyayı sürekli yaşanacak bir yer olarak görüyorsa ve bir gün buralarda bir yerlerde kendisinin de olacağını fark edemiyorsa, işte düpedüz bir yanılgının tam ortasında duruyordu.

Eğilip, yerden bir avuç toprak aldım. İşte, kendi bedenimi elimde tutuyordum. Cenab-ı Hakk, hepimizi bundan yaratmamış mıydı? Kuru bir avuç topraktan başka ne idik şu fani dünyada? İşte, bize verdiği şey buydu. Sonra bu toprağı balçığa çevirip şekil vermedi mi? Ve en sonunda, nefesini üfleyip bize can aşılamadı mı?

Bütün bedenimizle ve taşıdığımız ruhla ona aittik. Beden dediğimiz evin asıl sahibi O idi. "Ol!" demişti ve olmuştuk. Şu elimdeki bir avuç toprak, bir damla kan pıhtısına dönüşmüştü ve O,

"Ol!" demişti.

O yüzden ölüme üzülmek ve ölümden korkmak ne kadar yersiz bir korkuydu. Yaradan, günü geldiğinde, verdiğini, kendinin olanı alacaktı. İşte yaratılan toprak... Buna dönülecekti.

Ya ruh...

O zaten, onun nefesi değil miydi? İşte, ne güzeldi... O'ndan gelmiştik ve O'na dönecektik.

Bir gün bir derviş,

"Hayat ne demektir, anlamak için ölülere sor..." demişti.

Haklıydı. Gerçek hayat, işte tam burada başlıyordu. Sonsuz ve Yaradan'ın katında, Peygamber Efendimizin yanı başında...

Mezarlıkta uzunca bir süre oturduktan sonra, vaktin epeyce ilerlemiş olduğunun farkına vardım. Sırtımı dayadığım akasya ağacından ayrıldım. Ondan aldığım akasya çiçeği, hâlâ elimdeydi. Çiçeği bir kez daha koklayarak, mezarlıktan uzaklaştım...

Sokak ve avlularda genç insanlar telaşla gidip geliyorlardı. Uzakta söylenen bir türkü, gülüşme ve fısıltılar duyuluyordu. Bu Hıdırellez gecesinde şehir, sıtma nöbeti geçiriyormuş gibiydi. Ben ise, bütün bunlardan ayrı olduğumu hissediyordum. Farkına varmadan içime korku girmiş, her şey acayip bir şekil almaya başlamıştı. Kıpırdanmaları, gelip gidenleri tanımıyordum artık, kent bile değişmiş, bildiğim kent olmaktan çıkmıştı.

İnsanları çift olarak görüyor, çift olarak duyuyordum. Her tahta parmaklığın, her kapının, her duvarın ardında insanlar vardı. Bu insanların ne gülüş, ne bakış, ne konuşmaları diğer gördüklerime benziyordu. Sesleri boğuk ve ağırdı. Günah dolu gecenin havası bile günah ile ıslanmıştı. Mehtabın sütünü akıttığı damlara bu gece cinler üşüşecek ve aklı başında kimse kalmayacak. İnsanların tümü şehvetle, hırsla, bir anda yok olmak isteğiyle çılgınca coşacak. Ya ben nereye gideceğim?

Dua etmeli... Bütün günahlılar için, Allah'tan merhamet dilenmeliydi. Akıllarını toplasınlar diye...

"Her şeyi bilen Rabbim, bana, onlara ve bütün günahlılara merhamet et!"

Dergâha girdiğimde avluda, ağabeyim Sultan Veled ile karşılaştım. Ateşbaz ile konuşuyordu. Beni görünce, Ateşbaz'ı, sağ elini göğsüne koyarak selamlayıp, yanından ayrıldı.

"Kimya, kardeşim!" diye seslendiğinde, durup ona doğru birkaç adım attım.

"Buyurun," diyerek başımı önüme eğdim.

"Gecenin bu vaktinde nereden geliyorsun?"

"Dolaşmaya çıkmıştım."

"Ortalık tekin değil, bunu bilmen lazım," diyerek ellerini arkasında bağlamıştı. Haklıydı. Ondaki bu vakar, hesap soran değil, koruyan kollayan bir duruşu işaret ediyordu.

"Biliyorum," dedim sessizce. "Mezarlığa gitmiştim..."

"Kimya," dedi. Sesi tıpkı Mevlâna babamdaki gibi şefkat yüklüydü. "Uzunca bir zamandır çok durgunsun. Sende bir haller var kardeşim. Bir sıkıntılı hâl ile boğuşmaktaysan, sana yardımcı olmak, bir ağabeyin, bir büyüğün olarak öncelikle bana düşer..."

Sultan Veled'in, her ne kadar görmesem de tıpkı dedesi Bahaeddin Veled ve babası, babamız Mevlâna'nın bilgelik hamuruyla yoğrulmuş olduğu herkes tarafından bilinirdi. Bu kadar genç yaşında olmasına rağmen, bazen kendinden yaşça büyük dervişler bile Sultan Veled ile konuşup, ondan akıl almaya gelirlerdi.

"Asla! Sıkıntıdan değil. Dinlemek için gidiyorum."

"Kimleri?"

"Mezarda yatanları..."

Neden bahsettiğimi anlamıştı. Sultan Veled'e bir şey anlatmak için uzun cümleler kurmanız gereksizdi.

"Hayat, dediğimiz fâni yolculuğu, sonunda da ulaştığımız

ve adına ölüm dediğimiz ebedî istirahatı bize onlardan iyi anlatan olmaz. Onlar ki, bu dünyanın geçiciliğini ve bu dünya için verdiğimiz uğraşın öbür dünyaya ulaşmak için sadece bir sırat olduğunu en güzel şekilde anlatır. Ve bunu senin de anlamaya başlaman, ne kadar mutluluk verici. "

Başımı önüme eğerek, gülümsedim. Yukarıya odama çıkıp, Kur'an-ı Kerim okumak istiyordum.

Odama çıktığımda ilk işim, abdestimi tazelemek oldu. Yaktığım mumu, pencere kenarına koyup, Kur'an-ı Kerim'i elime aldım. Bugünkü düşündüklerimle ilgili, Mukaddes Kitabımızda Cenab-ı Hakk, Enbiyâ suresinde şöyle sesleniyordu.

"Her nefis ölümü tadacaktır. Biz sizi sınamak için şerre de hayra da müptela kılıyoruz. Ve bize döndürüleceksiniz. "
(Enbiya, 35)

Şerden sakınıp, hayra yönelmek tamamıyla bizim elimizdeydi. O'na en güzel şekilde kulluk ederek yanına gitmek, her inanan Müslüman için yapılması gereken en doğru şeydi.

Yıllar önce öz babam da böyle anlatmış,

"Evin gerçek sahibini ağırlamak, en başta temiz bir nefis gerektirir..." demişti.

Elimde tuttuğum Kur'an-ı Kerim'i okudukça içimi dolduran sonsuz huzur, beraberinde yeni cevapları da yanında getiriyordu. Cenab-ı Hakk'ın sözlerinin her bir harfi, ona ait olan ruhumu her defasında daha da temiz bir hale getiriyordu.

Bir gün karşısına çıktığımda, bana verdiği emaneti koruyabilmiş ve temiz tutabilmiş olmalıydım...

HÜZNE MÜPTELAYIM
ŞİFAM SENDEDİR EY YÂR!

Aşkın vahasında suyun serabıdır sevgili.
Her adımın da kumlar sesi ile yanar tutuşur.
Aşkımın zekâtıysa her dökülen gözyaşı.
Şimdi bir elif miktarı sus sevgili.
Seni susarak özlemeyi bahşet!

Şems'in hasretine dayanamayan bedenim git gide zayıflamaya başladı. Ardından hastalık gelip çattı. Kuru öksürükler, şiddetli baş ağrıları ve soğuk terler. Babam hekim çağırdı. Ne ilaç ne de hekim fayda vermedi. İlacım da tabibim de talihimin güneşindeydi. Gün boyu halsiz bir şekilde odamda yatağımda yatarken beni merak eden babam ziyaretime geldi. Yatağımın başına oturdu. Elini alnıma koydu. Hâlime baktı. Hâlsizliğime baktı. Derdime baktı. Dermansızlığıma baktı. Derin bir ah çekti. Ardından:

- Gönül derdi gibi bir dert bulunmaz. Aşkın hastalığı bütün hastalıklardan ayrıdır. Aşk, Allah'ın esrarına ermek için bir vasıtadır.

- Babacığım! Bana aşkı anlat. Aşkı anlatmak için bazı şeyler söylerim. Aşka geldiğim zaman da söylediklerimden utanırım. Görüyorum ki, sende aşk hastasısın benim gibi.

Ama neylersin. Ben aşkı dile getirdim sen ise "Dilsiz aşk ne güzeldir." sözüne sığınıyorsun. Rabbim bize kolaylık versin.

Anlamıştı babam. Okumuştu yüreğimi. Ağlamıştı babam. Aşka ağladı. Utancımdan başımı yan tarafa çevirdim. Anladı mahcubiyetimi.

- Kızım! Aşk utanılacak bir şey değil dedi. Alnımı öptü. Oturduğu yerden yavaşça doğruldu. Yorgundu. Şems'in yorgunluğu. Şems'in yorgunluğu… Yolcunun yorgunluğu. Yoluna kurban olduğumuza yorgunluk. Odadan çıkarken hafifçe dua mırıldandı: "Ey yürekleri elinde tutan! Bizden merhametini esirgeme. Yolcumuzu bize gönder. Bizi Şems'siz eyleme."

AŞKIN ARİFESİ: MAŞUK GELİYOR.

Dünya bana hiç tatlı görünmedi Şems'in gözlerinde âlemleri gördüm göreli. Can desem o cemâle âşık; gönül desem o söze hayran. Canım da gönlümde sır incirleriyle dopdolu; ama neyleyim ki dilim, ağzım mühürlenmiş.

Bir gece sessizce kalktım, zennemi giymeden ayağa, dergâhtan yalın ayak çıktım, kimse ayak seslerimi duymasın diye. Ağır ve sessiz adımlarla geçtiğim avludan, bir gölge gibi dışarı çıktım. Yeniden mezarlığın yolunu tuttum...

Annem, sürekli mezarlığa gitmem konusunda kaygılıydı. Hiçbir zaman da bunun sebebini öğrenemedi zaten. Aslında sebebi oldukça açıktı, basitti. Mezarlar, bu fâni dünyadan, ebedî dünyaya açılan bir kapıydı ve ben aklımdan bir kez olsun, ebedî yaşamı çıkarıp, unutmak istemiyordum.

Mezarlığa girdim. Serviler o kadar heybetli duruyordu ki göğe değecek gibiydi uçları. Bir mızrak gibi, kanatmayın gecenin damarını, görünmemeliyim. Görmemeliydi kimse beni. Mezar taşlarındaki silik yazıları okumaya çalıştım. Ay ışığı sönüktü, cılızdı, okunmuyordu yazılar. Dile geldi kefenlere dargın ölüler birer birer.

"Gönlümüzde yetim kalan sevdadır, dediler.

Cümleden yarım kalan sevda nasıl yaşardı ölülerin gönüllerinde? Nasıl? Sustum. Ölülerle yüzleştim. Sırın gerisinde. Dertleştim ölülerle aşktan yana vuslattan öte. Duruldu gece. Günü soyundum. Şehir karanlıktı ve ben karanlığa mumdum. Tekrar yola koyuldum usulca. Uzundum yol kadar. Yorgundum ölüler kadar. Seni bekleyeceğim yolcum. Yalnızlığımı gözyaşlarımla emzirsem bile bekleyeceğim. Acı niye bana bu kadar alıştı? Aşktan mı? Külü olmayan, dumansız bir ateş yanmaktaydı içimde...

Mavisini yitirmiş bir gökyüzünün altında ben yine umutsuz bir genç kızım. Mevsim bahar. Bahar gelmiş neyleyim. Gönlümün şevki yok. Gözümün Şems'i yok. Sol yanım buruk. Sol yanıma eylülden kalma bir hüzün düşüyor. Benden önce ekim üşüyor, Kasım üşüyor ve hâlâ bahar gelmiyor yurduma. Bülbül güle yanmaktaydı, gülün bundan haberi yoktu...

Hangi duvarın arkasına saklandı neşem? Şems gitti gideli bize bir haller oldu. Babamın omuzları her geçen gün biraz daha çöküyor. Bense neye dokunsam, ellerimin hüznü bulaşıyor sanki. Bahar olan bir mevsimde, sevdiğim o adam da yok işte! Bütün ayrılıklar kırılıyor içimde. Susuyorum. Ne yazsam, ne söylesem yokluklara, o kadar üşüyecek kelimeler. Şimdiler de ne söylesem fazla buruk. Ne yana dönsem yüzümü, boynum bükük...

Sultan Veled, Şems'i almak için gideli çok uzun zaman olmuştu. Şimdi herkesin aklında ki tek soru vardı:

"Onu razı edebilmiş miydi?"

Sultan Veled'in yolu gözleniyordu. Yanında Şems olduğunda bu bekleyiş, bu ılık bahar gecesinde, tatlı bir bayrama dönüşecekti. Bu bekleyişte babam iyice suskunluğa bürünmüş, dergâhtakiler de bu suskunluktan nasiplerini almıştı.

Ya ben?

Herkesten fazla bekliyordum, onu. Gelmesi için ettiğim duaların kabul olması için yeniden, yeniden dualar ediyordum. Hasreti yaşatan Yüce Yaradan, bir gün kavuşmayı da nasip ederdi kuşkusuz...

Bir süre mezarlıkta kaldıktan sonra, dergâhın yolunu tuttum yeniden. Gün ışığının bize müjdelerle gelmesi için dualar ederek...

Sabah vakti, okunan ezanlarla gözümü açtım. Yeni bir gün başlıyordu ve ben bu günün, hayatımdaki en güzel günlerden biri olacağından şimdilik habersizdim.

Namazımı kılıp, bir süre Kur'an-ı Kerim okudum. Kapağın arasına koyduğum akasya çiçeği, hâlâ ilk günkü gibi kokmaktaydı. Gün ağarıp, dergâhın tatlı telaşı başladığında o telaşa dahil olma vaktimin geldiğini anlamıştım.

Odadan çıktığımda, matbaha gittim. Ateşbaz, her gün olduğu gibi kazanın başında, o gün dergâhtakilerin önüne koyacağı yemekle meşguldü. Arada bir yanındakilere, yardım etmeleri için sesleniyor, bunun dışında pek fazla sesi çıkmıyordu. Bir parça ekmek alıp, sessizce dışarı çıktım...

Mis gibi tandır kokan ekmekten bir parça koparıp ağzıma attım. Etraftakileri seyretmeye koyuldum. Az ötedeki ağaç ilişti gözüme. Şems'i ilk kez gördüğümde, bu ağaca yaslanmıştı. Kokusu acaba, o günden bu yana üzerinde miydi? Ağaca doğru adım attım ama sonra vazgeçtim. Meraklı gözler, ne yaptığımı anlarlarsa, diye aklımdan geçti. Ağacın üzerindeki serçelere gözüm takıldı. Onlar benden önce davranmış, Şems'in oturduğu ağacın dallarına konuyorlar, arada bir aşağıya inip, birbirlerine türlü oyunlar yapıyorlardı. Çok küçük bir parça ekmek kırıntısı yere düştüğünde bana aldırmadan, yanıma konup o kırıntıyı alan serçeciği gördüğümde ne kadar mutlu olduğumu anlatamam. Hemen ağacın altına yürüdüm. Elimdeki tandır ekmeğini, ağacın altındaki bir yerde, küçük serçecikler için ufalamaya başladım.

Tandır ekmeğini ufaladıktan sonra, ağacın yanından uzaklaşıp, beklemeye koyuldum. Serçeler, bir süre kırıntılarla ilgilenmediler. İçlerinden birkaç tanesi ürkek hareketlerle kırıntıların yanına konsa da yek bir kırıntı almadan yeniden uçup, ağacın dallarına saklanıyordu. Onları, çatıdaki serçeler izliyorlardı. Onlardan başka, haberleri olmadan bir de ben vardım bu güzelliği seyreden.

Bir süre sonra yanıma gelen Ateşbaz'ın sesiyle irkildim. Ellerini, hiçbir zaman yanından ayırmadığı beze silerken,

"Bakıyorum da sevaba girmeye erkenden başlamışsın, " diyerek gülümsüyordu.

"Daha bir tane bile almadılar, " dedim.

"Alırlar, alırlar. Merak etme. Eeee, korkuyor hayvancağızlar. Hayvan kısmı, hele de böyle küçücükse, illa ki insanoğlundan korkar. Kolay değil, yeri geliyor, insan bile insandan çekiniyor..." derken, eliyle ağacın altını işaret etti. "Bak işte, içlerinden bir erkek, ilk lokmayı aldı. "

"Erkek olduğunu nereden anladın? İlk lokmayı alma cesaretinden mi?"

Gülerek, sakalını sıvazladı. Elindeki havluyu, omzuna atıp, ağacın altındaki serçeyi işaret etti.

"Erkek serçeler, dişilerden biraz daha iri olur ama asıl özellik, boyunlarının altındaki tüylerin rengidir. Bağırları siyah tüylü olur... Bak! Bir erkek serçe daha kondu yanına. "

"Şunlar da dişi o zaman..." diyerek, uzakta bekleyen birkaç serçeyi gösterdim. "Boyunlarının altındaki tüyler, gövdeleriyle aynı renkte."

"Öğrenmişsin..." diyerek gülümsedi.

Biraz sonra, ağacın altı serçelerle dolmuştu. Her biri, bir parça ekmek kırıntısını kaptığı gibi uçuyor, ağacın dallarına, çatılara konuyordu. Arada sırada, birbirleriyle mücadeleye de girdikleri gözümden kaçmıyordu. Bir serçenin ağzından düşen bir kırıntıyı, o daha alamadan başka bir serçe gelip, kaptığı gibi uçuyordu. Onların, ağacın altından kaptıkları her bir kırıntı, benim yüreğime damla damla huzur oluyordu.

Bir süre sonra ne ağacın altında tek bir kırıntı, ne de ortalıkta tek bir serçe kalmıştı.

Öğleye doğru, kapıdan koşarak içeri giren bir dervişin verdiği haber, herkesi heyecanlandırmıştı.

"Geliyorlar! Sultan Veled, Tebrizli Şems'i getiriyormuş!"

Tüylerim diken diken olmuştu. Heyecanla anlattıklarından ise aklımda kalan bir cümle olmuştu:

"Şems geliyor!"

Şehir ürperdi önce. Rüzgâr titredi. Ağaçlar musikiye başladı. Daha önce böylesine bir şey yaşanmış değildi. İlk gelişin gizemini söndürmüştü şimdiki görkemli gelişi. Dergâhın önünde kalabalık. Ben yine gizlice kubbenin üzerinde elimi alnıma koymuş, çarşı yoluna diktim gözlerimi, dizlerimin bağı çözüldü, çözülecek.

Yolcum dönmüştü. Yorgunum gelmişti. Yüreğim 'Hasret' denilen sırattan geçmişti sonunda. Yarabbi, cennet mutluluğu böyle bir şey miydi?

Bir başına değildi. Avucunda dünyanın bütün çiçeklerinin kokusunu taşıyarak gelmişti. Gördüm. İşte geliyor. Sevinçten bir damla süzüldü yanağıma. Şems, babamın kolundaydı. Birlikte yürüyorlardı. Attığı her adımda bütün bir ömrünü de toprağa döküyordu. Zayıflamıştı. Kışa dönmüştü sakalı, ama alabildiğince vakurdu. Uçsuz bucaksız çöl sakinliğindeydi, alabildiğince yanıktı teni. Dudakları çatlamıştı. Babama yaslanmaya başlamıştı. Besbelli ki, dur durak bilmeyecek kadar yorulmuştu.

Avluya girdiklerinde havuzun yanındaki ağaca yaklaştılar. Başını babamın sağ omzuna gömüp de bin yıllık gözyaşı ile hıçkıra hıçkıra ağlamaya başladı. Babam ağlıyordu. Ağlıyordu Şems. Herkes ağlıyordu. Az önce ortadan kaybolan serçeler, dallardaydı. Demek ki onu karşılamaya gitmişlerdi. Şimdi şakıyarak, ona "Hoş geldin!" diyorlardı...

Ben ağlıyordum...

Aşkın gözyaşlarıydı su emmez taşlara düşen...

Mevsim bahardı. Yüreğim bahar-ı aşk. Eridi şehirde buzlar. Güneşten özür diledi saçaklar. Şems-i aşk, odasına yerleşti. Pencereden çiçek tozlarını üfledi bahçeye. Kapısını ağabeyim, Çelebi Hüsamettin ve benim açtığım sır dolu odaya girdiler. Kapıyı örttüler. Babam ve Şems iki müebbet mahkûm gibi dünyaya kapadılar varlıklarını. Sır yine başlamıştı. Meraklılar çatlaya dursun. Kapandılar aşk-ı muhabbet secdesine. Günler sonra dışarı çıktılar. Avluda bir Şems yürüyordu Mevlâna'ya doğru, bir Mevlâna yürüyordu güneşine doğru. Avlunun her duvarında Şems'i görüyordu Mevlâna. Dilinde zikir elinde tespih. Tespihinin imamesi Şems. Bense, dudağımda Şems kokulu dualar: "Ya Rab! Duvağıma Şemsi düşür."

Şems yürüyordu her adımı şehrin sokaklarına fırtına biçerek. Yürüyordu Şems, yürekleri alevleri ile dağlayarak. Yürü içinde ney sesinle, altı telli rebabla dağıtarak yürü Şems. Bir boşluk aç sadrıma, bir boşluk ki ilâhi aşkla dolsun.

ŞEMS, BEN VE GÜL BAHÇESİ...

*"Sende bulduklarım değil,
sensiz kaybettiklerimdir önemli olan."*

Şems'in aramıza yeniden katılması ve onu kaybedenlerin yeniden bulması herkesin hasretle beklediği mutluluğa ve huzura kavuşmasına sebep olmuştu.

Mevlana babam, onun yokluğunda yaşadığı acıları artık kötü birer hatıra olarak kabul ediyor, annem ise -ki Şems konusunda her zaman mesafeliydi- bu dervişin dergâhımıza ve Konya'ya verilmiş bir lütuf olduğunu düşünüyordu.

Şüphesiz Şems'in gelişinde gizli bir kahraman daha vardı. Ağabeyim Sultan Veled, onu o kadar uzak yollarda bulmuş ve Şems gibi bir veliyi tekrar geri getirmeyi başarmıştı. Bu kolay bir vazife değildi. Şems'i az çok tanıyanlar, Sultan Veled'in bu işin altından kalkamayacağı konusunda ham fikirdi. Ama o, basireti sayesinde Tebrizliyi koluna takmış ve Konya'ya geri getirmişti. Şimdi onu sevenlerin aklında yeni bir soru beliriyordu.

"Ya yeniden giderse ve bu kez hiçbir şekilde geri dönmezse..."

Evet, onu seven kim varsa bu ortak sorunun etrafında toplanıyorlardı.

Evet, onu seven kim varsa... İşte bu soru günlerdir benim de kafamı kurcalıyordu. Bir kere gitmişti ve bu hasrete dayanamamıştım. Ya bir daha başımız gelirse ne yapardım?

Bu düşüncelerimin sonunda mutlak bir hayrın olduğunu şu aralar fark edecek durumda değildim. İlerleyen günlerin benim açımdan nasıl bir hayra vesile olacağını da o gece anladım.

Mevlana babam, uzunca bir zamandır Şems'in evlenip Konya'da kalması ve burada yaşaması hususunda ısrarcıydı. Bu konuyu birkaç defa kendisiyle de konuşmuş ve Şems'ten,

"Kimya taze bir kız, ben ise şehvetten kendini arındırmış bir erim. Kendimi bir peygamber olarak görmüyorum ama İsa Peygamber, kendisiyle evlenmek isteyen Mecdeleli Meryem'e 'Evlilik vücut işidir, beni boşuna bekleme, bende vücut yok,' demiştir. Gel gör ki ben de öyleyim. Bu kadar uzun dostluğumuzda bunu az çok anlamışsındır" cevabını almış.

Babamın düşündüğü ise, onun yalnız kalmamasıydı. İlerleyen yaşına rağmen artık, yanında bir ses, bir nefes olması, evinin kadınının onun karnını doyurması, abdest alacağı suyu dökmesi, her anlamda yanına yoldaş olması gerektiğiydi.

"Bunu sana benim demem belki gereksiz ki sen bunu benden daha iyi bilmektesin Şems. Yalnızlık sadece Allah'a mahsustur. Eğer öyle olmasaydı, neden Nuh Peygambere yapmasını emrettiği gemiye, her mahlûkattan bir çift almasını söylemezdi. Sende bir vücut olmadığını söylemiştin, ama unutma ki Allah'ın bize emanet ettiği ruhu taşıyan kullarız. Gel bir daha düşün..."

Şems ise gayet net bir cevapla, bu dediklerini kabul etmişti.

"Eğer Kimya da bu evliliğe rıza gösterirse makbulümdür..."

Benimle konuşmadan önce Mevlana babam, konuyu annneme, ağabeyim Sultan Veled'e ve onun hanımı Fatma yengeme açmış. Ben bu fikre annemin soğuk bakacağını sanmıştım ama o da diğerleri gibi onaylayınca, babam beni yanına çağırdı.

Annemle beraber oturuyorlardı. Söze ilkin babam girdi.

"Bak benim güzel kızım, gönül kuşum. Her ne kadar sen benim öz evladım almasan da seni diğer çocuklarımdan ayırmam hatta yeri geldiğinde onlardan bile ayrı tutar, severim. Senin mutlu olman, aklı başında biriyle izdivaç yapman bizleri oldukça memnun eder. Evlilik yaşına geldiğinin elbette ki farkındayız. Biliyorsun, daha önce de sana birçok dünür geldi ve biz bu kararı hep sana bıraktık..."

"Başka bir dünürcü mü gelecek yoksa?"

"Hayır, evladım, bu kez durum farklı?"

"Nedir?"

"Şems..." dediği anda, yüreğimin yerinden sökülüp, uçup gideceğini sandım. Ne zaman korksam, ne zaman bir heyecan yüreğimi kaplasa avuçlarım terlerdi. Evet, şimdi de, birden bire terden sırılsıklam olmuşlardı. Annem küçüklüğümden beri bu huyumu bildiğinden, ellerimi kurulamak için bir birbirine sürttüğünde,

"Demek ki sen de Şems konusunda bizimle aynı şeyleri düşünmektesin. Biz senin kararını merak ediyorduk ama bakıyorum, mürüvvettin Şems ile olacakmış..."

"Siz nasıl uygun görürseniz öyle olsun... "demekle yetindim. Aslında, Allah kalbimi biliyordu. Bu muradımdı. Maşuğuma vuslat edecektim ancak yetiştiğim terbiye gereği içimdeki coşkun sevinci yansıtamazdım. İçim birbirine sığmıyor, dışım ise rıza sükûnetinde edebince susuyordu. Babam: "Öyleyse bu kararını senin ağzından o da duysun..." dedi babam. "Gül bahçesine git ve orada Şems'i bekle."

Gül bahçesine girdiğimde, kendimi bir bülbül gibi hissediyordum. Bülbül güle aşkından, gülün dikenini göğsüne saplar ve sabaha kadar şakırmış. Sabah ne damarında bir damla kan ne de ona şarkılar söyleyecek bir damla nefes kalırmış. Zavallı bülbül, gülün açtığını göremeden, can verirmiş.

Acaba benim gülümün açtığını görebilecek miydim?

Bir süre bekledikten sonra, bahçeye olanca heybetiyle giren Şems'i görünce ayağa kalkıp, başımı önüme eğdim.

"Otur bakalım," diyerek sedirde karşına oturmamı istedi.

"Benim hakkımda sana ne söyledilerse hepsi doğrudur. Ve bunların hepsini sanki bana söylenmiş gibi bilmekteyim."

Başım önümde, sessizce dinliyordum. O ise konuşmaya devam ediyordu.

"Babanla, senin ve benim evlenmemiz konusunda konuştuk. Ancak sensin rızanla bu işin olabileceğini söyledim. Görüyorum ki, buraya gelmekle bu izdivaca rıza göstermektesin. Şimdi sana sormayacaklar mı, deden yaşındaki bir ihtiyarda ne buldun diye?"

Sesim titreyerek cevapladım.

"Sende bulduklarım değil, sensiz kaybettiklerimdir önemli olan. Yoksa yaş dediğin nedir ki? Bu dünyada benden fazla yaşaman, bizim evliliğimize mi engel oluşturacak. Eğer ki, korkun ecelse, benim senden uzun yaşayacağımı kim düşünmüş?" bu cevabı nasıl verdiğime hâlâ inanamıyordum. Titreyen sesim, hızla çarpan yüreğim ve terleyen ellerimi düşünürken bu kelimeler ağzımdan öylece dökülüvermişti işte. Kırçıllaşmış saka lını sıvazladı. Gülümsüyordu. Onu ilk defa gülümserken görüyordum.

"İkimiz de Mevlana'yı mutlu etmek için rıza göstermekteyiz..." diye mırıldandı.

"Sırf babamı mutlu etmek için mi?"

"Sadece onu değil, birbirimizi de mutlu etmek için rıza göstermekteyiz..."

Bir süre orada sohbet ettik. Benim aklımdaki soruların tamamına, daha ben sormadan cevap vermişti. Nihayet Şems'le evlenip, muradıma erecektim.

Bülbülün gülü açmıştı...

Huzurlu bir şekilde gül bahçesinden ayrılırken, ayaklarım sanki beni uçuruyordu...

AŞK, VAHDET KADERİNİN BİLİNCİ İLE NİKÂHLANMAKTIR

Kişiliğine hayran olduğumuzu şehvetli düşler kurarak seviyorsak onun benliğini ezmek istiyoruzdur. Şehvete düşen tatlı yaşar ancak acı ölüme düşer.

Babamın odasında nikâhımız yapılacaktı. Odaya annem, babam, Sultan Veled, Hüsameddin Çelebi, Fatma Hatun girdiler. Ben abdest almaya gitmiştim. Şems henüz yoktu. Az sonra Sadrettin Konevî ile geldiler. Nikahımızı Sadrettin Konevî kıyacaktı. Babam bir tabak hurma getirdi, annem bir tas su. Sadrettin Konevî'nin karşısında Şems ile diz çökmüş duruyorduk. Babam:

- Mihrin nedir Şems?
- Dünya olarak hikmet ahiret olarak cennet inşallah.

Sultan Veled Kur'an'dan ayet okudu, babam birer hurma uzatıp aynı tastan birer yudum su içmemizi söyledi. Sonra parmağını tasta ıslatıp üzerimize serperek:

- Seni insanlar içerisinde imanda en güçlü, bilgide en derin, ahlakta en iyi, ruhen yüce bir dosta emanet ediyorum, dedi.

Bir de Peygamberimizin kızı Fatma'ya ettiği düğün hediyesi mihrimdir. Hatırlarsanız Fatma ev işlerinden yorulunca babası gidip kendisine hizmetçi olarak savaş esirlerinden bir kadını istemişti. Peygamber ise: Hayır. Vallahi olmaz. Ashab-ı Suffenin hadi karnını doyuramazken, savaş esirlerinden birini size hizmetçi vermem. Fatıma evine gidince üzülmüştü Peygamberimiz. Peygamber gün boyu kızına verdiği cevabı düşünüp durdu. Sonra, ansızın kızının kapısı açıldı, Peygamberdi gelen. Ali ve Fatma şaşırdılar. Şefkat dolu bir edayla:

- "Yerinizden kımıldamayın. Size benden istediğiniz hizmetçiden daha güzel bir hediye vereyim mi? Bu da benim düğün hediyem olsun."

Onlar ise bulundukları yerden "Elbette ey Allah'ın Resulü".

- Peygamber: " Bu Cebrail'in bana öğrettiği bir sözdür. Yatağınıza yattığınızda otuz üç kez tekbir getirin, otuz üç kez hamd edin, size artık darlık ve sıkıntı gelmeyecektir.

İlk gece. En uzun gece. En uzun gecede söz sabaha kadar sürdü: Önce dilim lâldı. Laleleşti sonra. Önce kördüğümdü kelimeler, sonra çözüldü teker teker. Bende korku. Bende heyecan. Bende telaş. Bende mahcubiyet. İçim karma karışık. Bir yanda ilk kez Şems ile bir odada baş başa kalmanın utangaçlığı diğer yanda ona yakın olmanın haklı gururu. Aylardır bu anı beklemiyor muydum? Böyle mi hayal etmiştim? Elimi tutacaktı, saçlarımı okşayacaktı. Ben gözlerimi kapatacaktım o alnıma buse konduracaktı. Kalbim hızla çarpıyordu. Çarpıntım taş duvarda yankısını buluyor.

Şems bana bakıyordu ama beni görmüyordu. Ben yoktum sanki orada. Derim bir ah çekti:

- Rüya görenler rüyadan uyansa, dedi.

Durdum baktım yüzüne. Durdu yüzüme baktı. Birbirimizin yüzünde gördük göreceğimizi. Aramızdaki sessizlik, nefesi gök gürültüsüne çeviriyordu. Sözü ben başlatmak istedim:

- Susmayı seninle sevdiğimi sen bilmiyordun. Ömrümden büyük hüzünlerle büyüyordum.
- Yüzündeki mahzunluktan okunuyor yüreğindekiler.
- Nasıl yani?
- İçinde biriktirdiğin suskunluk ve hüzün iç içe geçmiş ve yüzünde solgun birer çiçek gibi duruyor. Bunca yaşına bu kadar sessiz çığlığı nasıl sığdırabildin?

Şaşırmıştım. Yüzüme bu denli bir dikkatle baktığına şaşırmıştım. Hoşuma da gitmişti hani. Odanın içinde uzun süren bir sessizlik başlamıştı. Avunca zümrüt yeşili bir mendili sımsıkı tutuyordu. Gözleri duvarda bir noktaya odaklanmış öylece oturuyordu. Sonra tebessümle bana doğru dönerek:

- Senin diğer kadınlardan bir başkalığın var. Gülüşünde saklıyorken kederlerini, bir korku için değil, hüznüne bağlılığın için yapıyorsun. Ellerin bir denizin içinde yürür gibi titrek, bir aşkzede gibi titrek, bir ceylan gibi ürkek. Yıkılmışlığını, mağduriyetini aşka bağlamayan bir asaletin var. Yüzleşmekten korktuğun düşüncelere yenik düşmemiş yorgunluğunu hangi duygularla örttün?

Duygularımla içim sarsılmıştı. Bu nasıl olur? Beni benden daha iyi okuyan bu sözler bir sihir mi? Yanımdakilerin görmediği yaraları, yıllarıma yabancı bir adam okuyor. Ey hayat ters yüz mü oldun ne!

- Aşkın vuslat suru üflenir mi bilinmez ancak unutma, içinden ölerek dışarıya sağ çıkmalısın.
- Gülü sever misin?
- Evet ama kokusunu duyabildiğim kadar değil.
- Tebriz gülleri sarıdır, ortasındaki kırmızı ton güllerin kalplerinin kanadığını gösterir.

- Peki, Konya'daki güller ?
- Konya'daki güllerin kalpleri kanamıyor ama vaktinin gelmesi yakın.

Şimdi artık güllerin ağlama vakti gelmişti. Yine içime kocaman ferah bir şükür duygusu dolmuştu, yüreği kanayan güller artık Konya'da da bitecekti. Neye şükrettiğimi bile tam bilmeden minnetle şükrettim. Şükran da bir nimet diye düşündüm. Şems odanın ortasında serili döşeği gösterdi.

- Yoruldun çok, huzurla uyu iyice dinlen. Kendisi de namaza durdu.

Huzurla uyu demişti ya Şems, derin bir uykunun içine düşmüştüm ki, bir ses duydum gecenin içinden:

"Cennet bu dünyada bir hülya değildir. Belki de dünya, cennette bir rüyadır da sen farkına varamıyorsun." Kimin sesi, o an bilemedim.

İlk gece ...Son hece... İçimdekileri yine içime akıtarak uyuyorum. Bedenim yatağa yüreğim Şems'e söyleyemediğim sözlerin kıvranışı ile uyuyorum. İlk gece.. Kırık binlerce heceydi:

"Oda sessiz... Sen sessiz. Ben sessiz. Sessizlik özündedir en koyu hüznün deminde. Bilinmez özünde Hakk'a yürüyüşün hangi mertebesindesin, neresindesin bilinmez...Ben ise bana verdiğin hükmü seninleyken sensizliği yaşıyorum... Yaşıyorum ama yaşlanıyorum sessizliğimde... Yaşlıyım gözlerimde...

İçimde dur dedikçe sana yürüyen, sus dedikçe sana konuşan... Zor geliyor Şems, sana dokunacak kadar yakınken sensiz kalmak... Zor geliyor akşam, bu gece kavuşmaz güne Şems.

Gözümde büyüyen senin karşısında kanımın donduğunu ve tir tir titrediğimi hissediyorum. Ben sana hasretim Şems... Sensiz rüyalarımdan kurtar beni Şems... Karşımda oldun, bakamadım utandım... Yanımda oldun sesimi duyurmadım sessiz çığlıklar büyüttüm Şems. Yakarken yakınlığın dokunulmazlığını ben yine senin uzaktaki gölgenle avundum.

Yaramın derininden bakıyorum sana bu gece, uzat elini Şems. Alamazken nefesimi, gözümde hasretimde olan sana yürüyorum Şems. Bu yolun sonu hüsran, dermanı sende olan. Sensizken de uykusuzdum... Seninleyim uykusuzum, benim sızım bu Şems. Duramıyorum yanında.. Yanın var mı ki Şem? Camdan dışarı bakıyorum, camdan beliren siluetine bakamıyorum bile, gizlimsin benim....

Verdiğim sözü tutamayacağımın korkusu sardı düşüncelerimi. Sıratta mı bekleyeyim seni Şems, yanındayken. Şimdi koşsam sana doğru, göklerden yağmur iner. Yağmurun içinde seni dileyen kaderimi aşkla biçtim.

Aşikâr gizlim Şems. Uykuya haram olsun bütün geceler, sensiz geçecek bir an yerine. Ne zor ne kolay yakınında olmak, seninle olan sensizliğin bedelini zor ödedim Şems. Yüreğim parmaklar arasında sıkışmış kurtar beni Şems. Elimi uzatsam ateşe, ateş yakmaz beni senin sensizliğinin yakmasının yanında. Ömrüm bir gecede tükendi sanki bana olan uzaklığının yanında. Sabrı tespih gibi çekiyorum ilmik ilmik işliyorum nakış misali. Aç gönlünü bana yâr aç ki aksın sana çağlayan sular gibi ömrüm... Geçip gidecek ömrün o kuru dal yaprağını anlayamadan.

Varlığım yanında sır düğümü gibi. Şu dört duvar şahittir ki hep yokluğunda buldum seni... Şimdi varlığının ızdırabını mı çektiriyorsun Şems. Çektiğim çile anlamını yitirdi bugün bu gecenin yanında.

Seninle yaşadığım sensizlik ve büyüttüğüm yalnızlığım. Göremiyorum senden başkasını Şems her yanım sensin ah bir uzatsan elini "Kimya'mmm" diyerek. Ne olur deseydin. ... Dağıldım sensizken, senliyken öldüm ben bu gece, sen varsın oysaki yanımda....

Konuşamıyorum Şems, boğazım düğüm düğüm, oysaki bu geceydi düğün. Sevdam olmuş bir kör düğüm... Suskunluğum sana vasiyetim olsun, bu gece öldüm ben Şems.

Ben sana gönüllü yandım gönülden yandım bu sevdayı öksüz bırakma Şems. Yüreğimin ırağında senin için yakılan türkülerim, söylenmedik sözlerim içimde saklı. Derinlerinden duy beni Şems. Yüreğinin kulağıyla dinle beni... Bakamadığım yüreğine, dokunamadığım eline, sitemim, bu gece benim düğünüm Şems. Ben sevdamı kefene mi sarayım Şems? Yüz görümlüğün ayrılığım mı oldu? Çeyizim sensizlik mi oldu? Sana en yakınından bakarken bu uzaklık niye? Tariften mahrumdur çektiğim bendeki çile. Bir odaya hapsolmuş bedenim senin yüreğinde gezerken, tebessüm ederim ölüme ben. Dönüp de baksan bir kere bakışım düşer yere. Günah mı bu Şems, seni düşünmek... Ben seni yüreğime yazmışken sen de benim yarama bas Şems!

Açacak mısın kollarını bana hiç açmadığın kadar. Boynumda darağacı gibi duran sevdan, ya sev beni Şems ya da çek bu ipi yansın sensizliğim, mahşeri bekleyeyim. "

Şems evliliğimizin ilk sabahında beni namaza kaldırdı. O imam oldu birlikte namazı kıldık. Sonra eline süpürge alıp kilimi süpürmeye başladı. Süpürgeyi almak için hemen atıldım.

- Hz. Peygamber evinde böyle yapardı. Bir gün ben süpüreyim bir gün sen... Şaşırdım. Böyle bir erkek görmedim, duymadım. Kahvaltıyı hazırladım. Kahvaltı derken bir bardak ıhlamur iki-üç tane zeytin ve bir parça keçi peyniri. Somattan kalkarken bana dönerek:

- Eline sağlık. Teşekkür ederim.

- Neden teşekkür ediyorsun ki?

Hz. Peygamber buyurdu: "İnsanlara teşekkür etmeyen Allah'a da şükretmeyi beceremez."

HER GÜNÜ BİNLERCE ÖMRE BEDEL

Aşkta yüksek bir zevk buluruz, çünkü o yüksek bir hakikattir. Vahdet sonsuzdur, vahdet aşk defterine yazılmaktır. Ezelden adımız aşk defterine yazılmıştır. Biz aşk sultanının kuluyuz, hep o defterdeniz. Sevgilinin adını düşünmekten gönlümüz sıkıntılı ise gam değil, biz kâinatın zevkini hiçe satmışız. Tasavvuf denizine dalmışız, ölsek de hayat çeşmesine tenezzül etmeyiz.

O'nun gözleri Tebriz gecesiydi. Kapkara ama içlerinde güneşler doğan. Ben bütün renkleri onun gözlerinden öğrendim. Onun sözleri, aşk ülkesine götüren muştulardır. Ben o sözlerde sırlar perdesini yırtarak aşka erdim. Sessizdik. Her şeyi yapabilecek kadar sessizdik. Uzaktan gelen bir sedaya kendimizi bırakmış birer suskunduk. Hiç yormadık birbirimizi. Hiç yorulmadık birbirimizden. Belki binlerce sel akmıştır ömrümüzden ama sel gitti kumları kaldı yadigâr. Sözleri önce ruhuma dokundu. Sesi nabız oldu damarlarımda. Konuşması en yakınken beni hep çağırdı uzaklara. Dokundum sonsuzluğa atılır gibi içimdeki uzaklıklara, uzaktaki umutlarıma. Tarihin bütün aşklarını yeni baştan tazece yaşıyorduk. Aslında biz bütün aşkların içindeydik de, bütün aşklar bizim dışımızdaydı. Kim ki, yeryüzünde bir yerde aşk üzerine bir şey yaşamış, bir şey hissetmiş, bir söz etmiş ise, yaşadıkları da bizdik, hissettikleri de bizdik ve söyleyemedikleri sözler de bizdik. Aşk, aynı yağmurda ıslanmaktı. Güneş yağmurunda ıslanarak yanmaktı. Aşk, yıldızlı gecede gökyüzünü seyretmek, kayan yıldızlara bir isim vermekti. Aşk, sevgiliyi kimseler görmeden bir sır gibi içinde yaşatarak ona kaçamak bakışlarla bakmaktı. Aşk, Şems'in dizinde yatışımdı. Öptüğüm elini, dudaklarım olarak bana geri dönen avuç içini, tekrar tekrar öpmekti. Benim Şems'im bir masal değildi. Masalları hakikati ile kül edip savuran bir ateş rüzgârıydı.

Bir akşam Şems gusülhaneden çıktıktan sonra kıyafetini değiştirdi. İlk kez onun omzunu gördüm. Omzundaki iz dikkatimi çekti. Kamçı izine benziyordu. Merak saikıyla sordum:

- Sırtındaki bir kamçı izi mi?
- Hayır. Gençlik hayatımın bir hatırası.
- Nasıl yani?
- Gençliğimde geçimimi temin etmek için hamallık yapıyordum. Odun taşıyordum. Urgan sırtıma iz yaptı ve hiç geçmedi. Senin gördüğünü birisi daha görmüştü ve bana şöyle demişti: "Sahabeden Ebu Akil gibisin."
- Sana niçin öyle söyledi?
- Ebu Akil, çok fakir birisiydi. Bir gün Peygamber Efendimiz sahabeye haber saldı. İhtiyaç sahibi Müslümanlar için yardım toplamak istedi. Münafıklar da ellerinde altın, gümüş gibi mücevherlerle geldiler. O sırada Ebu Akil de bir ölçek buğday getirdi. Münafıklar böyle yardım mı olur diye onu küçümsediler. O da, "Ne yapayım günde iki ölçek buğday karşılığı sırtımda urganımla odun taşıyorum. Bir ölçeği evime diğer ölçeği Resulullaha getirdim" deyince, Hz. Peygamber ağlamaya başladı ve ona şu müjdeyi verdi: "Ebu Akil, şehit düşecek ve cennette benim hemen yanımda soframda oturacaksın."
- Peki, Ebu Akil şehit oldu mu?

- Evet. Hastalanmıştı ve yatağında yatıyordu. Yemame Savaşı için mücahit topluyorlardı. Yatağından kalktı kılıcını kuşandı. Hanımı ona hasta olduğunu ve gitmemesi gerektiğini hatırlattı. O ise hanımına: "Görmüyor musun İslam için yardım isteniyor. Ben Ensardanım. Nasıl yatakta yatarım?" dedi. Savaş esnasında aldığı darbe ile kolundan yaralandı. Kolu kesikti ama düşmemişti. Sallanıp duruyordu. Savaşmama mani oluyor diye kolunu ayağının altına alıp kopardı ve öylece savaştı. Yemame Savaşı'nda şehit oldu. Sırtımda ki bu urgan izini gördükçe hep Ebu Akil'i hatırlarım.

Şems ile evliliğim Konya'nın dedikodusu olmuştu. Beni konuşuyorlardı. . Suskunluğumu, sessizliğimi, yaşadığım seyre değil de kendi evhamlarına göre yoruyorlardı. Benim için, "Karanlıkta tutulan kuşlar şakımayı da unuturlar neşeyi de" diyorlardı. Bir gün yine duyduğum dedikodular ile içimin bunaldığını hissettim. Ellerimi açtım: "Neden Allah'ım neden, Ne istiyorlar benden, neden beni rahat bırakmıyorlar." diyerek, hıçkırıklara boğulurcasına ağladım, ağladıkça eğildim secdeye kapandım. Böylece ne kadar ağladım, ne kadar kaldım bilmiyorum. Şems'in "Kaldır başını, yüzüme bak" diyen sesi ile kendime geldim. Bir eli omzumdaydı. Gözlerinde gördüğüm şefkat ve incelik öylesine yoğun ve tarifsizdi ki sanki bir nehir yatağından taşmış tüm ferahlığı ile üzerime geliyordu. Bana sarıldı içimde birikmiş vesvese tortusu adına ne varsa gözyaşlarımın önüne kattım. Akıttım. O'nun omzunda da uzun uzun ağladım.

Evliydim ama bu herkesin anladığı evlilik gibi değildi. Bekâr gibi de davranamıyordum. Şems daha çok Mevlâna ile vakit geçiriyordu, ben onu çok az görüyordum. Kendimi hem mutlu, hem de bazen çok mutsuz hissediyordum.

Bir gün yine kendimi mutsuz hissettiğim anların birinde içimden "Evlendim ama ne değişti ki!" diye düşünüyordum. Düşüncelerimi Şems'in sesi böldü "Değişim dışarıdan değil, içeriden gelir, şimdilik aklındaki soruları ertelemen de ayrıca takdir edilmesi gereken bir özelliğin. " dedi.

Şems ile ibadete kalktığımız sabah namazlarında, dua için ellerimizi Allah'a açtığımızda cennet ferahlığı hissediyordum. Bu arada çok farklı, adlandıramadığım olaylar yaşıyordum. Evde otururken bazen kendimi babam Mevlâna ve Şems'in sohbetlerine katılmış buluyordum.

Şems'le evlendikten sonra onu daha yakından tanımak öyle derin mutluluklar veriyordu ki bana, onun iç dünyasını bilmeyenler ona düşmanlık besleyenler, ona nefretle bakanlar keşke benim derya Şems'imi damla kadar tanıyabilseydiler coşkun bir mutluluğun ne demek olduğunu bilirlerdi. İnsanlar dışarıdan göründükleri gibi olmuyor. İçlerine erişmek gerekiyor. Daha doğrusu peşin hükümler, kulaktan duymalar sizin bir hakikati anlamanıza duvar oluyor. Bu durumlarda hakikat hayal sayılabiliyor. İnsanların hayal bile edemediklerini ben hakikat olarak yaşıyordum. Şems'in yiğit hali hiçbir şeyden korkmaması, sadık ve vakur bir erkek olması, diğer insanların tuhafına gidebiliyordu, çünkü onların Şems'i yoktu. Şems'i soğuk ve ürkütücü görenler onun içindeki çığlıkları duymayıp, yüreğinde dolaşmayanlardı. Şems'in bana nasıl davrandığını merak eden dergâhtaki kadınlara, onun neler yaptığını anlattığımda kadınların suretlerinde hayret ifadeleri oluşuyordu. Duyduklarına inanamıyorlar, Şems'e inanmıyorlardı. Şems sürpriz yapmayı seven birisiydi. Günlük hayatın içerisinde nerede, ne yapacağını hiç tahmin edemeyeceğiniz birisiydi. Beni sürekli şaşırtıyordu. Bir keresinde uyandığımda o, eline bir faraş ve çöp süpürge almış, odayı süpürüyordu. Ona niye böyle yaptığını sordum o da bana Rasulullah'ın yaptığını yapıyorum, bunda şaşılacak ne var dedi? İlk kez bir erkeği oda süpürürken görmek tuhafıma gitmişti. Ev hayatımızda temizliğe, yemeğe ve diğer ev işlerine yardım ediyordu. Bilinen erkek anlayışını yerle bir ediyordu. Boşuna Şems için, kurallar yıkan, düzenleri savuran dememişlerdi. Hediye vermeyi çok severdi. Bir keresinde kucağında kitaplarla geldi ve "Bunlar senin, okumalısın" dedi. Ona babamın kitaplarını havuza atarken şimdi kalkmış bana hediye kitaplar getiriyorsun, bu ne iş? Sözüme şöyle cevap verdi.

"Kıraat, kıvam içindir. Kıvam kıyama götürür. Okuyan ol'a gider. Eğer ol'a gitmemişse bu okuma değildir. Baban okudu, ol'du ama ol'duğunu bilmiyordu ve hâlâ sayfalarda oyalanıyordu. O nedenle kitapları havuza attım. Kıyama eren, kainatın kitabını okumalıydı. Sen ise, henüz kıvama gelmedin. Onun için kitaplarda kavilleş. Okumaya devam et" dedi.

Kitap okurken derinliğine eremediğim hususları Şems'e danışırdım. Bu tavrıma çok sevinirdi.

Şems, sohbet etmeyi, ben konuşurken beni dinlemeyi severdi. Gözlerimin içine bakarak dinlerdi. Bir kadın için kendisini bir erkeğin dinlemesi tarif edilmeyecek bir mutluluktur. Şems latifeli konuşmayı çok severdi ve şaka yapmaktan hoşlanırdı. Çok duygusal bir insandı. Ağlayan bir çocuk görse hemen etkilenir o da ağlardı. Canlı cansız bütün yaratılanları seviyordu. Onun içinde hayvanlara karşı sevgi apayrı bir yer tutuyordu. Bir defasında bana bir papağan hediye etmişti.

Şems, tirit yemeğimi ve Faluzec tatlımı çok severdi. Faluzec: Su ve baldan yapılan bir tatlıydı. Yemeğe başlamadan ve besmele çekmeden önce "Hamdenlillah" der sonrasında da "ellerine sağlık" diye beni taltif ederdi.

Çoğu insan Şems'i sert mizaçlı olarak görürdü. Oysa onun içinde öyle tatlı tebessümler vardı ki, ama herkese belli etmezdi. Beni de yanıltmıştı. Şakalaşmayı ve çocuklarla oynamayı severdi. Bir keresinde dergâhın avlusunda ağabeyimin küçük çocukları ile oyun oynuyordu.

- Koskoca Şems, çocuklarla mı oynuyor?
- Beni sadece sert biri olarak görüyorsunuz. Keşke beni onların ayağını öperken görseniz.

Şems'in bir yönünü daha öğrenmiştim kimsenin bilmediği. O güçlü bakışları ile herkesi ezen bu adamın kimseye göstermediği nazik ve utangaç bir yönü vardı. Bir gece duyduğum tahta çıtırtısı sesleri ile uyandım. Şems'in odasının kapısı aralıktı ve ışık sızıyordu. Şems etrafı alevlerle sarılı olarak gözleri kapalı, yerde oturuyordu. Alevlerin onu yakmak bir yana, sanki korur gibi bir hali vardı. Gördüğüm manzara beni ürkütmüştü. Engel olamadığım göremediğim bir el sanki beni elimden çekerek yatağıma götürüp yatırdı. Ezanla tekrar uyandığımda odadan çıkan Şems'le karşılaştım. Şaşkın bir halde O'na bakarken; "Korkma! O'nun ateşi çiçeklere sunulan su gibidir. Bu senin de aradığın ateşin ta kendisi... Dün gece gördüğün O'nun sana bir armağanıydı ve bu konuda sakın konuşma" dedi.

Evimizde hiç yiyecek olmadığında Şems: "Evimiz Peygamber'in evine benziyor" diyerek, neşelenirdi. Ben; "Evde hiçbir şey eksik değil, dolap ve kiler erzak dolu" desem üzülür "Bu evden Firavun kokusu geliyor" derdi. Dervişleri çağırıp, bir daha evimize erzakları yığmamalarını tembihlerdi. Ben uyurken çıkardı sokağa. Gizli gizli ardından bakardım. Bazı geceler çuvalı sırtına yüklenip önce Rum mahallesinden başlar, kapı kapı dolaşıp yardım dağıtırdı. Kimse tanımasın diye, yüzünü siyah bir şal ile kapatırdı.

AMETİST KOLYE

"O, gözümde öyle değerliydi ki, ağırlığınca aşk ediyordu..."

Hiçbir insana hele hele Şems'e asla peşin hüküm beslemedim. İnsanın yüzü değil yüreği insana dökük olunca onu anlamışsınız demektir. Yüreğim Şems'e dönüktü. Üstelik içinde can bulan bir samimiyetle. Şems hakkında ileri geri konuşan çoktu. Kendisi hakkında hiçbir aşinalığı olmayanların kulaktan duyma dedikodu ve evhamla dolu söylentilerle kişi hakkında hüküm verir olmasından daha zelil bir şey var mıdır? Kendilerini tanımaktan acizlerin başkaları hakkında ahkâm kesmesi cehaletten öte ahmaklıktır. Şems'teki asaleti göremeyenler acizliklerinin terennümünü yapıyorlar ve Şems'i huzur bozucu dengeleri alt üst adam gibi görüyorlardı. Onlar kördüler, göremiyorlardı. Onlar sağırdılar, işitmiyorlardı. Onlar aşksızdılar aşkı toprakta çürüyecekte arıyorlardı. Ancak becerdikleri tek şey, hezeyanları ile doğurdukları şaşı söylerdi. Şems kabaydı. Bakışları şimşek çakıyordu. Meczuptu. Melûldü. Anlayışsızdı. Sevimsizdi. Onunla yaşayana Allah sabır versindi. Bizden uzak olsun şeytana yakın olsundu. Yani vesveseli dedikodu. Yani içlerinde kirlenmişliği örtmenin bir yolu da Şems'i karalamaktı.

Bu karalamaya kadınlarda ön ayak oluyorlardı.

Dergâhtaki bazı kadınlar bana "Vah zavallı kurban olarak bakıyorlardı. Bilmiyorlardı Şems'i. Onun yüreğindeki şen çocuğu göremiyorlardı. İnsanın içini en berrak şekilde okuyan keşif gücünden bihaberdiler. Yoktu Şems'leri, Gözlerindeki yarasalardan kurtulmadıkça da göremeyeceklerdi güneşi.

İnsanlar vardı ellerindeki büyük nimetlerde küçücük mutluluklar yaşayamayan. Huzurdan mahrumdular. İnsan var bir tebessümü ile âleme sığmayacak mutluklarla içleri aydınlatan, ısıtan. İşte mutlukların en doygunun yaşadığımdı Şems...

Bir sabah yatağımda gözlerimi açtığımda yastığımın ucunda bir kolye gördüm. Şems'in üzeri iki tane vav işlemeli mor renkli bir taş kolye. Onu daha önce birçok kez Şems'in feracesinin üzerinde görmüştüm. Bu kolye, o kolyeydi. Ama ne geziyordu yastığımın üzerinde. Düşürdü desem değil. İtina ile yastığın üzerine konulmuştu. Sabah namazından sonra babamla birlikte dervişlere kuşluk vaktine kadar sohbet ederdi, kuşluk vaktine kadar. Kolyeyi avucuma alıp, Şems'in dönmesini beklemeye başladım. Kolyeyi avucuma aldığım andan sonra bana bir haller olmaya başladı. Sırtımdaki çıbanın kaşıntısı geçti. Başımdaki ağrı dindi. İçimi farklı bir rahatlık kapladı. Avucumdan bıraktım, ne olacak diye. Ağrı, kaşıntı eski halindeydi. Tekrar aldım avucuma. Hayırlara gelsin düşüncesi ile kahvaltıyı hazırlamak için ocağın başına geçtim. Az sonra Şems geldi. Kolyeyi ona doğru uzatarak:

- Kolyeni düşürmüşsün yastığımın ucuna, dedim. Feracesini astıktan sonra, yanıma geldi. Gülümseyerek,

- Hayır düşürmedim. Bilakis kendim bıraktım, diye cevapladı.

- Neden?

- Sana evlilik armağanı vermiş miydim?
- Varlığından büyük hediye mi olur?
- Emanet varlık sayılmaz. Varlık emin olan Rahman'a varmaktır.
- Peki, bu kolyeyi bana düğün armağanımız için mi veriyorsun.
- Kabul edersen, evet...
- Elimden alıp, boynuma taktı. Taşın serinliği tenime değdiğinde, içime bir ferahlık doldu sanki. Rengi ve üzerindeki şekiller ise, sanki hemen yağacak bir bulutu andırır gibiydi. Akşamüstüleri, nisan yağmurlarını taşıyan bulutlara benziyordu renkleri. O gelip geçici yağmurun ferahlığı ve yağmurdan sonra burnuma gelen toprak kokusunu hissetmeye başladım. Sanki az önce yağmur yağmıştı. Şems'in gülümsemesi ise, bir gökkuşağıydı şimdi...
- Çok incesin teşekkür ederim. Beni mutlu ettin. Kolyeyi üzerinde gördüğüm de hoşuma gitmişti. Mor taşı bilemedim, akik mi?
- Hayır, akiğe yakın ama değil. O taş ametist taşıdır.
- Özelliği var mı? Neden takıyorsun?
- Taşları severim. Taşlar hikmet doludur. İnsanlar gibi dilleri yok ama insandan iyi zikretmesini bilir. Gençken bir gün yolda yürüyordum. Önümdeki dam yoldaki bir taşa tekmeyi vurdu ve taşa ağır söz söyleyerek yoluna devam etti. Canlı ya da cansız bütün yaratılan bir hikmet için yaratılmışken taşa tekme vurması zoruma gitti. Koştum. Taşı elime aldım. Adama yetiştim. Tam kafasına taşı vuracakken bir ses duydum: " Taşın canı yandı diye adamın kafasına vurursan taş ilkinden daha çok incinir." Taşı öpüp yol kenarına usulca bıraktım. O akşam Hz. Ali'nin bir arkadaşına "Taş bile Rasulullah'ın alnına değdiğinde ağlarken, yaratılışının gereği şifa dağıtırken siz akıllı geçinenler peygam-

berimize eziyet etmek için kalplerinizi katılaştırıyorsunuz. Taştaki merhametin zerresi siz de yok" sözünü okudum. Ağlamaya başladım. Taş yeşerirken insanların kaskatı olması ne kötü. Ertesi sabah bir camiye uğradım. Soyu Ehlibeyt'ten gelen bir seyid birisi vaaz ediyordu. Konuşurken sürekli bana bakıyordu. Tuhafıma gitti. Namazdan sonra camiden çıkarken bana seslendi:" Dur bakalım yolcu." Durdum. Döndüm ona. Boynunda bir kolye vardı. Çıkardı bana uzattı." Bunu sana vermemi rüyamda hazreti Ali efendimiz bildirdi." Dedi. Başımı eğdim. Kendi eli ile taktı. Taşın üzerindeki iki vav'ın ne ifade ettiğini sordu. Yürek dedi. Sadece yürek bilir. İleride öğreneceksin evlat dedi. O gündür bu kolyeyi namazlarım sırasında boynumdan hiç çıkarmadım. Ben de sana hediye ediyorum.

- Gözlerim yaş içerisinde sordum:
- Çifte vav'ın nedir hikmeti?
- Cevap, Hz. Peygamberimize gelen ilk mesajın içinde...
- Alâk suresinde mi?
- Evet. Bu sure doğumumuzu ve ne kadarlık kul olduğumuzu gösteren kutlu mesajlarla doludur. İnsan anne karnında vav şeklinde yaşar ve doğar, bebeklikten çıkıp büyüyüp bir ara doğrulunca kendini elif sanır. İnsan iki büklüm yaşar, oysa en doğru olduğu gün ölmüştür. Kulluğun manası vav'dadır, elif ulûhiyetin ve ehadiyetin simgesidir. O yüzden Lafz-ı ilahi elifle başlar. Elif kâinatın anahtarıdır, vav kâinattır. Allah, kullarını vav gibi mütevazı olsun ister. İbrahim ateşte vav'dır, Nemrut bizzat ateşe odun. Yunus, vav olup balığın karnında anca kurtarmıştır kendini. İnsan iki büklüm olunca rahat eder ana karnında. Boylu boyunca uzansa da kim rahattır mezarında? Vav'ın elifle münasebeti ne kadar iyiyse, kâinatın dengesi de o kadar düzgündür. Evvelde eliftir, bir ilahi nefesle ahirde vav olur kâinat. Manayı bilmeyenler vav diyemez vay der. Buna anlamca

vaveyla denir. Yani vav olamadıkları için feryad edenlerin halidir. Vav yüreğin secde etmesidir: Secde et de yaklaş " (Alak,19) Eğil ve ben senin başını göklere erdireyim, yıldızları ayağına sereyim, sana gezmekle bitiremeyeceğin cennetler, sayamayacağın nimetler vereyim demektir bu. Secde et, vav ol, vay dememek için şey olan insan her şey demek olan Rabbinin önünde... Doğum tek vav, ölüm diğer vav, ikisi yan yana gelince: Çifte vav ebced hesabıyla 66 eder, bu da Allah demektir...

- Boynuma taktığı kolyenin mor taşını okşadım. Sanki ipek gibi bir dokusu vardı. Hâlbuki adı üstünde taştı. Uzaktan bakanlar rengine ve duruşuna hayranlık beslerdi şüphesiz. Ama elinizle dokunduğunuzda, sanki bir taşa değil de, bir parça ipeğe dokunuyormuşsunuz hissi veriyordu. Her şeyden ziyade dedim ya, muhteşem rengi gözlerinizden içinize işliyordu sanki.

- Ametist taşının özelliği nedir? Muhakkak bir hikmeti olmalı...

- Ametist taşına, abdest taşı da denir. Hz. Fatma abdest aldıktan sonra bu taşı avucuna alıp alnına sürermiş. İnsanın içine şifalar sunan bir taştır. Ruhu ferahlatır, akla telaş gelmesine mani olur. Hz. Hasan ve Hüseyin bu taş Hacer'ül Esved taşına sürer koklardı.

- Şems, ağırlığınca aşk eden bir insandı... Ve o aşktan nasiplendiğim için, şükrediyordum.

- Sana armağan edilen ve bu kadar manevi ehemmiyeti dolu bu taş kolyeyi bana vererek cenneti önüme getirdin, diyerek Şems'e sarıldım...

BABAM VE ŞEMS

"Beni bulmak dilerseniz beni bulmuş kullarım vardır, onların eteğine tutunun. Onlar size vesile olurlar ve bana ulaştırırlar." (Maide, 35) Bir günlük değil, tadımlık bir gülüşün değil, riyadan nefret eden bir ömürlük dosta dostum. Mevlâna öylesine değil ölesiye sevilen dosttur. Allah'ın doğrusu için dünyanın eğrilerine asla eğilmeyendir dost. .

Babamın Şems'te bulduğunu ben de bulacak mıydım? Mevlâna ve Şems'in dostluğunu eşcinsellikle açıklamaya çalışanlara en başta çok kızmıştım ama artık kızmıyorum, sadece acıyorum... Mevlâna ve Şems' in ilişkisini eşcinsellik olarak yorumlayanlar sığ görüşlü sapkın insanlardır. Ancak aklınızda cinsellik varsa bu ilişkiyi böyle yorumlarsınız.

Mevlâna'yı ve Şems'i tanımayanlar ancak böyle mesnetsiz ve aşağılık bir suçlamayla böyle Allah dostu kişileri karalamaya kalkışabilir. Mevlâna'yı Şems'i az biraz tanıyan onların iç dünyasında ki Allah sevgisinin zerresini tadan insan, böyle bir düşünceyi aklının ucundan bile geçiremez. Birbirini bu kadar çok seven iki dostun arasındaki ilişkiyi en güzel Mevlâna açıklar...

Hocasından, dostundan, sırdaşından ayrı kalan Mevlâna yemez içmez, konuşmaz birisi olup çıkmıştır. Hatta yakın arkadaşları ve öğrencileri, Hz. Mevlâna'ya:

"Böyle kendini parçalıyorsun, harap ediyorsun ama biz sana bir soru sormak istiyoruz, müsaade ederseniz?" dediler.

"Sen, Şems gelmeden evvel kimsenin şüphesi olmayan dört dörtlük bir müminsin, hocaydın, öğretmendin, müderristin. Sen her şeyi biliyordun, sana üstelik Şam'daki hocan söylemedi mi? Senin bilemeyeceğin bir şey kalmadı," diye.

"Evet doğrusunuz, doğru söylüyorsunuz," diye cevapladı Mevlâna.

"Peki, senin ibadetlerinde bir eksiklik var mıydı?"

"Hayır" dedi bu kez.

"Peki, sen Şems' ten ne öğrendin ki böyle perişansın bu haline bak."

"Evet dediklerinizin hepsi doğru, fakat ben Şems'e rastlamadan önce üşüdüğüm zaman ısınıyordum, ama Şems'ten sonra artık ısınamıyorum. Çünkü Şems, bana bir şey öğretti. Yeryüzünde bir tek mümin üşüyorsa, ısınma hakkına sahip değilsin. Bende biliyorum ki yeryüzünde üşüyen müminler var, artık ben ısınamıyorum. Eskiden açken bir çorba içince doyardım. Ama şimdi hiçbir şey bana bir besin hazzı vermiyor. Çünkü biliyorum ki açlar var. İşte Şems bana bunu öğretti. Bu öğrettiği şeylerse Fahr-ı Kainat Efendimizin ahlakının ta kendisidir."

Ahirette sevgilileri olan Allah'ın cemalini görecek olanlar, bugün bu dünyada gören kimselerdir. Burada kör olan kimseler ahirette sevgililerini nerden bilsinler!

Babamın Şems'te ne bulduklarını öğrendim. Peki Şems babamda ne bulmuştu ki onun için yollara düşmüştü ve başını onun için düşürecekti. Neydi bulduğu? Şems ile evlilik döneminde yeri geldi bu merakımı dillendirdim:

- Babamda ne buldun?
- Kalbimin secdesini.
- Nasıl yani?
- Bir hikâye anlatayım da anla.

Bir hakikat talibi, irfan yolunda yürümeye azmettiği ilk günlerde, rüyasında "kalbini secde ederken" görmüş. Şaşırmış tabii. Hayretler içinde kalbinin secdeden kalkmasını beklemiş. Ne yapacağını şaşırmış, kan ter içerisinde rüyasından uyanıvermiş.

Çevresinde ne kadar tanıdığı bildiği, güvendiği zat varsa, huzurlarına gidip kendilerinden bu rüyayı tabir etmelerini istemiş. Fakat kimse rüyasını tabir etmemiş. Çünkü bu zatlar, bizzat tecrübe etmedikleri bir hadiseyi (kendilerinin görmekten mahrum oldukları bir rüyayı) yorumlamayı hiç de edeple mütenasip bulmamışlar.

Derken, içlerinden biri, "Falan şehirde bir zat var, onun yanına git, belki o sana yardımcı olur," diye nasihatte bulunmuş. O da üşenmeyip, o şehre gitmiş. Selam verip huzura çıkınca, zihnini meşgul eden malum soruyu biraz dolaylı olarak sormuş.

"Efendim!" demiş, "Kalp secde eder mi?"

"Elbette eder; hem de ebediyete kadar!"

- Babamın sende ne bulduğunu şimdi anlıyorum. Dostluğunuz peygamberlerin yolculuğu gibi.
- Babanı bende tanı, beni onda. Peygamberler de böyle birbirlerinin tarif edeniydiler. Hz. İsa, Yahudi'nin birine, "Sen Musa'yı adam akıllı tanımadın. Musa'yı anlamak için gel beni gör," dedi. Hz. Muhammed de bir Hristiyan ve

Yahudi'ye "Siz Musa ve İsa'yı iyi tanımadınız, onları tanıyabilmek için gelip beni görün, " dedi.

Peygamberlerin hayatları ve sözleri birbirlerinin aynası ve açıklayıcısıdır. Sahabe sordu: "Ey Allah'ın elçisi! Her peygamber kendinden önce gelen peygamberi tarif edendi. Sen peygamberlerin sonuncususun, seni tarif edenler kimler olacak?" Hz. Peygamber'in cevabı son derece açıktı:

"Nefsini bilen Rabbini de bilir. Benim "hal" ve "kal" imi tarife layıktırlar. "

- Allah'ı bilmek için ne gerekiyor?
- Gönül kapısının açık olması yeterlidir. Gönlün kapalı ise arşa bile çıksan nafile. Gönlü bilmeyen gönlün esas sahibini nasıl bilebilir? "Ya Rabbi sen benim kavmimi hidayete ulaştır, çünkü onlar bilmiyorlar." Hadisi Şerifindeki kavim sözcüğü, gönül parçasıdır.

Peygamberin uyuması onun Miraç'a gitmesidir. Sende onun arkasından gidebilirsin. Yalnızca gönlünde karar kılınacak bir yer elde etmeye çalış. Dünya, uyku esnasındaki rüya, ölüm, uykudan uyandırıp asıl uykuya yatıran döşek.

Behlüldane, bir gün sarayda o kadar aranmasına rağmen bulunamaz. Ağabeyi, Padişah Harun Reşid tedirginleşir. Ne de olsa kardeşi meczup ve yol bilmez, iz bilmez bir gariptir. Başına bir şey gelirse, diye evhamlanır. Sokak sokak arama devam eder. Askerleri ile Harun Reşid de aramaya çıkar. Nihayetinde Behlüldane'yi bir mezar taşına yaslanmış uyurken bulurlar. Ağabeyi dürter. Uyanır.

- Ah ağabey, tam da en güzel yerinde uyandırdın.
- Neyin en tatlı yerinde?
- Rüyanın.
- Nasıl bir rüyaydı ki?

- Rüyamda padişah oldum, tahta çıktım, tam başıma taç takılıyordu sen uyandırdın.
- Aman be kardeşim bu da rüya mı?
- Olsun be ağabeyim, sevindim.
- Neden?
- Benim padişahlığım bir uyanma ile sona erdi, senin padişahlığın ise bir uyku ile sona erecek. Ben ölmeden önce ölenim. Ya sen?
- Babama bakmak çok mu hoşuna gidiyor?
- Babanı görmekten çok mutlu oluyorum. Onunla muhabbet etmek beni bambaşka yapıyor. Gözlerim parlıyor. Yüzüne derin bir nur havası yayılıyor. Allah dostlarının cemalini görmek kurumaya yüz tutmuş bir çiçeğe su vermek gibidir. Hal böyleyken, Mevlâna'yı seyretmeye doyamayışımı anlaman gerekir.
- Babamla muhabbetiniz sadece sözlerden mi ibaret?
- Muhabbet, kuru sohbet değildir. Karşılıklı, birbirini güzel hoş görmektir. Aşk bir bedenin diğer bedene tutulması değildir. Muhabbet, sevgiyi güzelleştirmektir ve gönülde yeşerir. Gönlün cinsiyeti yoktur ki aşk cinsellik olarak görüle. Bir insan başka bir insana her şeyini verebilir, ancak gönlünü, aşk edene, hak edene verirsin. Gönül ancak gönül ile takas edilir. Şehrin insanlarının Mevlâna'da göremedikleri o gönüldü. Ben babandaki gönlü sevdim, ondaki muhabbete muhabbet duydum. Bir birimizle gönülden mahbubuz. Et, ten, göz, nazar bize ne ola ki...Babanla biz âlemlerden âlemlere kanat vurmuşuz. Kur'an'daki ayet sayısı kadar âlem vardır.

AH ŞEMS'İ BENİM GÖZLERİMLE GÖREBİLSEYDİNİZ

Benden su katılmamış şiirler istiyorsun. Kalem mi yazıyor sandın. Ben harfleri denizlerden söküp tek tek, gözlerimden süzüyorum göremiyorsun.

Ayıbını satın alabilirsin ama namusunu asla. Aşkı ayrılık kirletmez. Ayrılığın bile bir asaleti vardır. Aşkı, ağzının suyu akarak sırıtan bakışlar kirletir. Aşk var oluş aynasına bakmaktır. Maskenizi atmadığınız sürece, ayna ne kadar parlak ve berrak olursa olsun yüreğinizi göremezsiniz.

Şems'e âşıklığımı ve onunla evlenmemi önce dergâhtaki kadınların bazısı, ekseriyetle de şehirdeki kadınlar delilik olarak nitelendirdiler. Onlara göre ben delinin tekiyim. Hepimiz, hayatlarını, hep yarını, ama hep yârimizi bekleyerek geçirmiyor muyuz? Hepimiz bu beklenti içerisinde deli-divane olmuyor muyuz? Başkalarının hayatlarını "mış" gibi tekrar tekrar yaşayanlar akıllı, kendini arayan, yüreğini keşfeden, yürek yârine adanan, aşk ile tutuşan deli, öyle mi?

Delilik anlayışınız buysa kurban olayım deliliğine. Yüreğimi delene, deşene kurban olayım. Katlanılmaz hale geldiğinde olup bitenler ve dahi biz kendi kendimize sığmaz olduğumuz da uydum hazır olan huzursuzluğa, niyet eyledim delirmeye der gibiyiz! Delilik, bir tutam tebessümün ön şartıdır çoğu vakit. Adına tevekkül diyebileceğimiz bir huzur anı belki de. Delilik, kimi zaman da, konuşman gereken en önemli yerde susmaktır.

Deliliğimi seviyorum. Çünkü, yalnızca herkesin görmediğinden daha çok gördüm Şems'i. Herkesten babam hariç herkesten daha çok sevdim onu. O yüzden seviyorum deliliğimi. Ruhumu özgürleştiren adamı seviyorum.

Onları duyuyor gibiyim; "Kimya delirmiş olmalı" ya da "Aklından zoru var, tazecik bir kız, dedesi yaşında bir adamla evlenir mi? Kesin kafayı yemiş..." Hayalini kurmadıkları, cesaret edemedikleri, kavuşamadıkları aşka delilik mührü vurmak kolaylarına geliyor.

Özlediğimiz, yapmaya çekindiğimiz, âşık olduğumuz, sebebi ne olursa olsun gerçekleştiremediklerimiz, karşımızdaki insanlarda hayat bulunca, bir tepki olarak "deli" diyerek tatmin ediyoruz bencilliğimizi, örtüyoruz, beceriksizliğimizi. Ne kadar söylemesi hafif, olması ise ağır bir kelime, delilik...

Düşünen, seven, özleyen, susan, cesur olan, kalıpların dışına çıkmak için çabalayan, yani sizin yetindiklerinizle yetinmeyenler 'deli'dir!

Şükrün eda edilmediği yerde, gözlerin için içini okumayıp tene, kaşa, göze takıldığı yerde şikâyet etmenin en geçer akçe olduğu yerde ve imanı kulaktan alıp kulağa veren ağızların olduğu yerde, susmaktır belki de delilik. Yani ruhun üşümesi...

Aktara girdim: Beni akıllandıracak bir ot var mı? diye sordum. Tuhaf tuhaf suratıma baktı. Herhalde korktu gözlerimden. Tek kelime konuştu sadece.

- Yok.

Şişman gövdesi kapıdan zar zor sığan bir kadın girdi içeriye. Sepetin içindeki değişik renkli kuru bitkileri göstererek:

- Bunlardan hangisi zayıflatır beni?
- Sarı saplı olanı, dedi.
- Dayanamadım
- Niçin zayıflamak istiyorsunuz, bu iştah sizde olduğu sürece daha çok kilo alır, kilo verirsiniz.
- Sağlıklı olmak için.
- Zayıflar daha mı güzel ölüyor, sağlıklı ölünüyor mu peki?
- Kadın ve aktar bana dik dik baktılar
- Korkmayın! Ben kendimden başkasına zarar vermem. Halimden anlaşılmıyor mu? Sadece merak ettim. Benim burada merak ettiğimi, mezarda da ölüler merak ediyor da...
- Sen Mevlâna'nın kızı değil misin?
- Evet, o.
- Belli, ailecek bizlerden başka oldular.
- Başka... Nedir başkanın anlattığı sizce?

İkisi birden sustular. Kadın, sarı saplı otun parasını verdi, homurdanarak çıktı. Aktar beni yok sayarak raflarını bezle silmeye başladı.

Aktardan dışarı çıktım. Dalgın dalgın yürürken bir yaşlı kadına çarptım.

- Hakkını helal eyle teyzeciğim fark etmedim.
- Olsun. Mühim değil kızım. Yalnız bir şey söyleyebilir miyim sana tuhaf gelmezse?
- Buyurunuz, söyleyiniz
- Yüzün çok anlamlı.

- Ben o anlamı çözerken kayboldum teyzeciğim.
- Allah hayır eylesin.
- Aşk ile amin.

Dergâh kadınları ve dergâha günü birlik sohbet ve ilim meclislerine gelen hanımlar ile muhabbetlerimiz birbirimize ilim ve ahlak açısından geliştirici çalışmalar altında oluyordu. Gürci Hatun, kızları Aynü'l-Hayat ve Hâvenzâde hatunlar babamın yakınları idiler, iyilik-sever davranışları, çevrelerine yaptıkları sosyal yardımlar daima hepimizin takdirlerini çekmekteydi. Kâmile Hatun ve Fahrünnisa Hatun gibi ilim irfan sahibi büyüklerimizin sohbetinden yararlanıyorduk. Bu sohbetlerde dünya işleri nadiren, o da konunun ehemmiyetine göre konuşulurdu. Bu oturmalardan mesrur ve memnuniyet içerisinde ayrılıyordum. Sarayda sultanın kızlarına mürebbilik yapan hocası Nizam Hatun da saraydan nevale temininde gayret gösteriyor, bizlerin, ihtiyaç sahiplerine hayır hasenat dağıtmamızda yardımcı oluyordu. Babam ve Şems yaptığımız bu hayır ve kermes faaliyetlerimizden çok mutlu oluyorlardı.

Annem ve dergâhtaki bazı hanımlar Konya eşrafının hanımlarının da olduğu oturmalara giderdik. Evlendikten sonra pek gitmez oldum. Canım çekmiyordu. Konuşulanlar içimi daraltıyordu. Sıkıcı ve ele avuca sığmaz dedikodulardan başkası değildi konuşulanlar. Bir de eşlerini sürekli çekiştirmeleri. Gıyaplarında olmadık sözlerin söylenmesi. Hem gıybet yapmayın ayeti ile sohbete başlıyorlardı hem de sohbetin sonuna kadar gıybetin kırk çeşidini işliyorlardı.

Evlendikten sonra annem, âdet gereği gelinler oturmasına katılmamamın ayıp olacağını söyleyerek oturmalara katılmamı istedi. Pek hoşlanmasam da annemin gönlü kırılmasın diye birkaç oturmaya katıldım. Bunlardan birisinde söz dönüp dolaştı evliliğime geldi.

- Şems'te ne buldun, ne gördün?

- Öyle bir Şems ki...

Konuştuğunda ruhunuzu ve nefesinizi değiştirir, her karenize siner, her cümlenize bir çiçek bırakır. Yaşama ve yaşamama arasındaki gelgitlerinizde boğuşurken, usulca bir dost, eliyle uzanır, sizi derin ve dipsiz bir kuyudan çıkarıp düze çıkmanızı sağlar... Böyle bir insan tanıdınız mı?

İnsandaki gözler güzel olursa, güzel bakmayı ve güzel düşünmeyi başarabilir. Onun gözleri böyle bir şey. Nereye dokunsa değiştirir, yıkımların üzerine saraylar da dikebilir, somurtkan yüzü güler hale getirir, ruhundaki sıkıntıları bir an huzurlu ve mutlu geleceğe bağlar... Böyle bakan bir Şems, iyilikle kötülük arası bir yerde durur ama sizi üzecek darbelere izin vermez, iyiliği gözetecek, kötülüğü bertaraf etmek için uğraşacak. Ama bir binayı yapmak için eski bir binayı yıkmak istemeyecek kadar vakur, adaletli, hak tanır ve ince ruhlu. Başkasının yaşam binası çökeceğine benimkisi çöksün, bu olacağına ben olayım diyecek kadar ince ruhlu... böyle bir Şems.

Aşırıya kaçmadan yüreğini paylaşan, insanca yaşamak adına dengeyi koruyan, yürek paylaşımı böyleymiş, sevmek böyleymiş, arkadaşına değer vermek böyleymiş, insanı yüceltmek böyleymiş, dedirtecek... İçi dışı bir olan, her yerde aynı olan, gülüşüne hayran bırakan, zarif parmaklarını hem kılıç hem kalem gibi kullanan, flu bir bakışla şehla şehla bakan, yarım ağızla bakarken, sanki gülüyormuş gibi duran iki yanağına içten bir volkanın patlayacağı hissini veren, yürek gümbürtüsüne kaptıracak olan... Böyle bir Şems.

Seslendiğinde insanın içi erir. Bu ses, bu sesi... Ahenkli ve sırlı bir diziliş... Ses var ya sesin, öyle mest edici, öyle ahenkli, öyle bir musiki dolu bir tınısı var ki, insan en çok onun sesinde kaybolur; bunu da ancak akıl ve gönül gözü olanlar görebilir ve duyabilir der, etkisi kolay kolay geçmek bilmeyen, titreyen, eriten, yok eden, iliklerini okşayan, yolcusuna yolunu şaşırtan bir ses...

Bir düştesiniz. Hayal eleminin derinliklerinde sefer etmektesiniz. O size bakar ve merhaba der, siz gülersiniz, somurturken yüzünüz gevşer, yolda çiçeklere basa basa koşarsınız, en kuytu karanlıklar nurlanır, önceki davranışlarınız ve hareketlerinizde farklılıklar olduğunu görürsünüz artık, insanlarla konuşur artık susan diliniz, her dem buğulu gözleriniz sevinçle parlar, kırışmış yanaklarınız kızarır, kendi ruhunuzun bir yerinde anlam kazanmış yeni değerlere ulaşırsınız, evet dersiniz, ben yıkılmışım, bir harabe değil, yeniden küllerinden doğan bir ankayım dersiniz... Böyle bir Şems...

Size el uzattığında hayatınızdan vazgeçebilecek size kutsal değerler atfedecek ve siz de ona kutsal değerler atfederek, onunla yürüyüşünüzü gözünüz kapalı değiştirebileceğiniz güçlü bir erkek... Böyle bir erkek tanıdınız mı, ya da var mı böyle bir erkek?

Pencere kenarındaki geniş minderde, bileklerinden dirseğine kadar bilezikleri ile, yürüyen kuyumcu halini almış küçük gelini ile oturan kadın,

- Biz Konya'nın ileri gelenlerinin kadınlarıyız. Senin Şems tıpkı kendisi gibi seni de fakir kıldı. Oysa Allah nimetlerini kullarının üzerinde görmek ister. Kolun tam takır kuru bakır baksana. Oysa sen Mevlâna kızından çıkmış çöl bedevisine dönmüşsün, diye çıkıştı. Manidar bir bakışı vardı. Bir an yanında oturan gelinine baktı. Hareketlerinden anlaşılan, genç oğluna aldığı körpe gelinin, uzun yıllar oğluna hanımlık yapacağıydı. Öyle ya, Şems yaşlıydı. Ama kim bilebilirdi ki, Azrail'in kimin canını daha önce alacağını ve hep en erken ölenlerin, yaşlılar olduğunu? Ecel kimseye sırayla gelmiyordu... Ve Yüce Allah, rızkını yiyeceği kadar dağıtıyor, deldiği boğazı aç bırakmıyordu...

- Ne babam Mevlâna ne de kocam Şems dünyaya aç değildir. Onlar gerçek sofilerdir. Zamane şeyhleri, dervişleri mülke tapar olmuşken, babamın ve kocamın uzak durmasına şükrederiz, şikâyet ehli değiliz biz.

- Altın kadının süsüdür.

- Hayır kadının süsü iffetli imanı, ihlaslı ibadeti ve hak yolunda eşine olan sadakatidir. Hz. Peygamberimiz, Fatma'nın kolunda altınlar gördüğünde "Ateş bunlar at" dememiş miydi? Eğer maddi zenginlik Allah'ın kulları üzerinde görmek istediği nimet ise, bunu en çok kimin üzerinde görmek isterdi? Âlemlere rahmet olarak gönderilende görmek istemez miydi? Neden yok peki? Hz. Ömer'de, Hz. Ebubekir'de neden görülmedi bu nimet. Hz. Ali neden tek dirhem miras bırakmadı? Ömür bir hikâye gibidir. Hikâyenin uzun veya kısa sürmesi değil, iyi olup olmadığı önemlidir. Siz iyi sofralar, iyi elbiseler, iyi evler istiyorsunuz öyle mi? Samandan bir dam, hür insanlara yuva oluyordu. Şimdi mermer ve altın tavanlar altında bir köle sürüsü yaşıyor ve bunun adına iyi yaşamak diyorsunuz.

- Hangi asırda yaşıyoruz. Ziynet kadının süsüdür. Sofra sözümüzün şükrüdür.

- Şükür, Allah'ın nimetleri ile Allah'a isyan etmemektir. Ziynete gelince, sevgiden daha güzel ziynet mi var? Süs dolu nimetleri görünce değil, aşk dolu yürekle bayılmak gerek. Bir delikanlı sevgilisine bakar bakmaz baygınlık geçirir. Hekime götürürler. Onu getirenler sorar:

- Onun başına gelen ne idi?

- Sevgilisine bakınca kalbi devinmeye başladı ve bayıldı

- Biz de eşimizi ve çocuklarımızı seviyoruz ama başımıza böyle bir şey gelmedi hiç.

- Bu sizin ki aklın sevgisidir onun ki ise ruhun sevgisiydi.

Hikâyeyi dinleyenler:

- Aşkmış, sevmekmiş geç bunları Kimya.

Bende onlara şu şiiri okudum:

"Aşk nedir bilmez ve âşık olmazsan

Kupkuru bir kayada sert bir taşsındır."

Sevgi nedir bilmez ve sevmezsen

Samanla beslenmeye bak çünkü bir katırsın.

Ey kalbimde ve ruhumda kaim olan

Gözümden ve nazarımdan uzak olan

Ey bana her yakından yakın olan

Aşk kim diye sorarsam evet o sensin. "

- Hepiniz insanların suretlerine bakarken, ben yüreklerine bakıyorum. Sizin için insan demek, zengin ve gösterişli yaşaması demek. Evinizi bırakıp sokağı konuşmak ne kadar çok hoşunuza gidiyor. Oysa evinizde bir yangın var görmüyorsunuz, dedim bu kez.

- Evimizdekilerin yemeklerini, çamaşırlarını, sofralarını eksiksiz yapıyoruz daha ne istesinler?

- Peki, eşinizin ve çocuklarınız ruhunu ve yüreğini de okşadığınız, doyurduğunuz oluyor mu? Elaleme tatlı tebessüm gösterirken bir çift tatlı sözü evdekilerden esirgemek mi evlilik dediğiniz şey? Hayat, üç kuruşluk eşyaların insandan daha değerli olması demek değildir. Yalnız ve çaresiz kaldığınızdan şikayet ederken, yalnız ve çaresiz bıraktıklarınızı hiç görmüyor musunuz? Göremezsiniz. Gözleriniz yok ki. Olan gözünüz zaten başkalarında. Size göz mü kaldı?

- Amaan, evdekilerden ne konuşacağız ki? Günlük işler.

- İnsanların hayatı hangi kahrın içinde eriyor; hangi sitemin arkasında soluklanıyor, hangi sözün tesellisine sığınıyor hiç düşündünüz mü? Düşünmedinizse onlarla konuşacağınız bir şey de kalmaz.

- Anlaşıldı. Şems'le konuşa konuşa sen de başımıza allame-i cihan oldun. Dilinde onun gibi sivri, kelimelerin de iğneleyici.

- Hakikat bu, neyleyeyim? Şems'in denizinden zerre miktar nasiplenmeyene acımaktan başka bir şey düşünemem. Şems'i dudağınızla eleştiriyorsunuz ama eminim ki yüreğinizde Şems arıyorsunuz. Sizin hayatınız size, bizim hayatımız bize...

Sözlerimden hoşlanmayan Leyla Hatun, sohbete karışarak:

- Amaan bırakın bu konuşmaları. İçimizi kararttınız. Zaten benim molla ile sabah bir bilezik yüzünden kavga ettik, dedi. Diğer kadınlar da sırayla eşlerinden yana sızlanmaya başladılar. Ben sustum, hepsini dinledim. Benim gibi içimizde en genç olan Afra Hatun bana doğru bakarak:

- Siz de, bazıları gibi babası yaşında birisiyle evlenseydiniz kahırlanıp durmazdınız dedi ve kıs kıs güldü. Odayı derin bir sessizlik kapladı. Sohbetin başından beri mütevazı Mevlâna damarımla sabrediyordum. Artık Şems damarımı konuşturmanın sırası gelmişti:

- Siz şimdi burada kocalarınızı yerden yere vuruyorsunuz, akşam olunca da hiçbir şey olmamış gibi kötülediğiniz kocalarınızın koynuna giriyorsunuz. Bunun adına da mutluluk diyorsunuz. Gıybetin en çirkinini mahreminiz olan eşlerinizle yapıyorsunuz. Yazık değil mi onlara? Bazılarınız da, güya kendi yaşında zengin birisiyle evliliği marifet sayıp benimle istihza ediyor. Eşi, kendisini başka kadınlarla aldatınca önce köpüren sonra bir bilezik hediyesi gelince siniri sönen bir anlayış, ruhunu satmak değil de nedir? Bu mudur evlilik? Hz. Hatice ile Peygamberimiz arasında büyük bir yaş farkı olmasına rağmen onu öyle mutlu etti ki Peygamberimiz Hatice annemizi ölene kadar dilinden düşürmedi. Peygamberimiz yanlış mı yaptı? Hanımlar, unuttuğunuz bir şey var. Nikah, yüzük işi değil yürek işidir.

- İşte, dedim size, karşımızda Kimya kisvesinde sanki Şems konuşuyor.
- Şems'i bilseydiniz cehennem gecelerini yaşamazdınız. Aşk aşk diye inlemezdiniz.
- Öylemiii, aşk neymiş o zaman? Şems'in divanesi bize bir cevap ver.
- Şems benim divanemdir, üftademdir. Biz, aynaların değil, onların sır'ı olmuş büyük aşkın peşindeyiz. Aynalarda aradığımız ve bulduğumuz, yalnız aşktır. Yeryüzüne düşünce sendeleyip yitirdiğimiz o büyük sır... Aşkın ne olduğunu bilmek için öncelikle aşkın ne olmadığını bilmeniz de lazım. Size göre aşk, size göre mutluluk; bir anlık zevk için tebessüm etmek, o zevke ulaştıktan sonra da kahır ile sırtını dönmektir.

Oradakilerin hepsi pişmanlık dolu bir iç geçirmeyle sustular. Sözlerim ruhlarında, adını veremedikleri yaralarına tuz basmıştı. Aslında onların her biri de Şems'e aşıktılar ama hem aşk tanımları yanlıştı hem aşkı yanlış yerde aramışlardı hem de bunu kendilerine itiraf etmekten çekiniyorlardı.

Düşüncemi teyit edercesine Zeynep Hatun sözü tamamladı:

- Evet hanımlar, şu anda Kimya kızımız karşısında tıpkı Züleyha'yı kıskanan hanımlardan bir farkımız yok. Bir dostu, bir arkadaşı ve bir erkeği niçin seviyoruz? Onun aynasında kendimizi gördüğümüz için. Peki, sizin aynanızda görmek istediğiniz kim?
- Bizde dul kalan, kendisinden yaşça büyük erkeğe gider.

Gözünü açık tutup da yaşı yaşına uygun, boyu boyuna uygun biri ile evlenmek yerine gözünü kapatıp Şems'e evet dedin. Bir insanın baht gözünün açık olmaması ne kötü.

- Hayır! Gözü açık olduğu halde Allah'ın nimetlerini görmeyen ne kötüdür. Siz hayâ ile hastalık acısına sabretmedeki kadının hikâyesini duydunuz mu? Habeşli zenci bir kadın vardı. Çok şiddetli ağrılarla kıvranarak sara nöbeti yaşar, bayılırdı. Bir gün Resulullah'ın huzuruna geldi ve:

- Ya Resulullah! Beni sara tutuyor, yere düşüyorum. Benim için dua ediver de iyileşeyim.

- İstersen hastalığına sabret. Bedeli cennet olsun. Dilersen sana sağlık için dua edeyim.

Kadın düşünür kararını verir:

- Hastalığıma sabrederim ancak, saradan düşüp bayılınca üstümün açılmaması için dua istiyorum.

Resulullah kadının edebine hayran kaldı ve dua etti. Kadın oradan ayrılınca yanındakilere dönerek:

- Miraç'ta bu kadını cennetlikler arasında görmüştüm.

Hepsi sustu, döndüm:

- Şimdi etrafınızda kusur aramayın ve kulluğunuzu edepten ayırmayın. Ey kadınlar! Sizin hiçbir el değmemiş, bakir aşklarınız oldu mu? İşte Şems'in büyüklüğü... Göremediğiniz, aklınızın ulaşamadığı işte bu. Şems'in gözü bir kadına dokunmamıştır bakirdir. Şems olgunluğu ile bakirdir. Tenine kadın teni değmemiş. Gündüz başka gece başka yalpalayarak ömrünüzü çiğneyen, kalıbı adam ama kalbi harman yeri birisi değil. Erkeğin eridir. Siz erkek denince bilek anlıyorsunuz. Ben yürek diyorum yürek... Ölmeyecek misiniz ey insanlar!...

O, TENE TUTKUN, BEN RUHU CENNET KOKANA VURGUN

Sözün içindeki diri canları duymayan birçok insan var. Mağaradaki "oku!" sözünü okumayan insan, kâinatı nasıl "Oku!" yacak? İlk sözünü hatırla ey insan, "Evet, biz seni Rabbimiz bildik." Sözüne can veren aşkı oku ey insan! Ben bedenimle aşk yoluna çıkmadım. Allah'a dost olayım, dostum Allah olsun yeter.

Benden bir yaş büyük olan üvey ağabeyim Alâeddin, mizaç olarak hiç de Mevlâna ailesine yakışan bir yapıya sahip değildi. Okuma, sohbet ona göre gereksiz şeylerdi. Gençliğinin verdiği kör cesaretle hodbin ve hoyrat bir yaşantısı vardı. Sanki bu şehir onu sıkıyor, içini daraltıyordu. Çelişkilerin arasında kıvranan Alâeddin, sabahı farklı akşamı daha bambaşka, istikrarı tutturamayan bir kişiliğe sahipti. Dışarıdan bakılsa hiç de babasının oğlu gibi değildi.

En büyük ağabeyim Sultan Veled ise babamın bire bir aynısıydı. Mütevazı, efendi, konuşurken asude asilzade bir yüreği vardı.

Alâeddin'in gözü hep üzerimdeydi. Bir kadın hissiyatı ile onun bana karşı tavırlarının amacını biliyordum. Önceleri aynı aile içerisinde yaşamanın masumiyeti ile pek önemsemedim. Ancak Şems dergâha geldiğinden sonradır ki Alâeddin niyetini bazen dolaylı yollarla bazen de apaçık gün yüzüne çıkarmaya başladı. Korkusu vardı. Kimya da Şems'ten etkilenip onun peykine girerse. Yahut kendisinin toy kişiliği Şems'in olgunluğu altında gölgelenirse. Çünkü inceliklerle dolu olan kadın ruhu, meylini olgun erkekten yana akıtır. Bunu Alâeddin de biliyordu. Beni az çok tanıyordu. Emsallerim gibi değildim. Diğer genç kızlardan farklıydım. Gözüm gösteriş ve şatafata kapalıydı. Sade ve asude bir hayat yolunu tercih edendim. Şekle değil için içini keşfetmeye yürüyen kâşif bir ruhum vardı. Ben heveslerin kadını değildim.

Alâeddin ben nerede isem oraya damlamayı severdi. Artık kendisinden uzak durmaya çalıştığımı anladığında bu durum içini daha da çok acıtıyordu. Beni yalnız dek getirdiği yerlerde konuyu evirip çevirip bana karşı hissettiklerine getiriyordu.

Yine bir gün bahçede tek başıma dolaşırken aniden önümde bitiverdi. Elinde bir kırmızı karanfil vardı. Karanfili bana doğru uzattı. Niyetini anlamıştım. Kabul etmedim. Rengi değişti, kaşları çatıldı. Tepkim hoşuna gitmemişti.

- Benim seni sevmem bir yetenektir, diyerek uzattığı karanfili geri çekti.

- Çoğu insan ihtirasını yetenek sanıyor. Kendini keşfedememişken beni keşfettiğine nasıl inanırsın? Sen göçmen bir kuş gibisin. İki ayrı mevsimi aynı yerde geçiremeyecek kadar çok medd ü cezrin var. Ne gecen bir, ne de gündüzün. Bilmek ve bulmak, senden gece ve gündüz kadar uzak.

Söylediklerim, asla onu kararından vazgeçiremeyecek gibiydi. Anlaması ümidiyle söylediğim her söz, Alaeddin'in ördüğü ateşten duvarda yanıp, yok oluyordu. Ve elinde kalan bir avuç külde, bir umut arıyordu. Oysaki tüm bu ısrarları, benim ateşten duvarımda eriyip yok oluyordu.

- Sana mutlu, zengin bir hayat sözü versem Kimya?
- Beni diğer kızlarla bir tutmakla aşırıya kaçmıyor musun? Ben zenginliğin peşinde olsaydım, şu an sarayda bir gelindim. Beni; kardeşini anlamamışsın. Yazık! En büyük zenginliğin hayatsa, oldukça fakir birisin. Çok az şeye sahip olan değil, ihtirasından çok şeyin hasretini çeken insan fakirdir.
- Hayatımızı şekillendiren gerçekler değil düşlerimiz olmalı.
- İnsan kendi hayatına hükmedemediği zaman başkasınınkine göz diker. Sen benim tenime, bedenime hayransın. Ruhumu göremeyensin. Bedenim, ruhumun, içine diri diri gömüldüğü etten bir tabuttur. Hayat, hiç kaybolmayacağına inandığımız ama her zaman yok olan bir seraptır.
- Bir hayatın güzel olabilmesi için tıpkı bir hikâye gibi biraz uydurulmuş olması gerekir.
- Alâeddin, senin hayat dediğin kısa, beceriksizce kurgulanmış bir ölüm hikâyesidir. Kaçırdığın ise yaşamak istediklerinle yaşadıkların arasındaki gerçektir. Hayatını doğru dürüst kurmamış birinin, dünyaya yeni bir biçim vermeye kalkması hadsizliktir.

Getirdiği karanfili yere atıp, ayağının altında çiğnerken, az önceki âşık delikanlıdan eser yoktu. İşte Aleaddin, her zaman böyleydi. Bir itiraf için yardımını istediği bir karanfili, hiç acımadan ayaklarının altında ezebiliyordu...

Şems'in geldiği dönemde beni rahat bırakmayan Alâeddin, onun gidişine en çok sevinenlerin arasındaydı. Durumdan yararlanmak için kendisine fırsatın doğduğunu düşünerek, ona yüz vermeyişimden imtina bile etmeden benimle konuşmak için, kendince bir serkeş cesaretle yanıma yaklaşıyordu. Şems'siz gecelerde kendimi avluya atıp yıldızları seyre daldığım bir geceydi. Yanıma bir hırsız gibi sessiz ve habersizce gelmişti. Korktum hafif bir çığlık attım.

- Kardeşim, benim, dedi.
- Yine ne var Alaeddin derdin ne, bir kadının yanına gece vakti destursuz yaklaşılmaz bu kadın kardeşin bile olsa.
- Benim sana olan düşkünlüğümü ve duygularımı görüyorsun buna karşılık vermeyecek misin?
- Bir daha îma ile de olsa düşünceni açıklarsan yüzümü hiçbir zaman göremezsin. Belanın bir alameti ve işareti vardır, oda; senin hevâna karşı çıkışının hiç görülmemesidir. Asıl kul, arzularında nefsine kul olmayandır. Ben mezarını avucumda taşıyorum sen git arzuna bir dilber seç kardeşim.
- Sana bende olanı söyledim. Artık istersen yaparsın istersen yapmazsın.
- Ben kalbimi haramdan korumaya çağırdıkça Musa gibi, sen günah hanedanına koşuyorsun Firavun gibi. Benim kendisine ihanet etmeyeceğime yemin ettiğim dostum var.
- Kim miş o dost?
- Aşkım.
- Şems mi?
- Benden uzak dur. Seni aşk hiç tutsak yapmamış.
- Aşk nedir Kimya?
- Vallahi gizli kalmayacak kadar aşikâr, görülmeyecek kadar gizli. O taşların arasındaki ateş gibidir; onu hareket ettirirsen tutuşur ve yanar, bıraktığında kaybolur.

Şimdi Alaeddin'in sesinde bir yumuşama belirmiş, dudaklarının arasından esen fırtına, yerini sakin bir esintiye bırakmıştı.

- Aşk, vicdan denen kuyuyu dolduramaz. Ne aşktan yüzüm güldü ne vicdandan yana önüm açıldı. Bahtı ve yolu kapalı birisi oldum senin sevginden.

- Aşk seni değiştirip başkası yapıyorsa aşk değildir, aşk oluncaya kadar insanın vicdanı bir göze benzer sık sık kapanır. Şayet şehvetin kabarmışsa senin, şehvetini oruç ile eyle teskin. Sende ki sevgi değil ki, sen tutkuna tutsak arayansın. Şehvet peşinde koşanın durumu, domuz avlamaya çalışan adama benzer. Gayreti beyhude zahmet, yemesi ise haram.

- Bana bir harismişim gibi davranıyorsun Kimya!

  Yine değişmişti. Ve bu kez sesi yüksek çıkıyordu. Hafif rüzgâr, yeniden fırtınaya dönmeye başlamıştı. Anlamıyordu... Ne kadar anlatmaya kalksam, aklındaki düşünceleri değiştirmeye niyeti yoktu. Aynı şekilde, sesimi yükselterek cevap verdim.

- Öylesin de ondan. Haris olanın gözünde insanın nasıl birisi olduğu değil, neyi elde edebildiği önemlidir. Sen benim gerçeğimi değil görüntümü seviyorsun. Biz kadınların özünü gören erkek sultanımızdır. Bir erkek, bir kadını sevmeden önce özünü görebilmeli.

- Ne yani ben sevmeyi beceremeyen birisi miyim?

- Senin sevgi anlayışın yanlış. Sevmeyi becerebilmek için önce semeyi bilmek gerek. Sevmeyi bilmeyen insan, aşkı, sahip olma duygusuyla, kıskançlığın arasında bir yere hapseder.

- Aşktan kurtuluş vardır Kimya.

- Üç şeyden asla kurtulamayız: gölgemizden, ölümden ve aşktan.

- Bak sen!.. Bizim ufaklık neler de söylüyor. Babamın öz evladı sen, üvey evladı benmişim meğer. Babamın hikmetlerinden ne güzel de beslenmişsin, dedi küstahça. Anlamıştım ki, aşk sandığı şey, gözünü iyiden iyiye karartmıştı. Bu zamana kadar, babam dâhil hiç kimse beni özlük veya üveylikle yargılamamıştı. Ben ona annesiz bir öksüz olduğunu söylemekten korkarken, inceden inceye benim babasız bir yetim olduğuma dem vuruyordu. Bana karşı beslediği karşılıksız hisler için zaman zaman üzüldüğüm Alaeddin, gözümde bir anda hiç olmaya doğru hızla koşuyordu. Mevlâna baba'mın, hikmetlerine dil uzatması ise affedilir gibi değildi.

- Babama hürmetsizlik yapma! diye çıkıştım. İşte senin gerçek kişiliğin bu, kendinden başka kimseye değer vermemek ve hafife almak.

Şems ile evliliğim sonrası Alâeddin, dergâha arada sırada uğrar oldu. Uğraması da ya parası bittiğinde yahut elbiseleri kirlendiğinde olurdu. Kendi dünyasında, çatlamış kabuğuna sığınmış bir kaplumbağa gibiydi. Şems ile evliliğimize kıskançlığı beni sevdiğinden değil, onu reddedişimin ezikliğinden kaynaklanan hastalık kıvranışlarıydı. Alâeddin sevgiyi bilmeyen, kendisi için yaşayan. Niçin yaşadığının farkında bile olmayan, rüzgârın önündeki kuru yaprak misali oradan buraya savruluyordu.

Dergâha geldiği bir gün benim odama geldi.

- Hoş geldin, dedikten sonra gelişinin nedenini sordum.
- Kız kardeşimi ziyarete gelemez miyim?

Şimdi kız kardeşi oluvermiştim, birden bire. Artık, Şems ile evliydim. Soğuk bir tavırla cevapladım Alaeddin'i.

- Babamı üzdün, annemi incittin, ağabeyimi çiğnedin geçtin. Hikmet evini terk ettin. Aklına gele gele ben mi geldim? Senin aile mahremiyetinden haberin yok mudur?
- Bana samimiyetle söyle Kimya, seni sevmemek için ne yapayım?
- Hiçbir şey, hiçbir şey!
- Senden samimiyetle cevap vermeni istiyorum.

- Samimiyetle, ne demektir Alâeddin? Sen ne dediğinin farkında mısın? Ben evli bir kadınım artık. Bunu gözünün önüne aldığın zaman, hangi samimiyetten bahsediyorsun?

- Doğrusu, bilmiyorum.

- Samimiyet, benimle senin aranda değil, sen kendi içinde, kendinle samimi ol. Ben, dinimi samimiyetle yaşıyorum ve vicdanımda imanımı gül suyu ile yoğuruyorum. İşte benim Şems'te bulduğum buydu. Sen tereddütler insanısın.

- Pekâlâ, eğer sen istemiyorsan bende ısrar etmem.

- Sen, sevmeyi cinayet olarak görüyorsun. Kin, caizdir diyorsun. Aşkta bağışlanmayı görmüyorsun. Kalbin takiyyelerle dolu. Sen sıkıntılı zamanlarda hep kendini düşünüyorsun. Canının istediği gibi davranıyorsun. Başka kalplerin de sıkıntılı olabileceğini hiç düşünmüyorsun. Duam odur ki, Allah ruhuna, senin içinde yaşayabilecek ve senin sığabileceğin kadar bir beden giydirsin.

- Sana ihtiyacı olanın, sevgine muhtaç olanın ben olduğunu anlamıyor musun? Ben hayal değilim. Kalbi, ruhu, umudu olan bir insanım. Kendini benim yerime koy. Eğer sen, olmam gereken beni sevmiyorsan, ben yalnız kalırım, seni yabancı hissederim.

- İç âlemine inmeyen, görünüşe tapanların kıblesi kadının yüzüdür. Senin kıblen kadın olmuş. Benim yüreğimin kıblesi Şems'tir, Şems. Sen secde kardeşliğimizi de nesep kardeşliğimizi de lekeledin. Ağabey bildiğim Alâeddin, tenime vurularak kendisine olan saygımı yitirdi. Ne meşrep biliyorsun ne mezhep. Sana haramım. Bir tek Şems'e helalim.

Alâeddin ilgiye layık bir insan değildir. Ne istediğini bilmez ya da bilir de, gerçekleştiremez. Temiz yürekli olmasına rağmen, dayanıklı değildir çünkü. Alâeddin başlar, ama bitiremez.

Onun bütün mutsuzluğu, umutsuz başlamalarında, üzerinden geçemeyeceği köprüler kurmasındadır. Gerçekleşemediği halde, sönmeyen bir arzunun kahrıdır bu. Alâeddin, durmadan, heyecanla arar, fakat aradığını bulamadan bıkar ve geri çekilir. Onu, düşünceler kendilerine doğru çekiyor da, insanlar geri itiyor sanki. Vazgeçtiği için değil, hep yeniden başladığı için, acayip bir duygu, acayip bir acıdır bu. Her şey kendinde kalır, başkasına geçemez.

- Ankebut suresini hiç okumadın mı Alâeddin?
- Okudum, okumaz olur muyum hiç.
- Bakar kör gibi okumuşsun öyleyse. Eğer anlayarak okusaydın, orada ne emredildiğini de anlardın.
- Neresini anlamamışım peki?
- Şeytan bir müminin üzerine örümcek ağını tutku ve arzu ipiyle örmektedir.
- Evet?
- Lütfen odamı terk et ve beni ziyarete geleceğinde, içindeki şeytan tozlarını dışarıda silkele de gel. Ve sakın odama destur almadan girme.

O günden sonra Alâeddin uzun süre ortalıkta gözükmedi. Ona karşı kapıları kapatmamın sebebi, babamın üzülmesine dayanamadığımdandı. Babam ve annem, Alâeddin'in bu fevri yaşantısına içten içe üzülüyorlardı. O akşam olup bitenleri Şems'e anlattım. Başını bir sağa bir sola salladı. "Allah ıslah etsin" diye mırıldandı.

Dünyada en değerli ve en kutsal şeyler, hatta iman ve aşk dâhil her şey, "gösteriş rezaletiyle" yaşanmaya çalışılıyor. Gösteriş bir var oluş ise, o kadar ilahî bir takva, ihlâs ve kutsallıkla doludur ki bunu her yaşayan göremiyor. Ben gösterişsiz sevdim Şems'i. Şatafatsız sevdim aşkı. Bazen gizledim kendimden bile. Bazen dillendirdim, kendim bile duyamadım. Başkalarından takdir almak için yaşamadım ben aşkı. Hz. Peygamberin sözüne sığındım;

"Kim âşık olur, aşkını gizler ve sonra ölürse, ona cennet vacip olur."

Hangi cehennem dünyada aşksız kalmaktan daha acıdır ki? Daha yakıcıdır ki. Gurbette vatan özlemi, vatanda gurbet özlemi. Sizler zillete gurur diyorsunuz. Servete sevgi diyorsunuz. Şöhrete de arzu. Şeytanın kırbacından sırtınız hala acımadı mı? İnsanlar bir yabancının gönlünde kendini tanımaya çalışıyor. Oysa kendine yabancı olduğunu bilmiyor.

Gül bahçesinde dergâhtaki kadınlarla oturmuş yeğenlerimin neşe dolu oyunlarını seyrederken, Fatma Yengem beni çağırdı. Yanına gittiğimde, Alâeddin'in vedalaşmak için dergâha geldiğini babam ve ağabeyimi bulamadığını, annem ile bana veda etmek istediğini söyledi. Ihlamur ağacının yanında boynunu bükmüş, ayakları titreyerek duruyordu. Yanına vardım.

- Buyur ağabey. Konya'dan gidiyormuşsun doğru mu?
- Evet.
- Nereye?
- Bilinmezliğe.
- Babam sürekli "Anne, baba ve hocasının rızasını almayanın dünyada işleri rast gitmez" derdi. Babamın kalbini inciterek gitmen günah... Vallahi Günah. Günahlardasın Alâeddin.
- Ne günahları?
- Ne günahları olduklarını kıyamet gününde öğreneceğiz, diye karşılık verdim.
- Kıyamet gününe daha çok var. Allah'ın verdiği cezayı uygulayan eller de, günahkâr sayılır mı?

Bu soru karşısında şaşırdım. Alâeddin, hiçbir vakit benim yanımda böyle sert konuşmamış, böyle öfkeyle soru sormamıştı.

- Onu bilmem diye cevap verdim. Ama bildiğim bir şey varsa, o da, her insanın, yaptıkları için Allah'ın karşısında sorumlu olduğudur. Herkes değil, sadece suçlu olanlar suçludur. Ama bunu, senin nefret dolu bakışın görmene mâni oluyor.
- Ne nefreti? Kimden nefret ediyor muşum ben?
- Bilmiyorum. Belki benden bile.

Önünde birleştirdiği ellerine bakan Alâeddin aniden bana döndü; ne yapacağına karar veremeyen, şaşkın, sert ve nefretle baktıktan sonra, tekrar başını çevirerek fısıldadı.

- Senden nefret etmiyorum ben.
- Şems'e düşmanlık duymanın nedeni ben miyim, babam mı?
- Hiç birisi de değil.
- Yüzün kızarmadan yalan söylemekte marifetlisin.
- Diyelim ki sen. Hoşuna gider miydi?
- Elbette hayır. Babamı kıskanıyorsun. Babamdan sonra posta oturmayı düşlediğin için, dergâhta babamın boşluğunu dolduramayacağından endişeleniyorsun. Çünkü babamın Şems'i gibi bir Şems'in olmayacak.

Boğuk ve buruk bir sesle,

- Demek Tebrizli muhaciri babamın onu sevdiği kadar seviyorsun, dedi.

Söylediklerinden bir anlam çıkarmaya çalışıyordum. Aslında ne dediğini anlamak o kadar da zor değildi. Benim asıl düşündüğüm ise, yanlış bir fikre kapılmaması için söyleyeceklerimdi. Ben bunları düşünürken, devam etti.

- Seni ve Şems'i kıskanıyorum
- Başka aşklara duyulan kıskançlık aslında insanın kendi yaşamındaki eksikliğin açığa vurumudur.

Alâeddin'in sözlerimden hırslandığını, soğuk gülümsemesinden anladım. Kardeşimden ötürü duyduğum acı ve korkular beni kökten sarsan şüphelerden sonra, içimde meydana gelen bir ayaklanmaydı.

Alâeddin ihtirasının ve inadının kurbanı oldu. Aklı onu terk etmişti. Hiçbir şeyin onu durdurması mümkün değildi. Yanlış aşka düşmemişti. Aşkı yanlıştı. Öfkeyle uyuyan, hüsranla uyanır. Oda öyle yaptı. Gitti. Baba ocağını terk etti. Ana eli değmiş ekmeği yere çalarak gitti. Sapak noktası yanlış yol ayrımı oldu. Kim dur dese, durmaya niyetli değildi...

Zaman her şeyin ilacı olmuyor hele ateşin zamanı hiç yok. Alâeddin'in kendisine merhameti yok ki gözyaşı olsun. Kimsenin hatırını düşünmeden gidenin gözyaşı niye aksın.

İLAHİ AŞKA UÇAN BİR ÜVEYKİM

Tasavvuf gönül bilgisidir, her hal ve vakitte edebdir.
Tasavvuf güzel ahlâktır, güzel ahlâk ise edebdir,
edeb ise Allah'tan başka bir şey görmemektir.
Peygamberin eminliği Allah'tan emin oluşundandır.
Hoşgörü tasavvufun neticesinde oluşur.
Emin olan hoşgörü sahibidir.

Mevlâna bana sürekli "Aşk Üveyki" derdi. Üveyik bir rüya kuşudur. Bu âlemde binlerce canlı, sıkıntısız Üveyik kuşu, geceki rızkı henüz meydanda olmadığı halde, ağaçta Hakk'a şükreder. Kanaat ve şükretmeyi en güzel şekilde temsil eden bir aşk kuşudur diye anlatırdı. Tasavvuf bahçesinde uçmak isteyendim.

Tasavvuf Allah'a yolculuktu. Hidayete yürüyüşümdeki manevi açlık, öncelikle Muhammed Şah babam, akabinde Mevlâna babamda doygunluğa doğru gitmeye başlamıştı. İlim olarak belki belirli bir seviyeye gelmiş olabilirdim ancak irfan noktasında içsel yolculuğum henüz kıvamına gelmemişti. Babamın da dediği gibi sancı gerekiyordu, aşk sancısı olmadan doğmuyordu marifet muhabbeti. Kim bilir belki de Şems'te aradığım bu susamışlığımı sonlandırmaktı. Miladı, beşerî sevgiden geçmeyen bir yolun miadı mümkün olmuyordu. Altı aylık evliliğimde niyazlarımın meyvesi olarak Şems'in feyizlerinden beslenmek vardı. Binlerce cilt kitap okusam, yüzlerce yıllık ilim yolculukları yapsam bu altı ayda aldığım tadı alamayabilirdim. Evlilikler her zaman çocuk getirmez bazen öyle nimetler sunar ki asrın bütün çocuklarının duasını alırsınız. İşte Şems beni dua alan bir Saliha kul haline getirdi. Akşamdan geceye, geceden sabahlara, sabahlardan vaktin nasıl geçtiğini fark edemediğim bu umman taşkını sohbet ve muhabbetlerimizde ilahî aşk âlemine doğru yol alan bir bahtiyardım.

Tasavvuf, insanın yaratılışı ile başlayan bir yürüyüştür. Tasavvuf, Allah'a yolculuktur. "O'ndan geldik, O'na gidiyoruz" ayetinin yaşam halidir. Tasavvufa çokları çoğalır, ama pek azı seçilir. Gidişlerin en güzeli Allah'a gitmektir. "Ben Rabbime gidiyorum" (Saffat, 99)

Allah'a ayak ile gidilmez. Kanat sırdır. Sır kanattır.

Kitap vardır okuyanını âlim eder. Kitap vardır okuyanını cahil eder. Kitap vardır okuyanını sağır-dilsiz eder. Senin kitabın kim Kimya?

- Aşkın gözyaşları olur mu?
- Aşk gözyaşıdır, gözyaşı aşktır. Şeyh Selman'ın huzuruna bir genç gelir, şeyhe aşkın ne olduğunu sorar. O esnada bir kuş gelip gencin parmağını ısırır. Genç hissettiği acı ile ağlamaya başlar. Gözlerinden düşen bir damla parmağına düşer. Acısı anında diner. Şeyh, gencin parmağındaki gözyaşı damlasını işaret ederek, "İşte aşk budur!" der.

Aşkın gözyaşları, tövbe ve ümit ile akan gönül gözyaşlarıdır. Âdem işlediği suçtan dolayı üzüldü, sıkıldı, birden ağlamaya başladı. Akan, gönlünden gelen tövbe yaşlarıydı. Allah, Cebrail'e Âdem'in gözyaşlarını toplayıp hayat pınarına akıtmasını emretti. Tâ ki müminler orada yıkanıp çıktıklarında Âdem boylu, Yusuf yüzlü, İsa nefesli, Muhammed Mustafa kokulu olsunlar.

- Tasavvuf yoluna girmek nasıl olur?

- Her kim tasavvuf yoluna ayak basmak isterse, önce "erkan-ı şeriatı" bilmelidir. Bildikten sonra bütün yaşantısını riyasız ve şüphesiz yerine getirmelidir. Bu şuna benzer:

  Sabır şekeri, niyaz kökü ve nedamet yaprağını almak gerekir. Tevbe havanı içinde dövüp gözyaşı ile yoğurmak gerekir. Dua ile gözyaşını karıştırıp, sıdk tenceresi içerisine koyarak, aşk-ı muhabbet ateşi ile kaynatmak gerekir. Bu nimet "La ilâhe illallah" zikri ile terbiyelenip, imanı her zaman taze tutmak gerekir. Böylece saf bir iman, sufi bir gönül peyda olur.

- Sufi olmak dünyadan elini eteğini çekmek midir?

- Sufi, dünyanın içinde dönen değil, dünyayı kendi içinde döndürendir. Bunun için de kalbini kederden temizler ve o kalpte altın ve çamur müsavidir. Sufi, nefsini arıtandır. Taat ve itikad saflığına erendir. O vakit sufiye, bilgiler ilham olur ve bildikleriyle amel etmeye başlar. Ardından bilmedikleri de gelir. Çünkü Peygamber şöyle buyuruyor: "Bildikleriyle amel eden kimseye Allah bilmediklerini de lütfeder"

- Sufiler yürekleri okuyan mıdır?

- Elbette. Sufilerle oturduğun zaman doğruluk içerisinde ol. Çünkü onlar kalplerin casuslarıdırlar. Niyetinizden girer, esrarınızdan çıkarlar. Etrafına baksana Kimya. En yakınındakiler hatta kardeşlerin, hergün seni görenler seni bir an anlamazlar, okuyamazlar ama keşif yürekli bir sufi gönül, daha görür görmez yüreğinin ömrünü okur. İşte bu hikmettir.

- Sufi mi olmak istiyorsun Kimya?

- Evet.

- Sufi'de sıyanet desturu olmalı.

- Sıyanet nedir?

- Hiç gıybet etmeden ayıbı örtmek, gördüğünü başa kakmamak ve nefsinin düşmanlık dürten vesvese kapısını kapatmak. Her şeyde en güzel örnek olan "Usvet'ül Hasene" Peygamberimizin bir kıssasını anlatayım:

Hz. Resul bir gün dağda geziyordu. Gördü ki, bir delikanlı bir kız ile birlikte yatıp uyumuşlar. Onları uyandırmadan açık olan üstlerine cüppesini serdi ve oradan uzaklaştı. Âşıklar uyandılar. Üstlerindeki cübbeyi görünce tanıdalar ve ağlaştılar. Kız "Peygamberimiz beni bu hal üzerine görmesindense yer yarılsaydı da içine girseydim" dedi. Delikanlı: "Keşke bir dağdan düşseydim, boynum kırılıp ölseydim, şu andan daha iyiydim" dedi. İkisi de hicap duyuyorlardı. Gençler yaşadıklarını ailelerine anlatınca babaları onlara kızdılar ve onları ellerinden tutup Peygamber Efendimizin evine getirdiler. Hz. Peygamber kızın babasına: "Kızın benim kızım oldu." Delikanlının babasına: "Senin oğlun Ebu Bekir'in oğlu olsun. Gönül rahatlığıyla oğlunuza kızımı isteyebilirsiniz" dedi. Gençler ve babaları bu durum karşısında şaşırdılar. Hz. Resul nikâhı kıydı ve mutluluklar diledi.

- İşte Aşk Peygamberi aşkı böylesine yaşıyordu ve ne güzel bir sıyanet örneği veriyordu.

GÖNÜL KÖRLÜĞÜ

Tasavvuf, her yerde Allah'ı görme kabiliyeti, insanı korku ve başkalarının kınaması tedirginliğinden kurtaran bir güçtür. Gerçek Müslüman korkusuzca yalnız Allah'a hesap vereceği düşüncesi içinde doğru bildiğini yapmaktan çekinmeyen ve zahiren bela, hakikatte ise bir hikmet olan sıkıntılara atılmaktan korkmayan kişidir.

- Sen iyiye güzele çağırmana rağmen insanlar sana hep kötü zanla yaklaşıyorlar. Bunların gözleri bu kadar mı kör Şems?

- Kimya! Üç çeşit körlük vardır: Göz körlüğü, nimet körlüğü ve gönül körlüğü. Bunların da iflah olmayanı gönül körlüğüdür. "Ne var ki, onlarda kör olan gözler değil, sinelerindeki gönüllerdir."(Hac, 46)

- Peki, gönül körlüğüne düşmemek için hangi kapılardan geçmek gerekir?

- Dört kapıyı aralamak lazım: Şeriat, tarikat, hakikat ve marifet. Bu kapıları aralayan miraca çıkar.

- Bu kapıların önüne hangi adımlarla gidilir?

- Aşk-ı ibadet ve ibadeti aşk ile. İbadet hazinedir, onun anahtarı duadır, dişleri ise helal aşktır.
- Bazı âlimler bizi bu kapılardan sakındırıyor ve saklıyorlar. Niye böyle yapıyorlar Şems?
- Cenneti kıskandıklarından. Onlar sanıyorlar ki, cennet dar ve herkes gelirse kendilerine yer kalmayacak. Böyle kişiler kuyuya düşmüş bir kurbağa gibidir. Kuyudaki kurbağa için gökyüzü kuyunun ağzı kadarsa bunlar için de cennet avuç içleri kadardır.
- Bu bilginler niye kıskançtır? Halbuki bilgi sahibidir. Hikmetli olmaları gerekmiyor mu?
- Peygamberimiz buyurdu ki, "Kıskançlık yaratıldı ve dağıtıldı. Âlimlere on kıskançlığın dokuzu düştü. Kalan bir ise diğer insanlara düştü. Âlimler o kalan biri almak içinde çırpınıp durdular. Ümmetimin helaki iki sınıf insandandır. Bunlar; "Kıskanç âlimler ve bilgisizce ibadet eden cahillerdir."
- Bu kıskançların eline düşmemek için ne yapmak gerekir.
- İçinde tasavvuf aşkı olmayan, gördüğü her şeyde bir felsefe arayan âlimler, insanilikten iblisliğe en çabuk geçenlerdir. Tasavvuf Allah'a yolculuktur. Bu yolculukta ilim ve âlem bütünleşip, "Allah'ın rahmetinden ümidinizi kesmeyin" (Zümer, 53) ayetinin emrine muhatap kalarak; "Allah'tan başka yolları takip etmeyin" (En'am, 153) ayetinin ışığında yürüyerek, "Bizim uğrumuzda gayret gösterip yaşayanlara elbette mutluluk yollarımızı göstereriz." (Ankebut, 69) müjdesiyle müşerref olmaktır.
- Seni bunca kötülemelerine nasıl sabrediyorsun?
- Kur'an-ı okuyan ile içen bir midir? Biz içenlerdeniz. Cevabı ayet versin: "Güzellik ile çirkinlik, iyilik ile kötülük bir olmaz. Kötülüğü en güzel bir davranışla sav gitsin. O zaman görürsün ki seninle arasında düşmanlık bulunan kimse, sım-

sıkı bir dost oluvermiştir." (Fussilet, 34) Biz kulların değil, Kur'an'ın kölesiyiz. Sabır gereken yerde sabır ederiz, bin kahır üzerimize gelse de. Savaşta Hz. Ali'nin Zülfikar'ıyız. Sabırda Hz. Eyyüb'ün neşesiyiz. Biz altın gibi birkaç kimsenin öz malı değiliz. Teneke gibi tel tel de dökülmeyiz. Allah için susmasını da, haykırmasını da bileniz.

Şems'e sordum:

- Bana gelene kadar niçin evlenmedin?
- Hatırlıyorsan bu konudaki fikrimi seninle paylaşmıştım. Tekrar teyit bakımından duymak istiyorsan söyleyeyim. Kadınlara karşı tensel olarak bakan değilim kadının ruhunu muazzez gören bir insanım. Evliliği sıkıntılarla örülü bir sorumluluk olarak da görmüyorum. Daha önceden dediğim üzere babanın hatırı ve seninle gül bahçesindeki konuşmalarımız sonrasında Allah rızasını gözeterek bu evliliğe karar verdim. Beklentisiz, hesapsız ve senin olgunluğuna tasavvuf hikmetleri katmak için. Hatırla Kimya! Evlilik evcilik oyunu değildir. Seninle evlenirken tereddütlerim vardı.
- Nasıl bir tereddüt?
- Gerektiğinde kartal olup uçan ben, şu an, aslan görmüş ceylan kadar ürkeğim. Ya tökezlersem baş koyduğum aşk yolunda, mutsuz eder Kimya Hatun'u üzersem. Kalbim ile kavlim arasına koyduğum kapı; Ruhumu kapatıp gönlümü yakarsa diye.
- Evlilik aşkı öldürür mü?
- Bu aşkı nasıl gördüğüne, evlilikten ne umduğuna bağlı.
- Aşkın hangi çeşidindesin? Yüreğinle mi evlendin yoksa beklentin ile mi nikâhlısın?
- Aşkın çeşitleri neler?
- Sevginin çeşitleri; beşerî, ruhanî ve ilahîdir. Beşerî sevgi,

sevgilisini sadece kendisi, kendi nefsi için ister. İlahi sevgi ise kendisi yoktur artık, sadece O vardır. O'nun dışındakiler silinmiştir. Ruhani sevgi ise sevgilisini hem O'nun için, hem kendi nefsi için seven kişi de bir köprü olmuştur. Beşeri sevgide insanlar neyi sevdiklerini ve sevdikleri varlığın hangi varlıkta bulunduğunu bilmezler. Hani gündelik hayatımızda da hep yaparız ya, "Beni unutma!" deriz, "Seni seviyorum. " deriz, "Sadece sen varsın. " deriz. Bütün bunlar, aslında adresini şaşırmış sözlerdir. Sevgi vehimleridir.

- Peki, ariflerin aşkı nasıldır?

- Ariflerin aşkına gelince, görünüşte o aşkın bir izi, bir eseri yoktur, çünkü marifet sadece arif âşıklara verilen ve sadece onların bildiği sır gereğince, beşeri sevginin izlerini siler süpürür. Arif olan âşık diri kalır ve ölmez. Arifin taşıdığı aşktan dünyanın bir haberi yoktur. Aşkı, ilahî aşktır, Rabbani şevktir. Allah'ın "Kuddûs" ismiyle güçlenmiştir. Ruhu güçlenen âşık susuzluk çekmez.

Ben Şems'e olan aşkımı kâğıtlara çok yazmıştım ama sesli bir şekilde yüzüne hiç söyleyememiştim. Hazır konu aşktan açılmışken ona, sevgimi dillendirmek için güya kendimce bir kapı aralamak istedim.

- Seni seviyorum sözü aşığın susuzluğunu gidermez mi?

- Birbirine "Seni seviyorum" diyen dudaklar, aslında bu sonsuz susuzlukların farkına varmış ama gürül gürül akan bir pınarın yanında su içmektense çeşme suyunu içmeye çalışanların hali gibidir.

Bu söze kadar Şems'e susuzdum. Şimdi ise çatlıyorum susuzluktan. Anladım ki, kara toprağa bedenim girene kadar susuzluğum devam edecek. Susuzluğum suskunluğum oldu. O an, döküldüm yaprak yaprak, söküldüm tel tel... Aradığımın beşeri aşk olmadığını, meğerse kaderimin ilahî aşkta yanmak olduğunu anladım.

Şems billur sesi ile tasavvufun nehrinde akmaya devam ediyordu:

- Gözünü kapatarak yürümek hatadır ki, bu körü körüne teslimiyettir. Her şeyi görürüm diye yürümek ise beladır. Bu da hakikati inkara götürür. Birinci yürüyüş, bir cahilin bilip bilmediği her şeyi taklit etmesidir. İkinci yürüyüş, filozofun kibir ile, gurur ile her şeyi göreceği ve bileceğini düşünerek belaya çarpmasıdır. Bu yürüyüşlerde ayaklardan önce baş ağrır. Üçüncü bir yürüyüş ise edep içerisinde aşka yürüyüştür. Bu sufilerin yürüyüşüdür. Unutma Kimyam! Edep içerisinde yapılan hiçbir şeyden zarar gelmez. Filozoflar, öğrenmek için değil, sorgulamak için soranlardır. Bu yüzden, akılları, suratları hiç çamurdan çıkmaz.

- Babama neden "Hamuş" diyorsun?

- Hamuş; susan, susmasını bilen demektir.

- Bu susma, küsmeye dayalı bir susma mıdır?

- Hayır. Küsmekle alakası yoktur. Susmak da üç türlüdür. Bir, Allah'a karşı susmak, ilâhi takdirin cilvesine razı olmaktır. İki, manevi büyüklere karşı susmak, bu da, merak ettiğin şeyin akıbetinin zahiren ve batinen açılmasıdır. Üçüncüsü ise, avama karşı susmaktır. Körler çarşısında ayna satılmaz. Sen onlara hakikati söylemene rağmen onlar anlamamak için direnirler. Gösterirsin hakikati görmemezlikten gelirler. Ne kadar konuşursan konuş nafiledir. Kulaklar çiğdir. Yürekler çoraktır. Tıpkı kızgın yağa su dökmek gibidir. Susmak gerekir. Gönlüne sadık olanlar gönlü okumayanlar meclisinde susarlar. Hakikatini hayal görenlere karşı susmayı tercih et. Hâkikatin de bir namusu vardır. O namus da her sözü her yerde ve herkese karşı ifşa etmemektir. Şimdi gelelim babanın Hamuşluğuna. O, Allah'a karşı Hamuş'tu. Allah dostlarına karşı Hamuştu ve yeri geldi şehrin insanlarına da Hamuş'tu.

SÖZDEN ÖZE, ÖZDEN KÖZE GEÇİŞİM: HALVET

*Hayatını Kur'an'a vermeyen Kur'an'dan hayat alamaz.
Aşığın kalbi şu dört yerde hayat bulur:
Mihrapta, makberde, secdede
ve hiçbir kimsenin görmediği halvet mekânında.*

Daima halveti merak etmişimdir. Sadece erkeklerin halvete girdiğini düşünürdüm. Aşkın bir miraç yolculuğu olarak anlatılan halvet ile ilgili suallerimi babama sorduğumda bana Şems'e sormamı söylemişti.

- Halvet nereden doğdu?
- Ashab-ı Kehf halveti ilk yapanlardı.

"Bunun içindir ki, şimdi siz onlardan da, onların Allah'tan başka tapındıkları bütün o asılsız şeylerden de uzaklaşıp şu mağaraya sığının ki, rabbiniz rahmetini size ulaştırsın ve sizi durumunuza göre ruhlarınızın ihtiyaç duyabileceği şeylerle donatsın." (Kehf, 16) Halvet, kapanmak, hücre hapsi değildir. İbadet tefekkür ve tesbih ile ilahî kapıları aralamaktır. Halvette celveti, celvette halveti bulursun. Bu tıpkı vuslatta hasret, hasrette vuslata ermek gibidir. Gönülde sadece Allah olacak, sadece Allah'ın olması Muhammed Muhabbetinin kapısı ile olur. Muhammed kapısına giden yol da veliler yoludur. Bunların hepsi birden gönülde Allah'ı taşımaktır. Tıpkı suyun seni, senin bindiğin gemiyi, geminin içindeki yükü aynı anda taşıdığı gibi. Peki gemi su alır ve batarsa hepsi de batar mı? İşte gönle halvet terbiyesi vermek gemiyi sağ selamet limana götürmek demektir.

Halvet: Uzlet, inziva, yalnızlığa geçiş ve topluma belli süre karışmamak. Bu haleti ruhiye içerisinde, Allah ile manen konuşmaya çalışmaktır. Halvet bütün düşüncelerden uzaklaşıp ancak Allah'ın zikriyle meşgul olmaktır. Halvet eden kişi ruhuna riayet eder. Kalbini, nefsani düşüncelerden ve dünyevi hatıralardan boşaltır.

- Peki halvet hali neden kırk gün?

- Damarlar, kanlar haram doludur. Bir lokma haram yiyen için Hz. Peygamber: "Kim haram bir lokma yerse Allah ona kırk gün nazar etmez" buyurduğu gibi, teninde haram olanın halveti dürüst olmaz. Bu, kırk gün uzlet ile temizlenme halidir. Halvetin kırk gün olması, kırk makama işarettir. Şimdi bu makamlar nedir? diye soracaksın. Tıpkı bir karıncanın Süleyman'ın mührünü sabırsızca istemesi gibi sabırsızsın. Makamları vakti geldiğinde yaşayarak aşacaksın.

- Şems! Bana halveti yaşat.

- Şu anki halin halvete hazırlıklı değil. Kırk günlük halveti hazmedemezsin. Ama sana anlık halveti yaşatayım. Şimdi ocağın yanına geç, kıbleye dön, diz çök, gözlerini kapat ve sorduklarımı cevapla.

Şemsin tembihlerini yerine getirdim. Heyecan ve helecan içerisinde sorularını beklemeye başladım gözüm kapalı.

- Gönlünde ne var?

- Dünya kaygısı var.

- Gönül arı olmalıdır. Kaygıyı çıkar. Ocakta ki ateşi hissediyor musun?

- Evet.

- İçindeki ateşi hissediyor musun?
- Evet.
- Hangisi daha ağır?
- İçimdeki.
- Ne var onun içinde?
- Cehennem korkusu
- Gönlünden onu da çıkart. Şimdi gönlünde ne var?
- Cennet ümidi var.
- Onu da gönlünden çıkar.
- Çıkardım.
- Sağ elini sol göğsünün üstüne koy. Şimdi ocaktaki ateşi hissediyor musun?
- Hayır.
- Cehennemi hissediyor musun?
- Hayır.
- Cenneti istiyor musun?
- Hayır.
- Peki şimdi gönlünde ne var?
- Allah'ın muhabbeti var. Ondan gayrı bir şey kalmadı gönlümde.
- Şimdi gözlerini aç ve kısa vakitte neler yaşadığını düşün.

Düşünmeye başladım. Aklıma Hz. Peygamberin henüz çocuk iken, mübarek göğsünün yarılması ve mübarek yüreğinin yunması geldi. Nur, bir mü'minin kalbine girince inşirah gerçekleşir ve ferahlar. Sarsıla sarsıla ağlamaya başladım. Şems yanıma geldi. Dizlerini dizlerime değdirdi, ona sarıldım ve gözyaşlarımla teşekkür ettim.

BUNALIMLARI AŞMAK, MANA HIRKASINI GİYMEK

*Musibetler, Allah'ın dergâhına yönlendirilmek için
birer kader kamçılarıdır.
Bir kütük yeşermiyorsa soyu ağaç değildir.
Bir yürek aşk için ağlamıyorsa suyu Rahmanî değildir*

Bir sabah nedenini bilemediğim, tarifini yapamadığım iç acısıyla uyandım. Sanki göğsümün arasında kara bir topak vardı. Karamsardım. Hiçbir şey yiyemedim. Canım hiçbir şey yapmak istemiyordu. Sanki gizli bir güç bana büyü yapmıştı. Hiçbir şey bana sevimli gelmiyordu. Rengim solmuştu. Şems yüzüme baktı ve bana:

- Bir tasın yarısına kadar su koy getir dedi.

  Tasın içerisindeki suya bakarak bir şeyler okudu. Ve bana

- Şimdi tasa bak dedi.

  Baktığımda gördüklerimden korktum, irkildim. O berrak, billur su bir çamur yığını olmuştu. Ve çamurların içerisinde tutam tutam saç kılı vardı.

- Şimdi bu saçları çıkart ve ocağa at.

  Söylediklerini yaptığımda, uyandığımdaki hislerimin hiçbirisi yoktu. Ferahlamıştım. Nasıl yaptığını sordum.

- Bu da bende kalsın.
- Keramet gösterdin değil mi?
- İnsanlar keramet derken uçmayı-kaçmayı anlıyor. Oysa keramet, kötü bir huyunu iyi bir huy haline dönüştürmektir. Beyazıd'a demişler ki:
- Falan kişi havada uçuyor
- Olsun, leş yiyen kargada uçuyor.
- Filan adam suda yüzüyor.
- Köpek balığı da yüzüyor.
- Falan kişi bir gecede Mekke'ye gidiyor.
- Şeytanda bir gecede Mağrib'ten tâ Maşrık'a gitmişti.

Keramet, manevi yoldan aldığın bilgi ile hatadan dönebilmeyi becerebilmektir. Keramet yaptığın işi başa kakmamaktır. Keramet, öfkenin seni değil senin öfkeni esir etmendir.

- Aşk inat değil biattır demiştin bir keresinde. Madem öyle, ya iblis de Hz. Âdem'e secde etseydi, o zaman sonsuza kadar hepimiz cennette mi kalacaktık?
- Bedelsiz cennetin tadı olur muydu? Allah'ın bedava sunduğu iyilik ve güzelliği almayan insan, şeytanın sattığı üstelik çok da pahalı sattığı çirkin ve kötülüğe koştu. Üstelik ruhunu şeytana takas ederek. Bu aşkı yaşayabilmek için şeytanın tuzağına düşüp düşmemek için terlemekti cennetin bedeli. Bunca yıl ayrı kaldığı sevdiğini daha çok özlemekti bedeli. Ve bu aşk için dünyadaki her şeyden kendi iradesiyle vazgeçebilmesi içindi bu bedel. Aşkı beceremeyen cenneti kaybeder, Rabbine kavuşamaz. İnsan kime ait olduğunu bilmelidir ve kime aşık olduğunu, aşk için yaratıldığını ve aşk uğruna cennetten ayrı kaldığını bilmeli. Aşkın dilini iyi konuşmalı.
- Aşkın dili nedir?

- Aşkın dili duadır. Her dua sevgiliye yazılmış bir aşk mektubu gibi olmalıdır.

" *Gerçek şu ki insan, öz benliği üzerine yönelmiş keskin ve derin bir duadır, bakıştır.* "

(Kıyamet, 14)

- Kur'an'ı Kerim'de bir tek münafıklara davet yoktur. "Oldukları gibi olmayanları çağırma..."

Aşk imandır, aşksızlık inkâr, ortası münafıklık.

O günün akşamı iftarda sadece bir tas çorba vardı ve Şems birkaç kaşık aldıktan sonra namaza geçti. Çok az yemesi içime sinmiyordu. Namazını kıldıktan sonra ona:

- Pek midene düşkün değilsin.

- Midesine kul olanın Kâbe'si sofradır, kâsesi hastalık suyu ile doludur. Âşığın Kâbe'si vuslat nurudur. Zahidin kıblesi ihsan lütuf ve Kerem sahibi Allah'tır.

Tavafın yedi şavttan oluşu, her bir şavt Allah'ın bir sıfatına bağlanmaktır.

1. Şaft: Allah'ım hayatına giriyorum (Hayat).

2. Şaft: Allah'ım ilmine yürüyorum (İlim).

3. Şaft: Allah'ım iradene sığınıyorum (İrade).

4. Şaft: Allah'ım kudretine eriyorum (Kudret).

5. Şaft: Allah'ım seni duyuyorum (Semi).

6. Şaft: Allah'ım seni görüyorum (Basar).

7. Şaft: Allah'ım sözüne güveniyorum (Kelam).

Umre ya da Hacca gitmeden önceki halin ile döndüğündeki

halinde bir değişim olmalı. "Ben şu kadar tavaf ettim, şu kadar oruç tuttum, şöyle şeytan taşladım" diye ballandıra ballandıra anlatıyorsan sen şeytanı değil, şeytan seni taşlamıştır. . O mekanlara seni götüren aşksa, aşkın mahremiyetini riyakâr dillere sürme. . Şakiki Belhî bir gün Cüneydi Bağdadî'ye şöyle sorar:

- Bir arzun olup da gerçekleşmediği oldu mu?
- İlahî aşkı istedim. Bundan başka nimetim olmadı. Peki sizler nimet karşısında ne yapıyorsunuz?
- Nimet bulursak faydalanıyoruz. Bulmazsak sabrediyoruz.
- Senin yaptığını Horasan'ın köpekleri de yapıyor.
- Peki, sen ne yapıyorsun?
- Bulursak dağıtıyoruz. Bulmazsak şükrediyoruz.

Odadan avluya çıktık. Saatlerce susarak göğü temaşa ettik. Şems ayakta ben yanında öylece seyrediyorduk. Yıldızlardan daha çok Şems'e bakıyordum. Dalmıştım. Yüzü, ayın ışığında bambaşka parlak ve bebek teni kadar nur doluydu. Yüzünde bir başkalık vardı. Hani içiniz daraldığında bir tanıdık yüz görür de dağılır ya içinizin kasveti. İşte yüzü o denli ferahlık veriyordu bakmasını bilene. Şems benim kendisini seyrettiğimi fark etmişti, mahcubiyetten bakışlarımı çevirdiğim de tebessüm ederek:

- Kâbe'ye gitmek ister miydin Kimya?
- Gerçekten mi? Ne zaman gideceğiz? Dediğimde sarsıla sarsıla gülmeye başladı:
- Şimdi. Hamlıktan çıkıp tamlığa yaklaştın. Önce sağ gözünü tamamen kapa, açma. Şimdi sol gözünü hafif hafif kısarak gökyüzüne bak. Bak... Kıs gözünü. Kapat. Aç! Ne gördün?
- Az önce dağınık duran yıldızların hepsi aynı hizada sıralanmış, bir çizgi gibi tıpkı elif harfi.
- Tamam. Şimdi sol gözünü kapa, sol gözünü kıs bak. Şimdi ne gördün?

- Ay ikiye bölünmüş, çift vav gibi.
- Tamam, oldu işte. O birdir. O gerçektir. O aşktır.
- Şimdi iki gözünü kapa elif ve vav düşün. Aç gözlerini. Ne gördün?
- Kâbe'yi gördüm ve Allahu Ekber nidasını duydum.
- Kâbe'yi gördüğünde neler hissettin?
- Dondum. Akıl durdu. Gözüm aktı bakış yandı. Dua etmek istedim dilim lâl oldu. Tek hatırladığım, çocukken ölümüne çok ağladığım tay geldi gözümün önüne. Ne annem, ne babam, ne de sen hatırıma bile gelmediniz. Peki buradan oraya üstelik bir anlık yolculuk nasıl oldu?
- Bu da bende kalsın. Gençliğimde şöyle dua ettim: "Göklere çıkmak istiyorum, lütfen bana merdiveni gösteriniz!" Buyurdu ki: "Senin başın merdivendir. Başını ayak altına al, başına bas da yüksel!

Ayağını başının üstüne koymak demek, aklını ayak altına alıp, gönül yolu ile, aşk yolu ile Hakk'a yönelmektir

RABİA'NIN HAYATINDAN RABITA MUŞTUSU ALMAK

Ölme başka, göçme başkadır.
Mezar yapma ne taşladır ne tabutla.
Ölüm de içinde, mezar da. Nasıl yaşaman gerektiğini
anlamaya başladığında, nasıl ölmekte olduğunu görürsün.

Şems evliliğimizin ilk günlerinde bana "İkinci Rabia" diye arada bir takılıyordu. Rabia'nın az çok hayat hikayesini biliyordum. Babama merak ile sormuştum ve o da anlatmıştı. Ancak ben bir de Şems'ten dinlemek istiyordum. O, ağzından bal dökülen adamdan, zamanının erkeklerine "erlik yürek işidir, bu dünya beni anlamadı siz mi anlayacaksınız, ben kulağı ile iman eden sizlerle konuşmaktansa çöldeki kumlarla konuşurum" diye haykıran çöl aslanı Rabia Sultanı...

Birlikte iftarımızı açtıktan ve namazımızı kıldıktan sonra seccadenin üzerinden kalkmadan ona doğru yönelerek:

- Bana "İkinci Rabia" deyip duruyorsun. Rabia'yı çok mu sevmiştin?

- Ne o, kıskançlığın mı tuttu?

- Elbette hayır! Ancak o güzel insanı senin yürek dilinden duymak istiyorum.

- Rabia ile ilgili ne duymak istiyorsun?
- Nasıl bir çöl aslanı olduğunu. Sen de çöllerden gelensin.
- O zaman dinle: Miladi 714 yılında doğduğu ve miladi 801 yılında Kudüs civarında vefat ettiği rivayet edilir. Fakir bir ailenin dördüncü çocuğu olarak dünyaya geldiği için ona dördüncü manasında Rabia ismi verilir. Anne babası o çocukken öldüğü için, bir köle tüccarının eline düşer ve küçük yaşta köle olarak satılır. Bu dönemde çok sıkıntılı bir hayat sürer ve çeşitli günahlara bulaşır.
- Ne gibi günahlar.
- Fahişelik ve rakkaselik.
- Peki sonra nasıl hayatı değişir?
- Daha sonra günahlarından tövbe eder; kendisini satın alan kişinin merhamet edip azat etmesiyle hürriyetine kavuşur.
- Yüzünde hoş bir aydınlık olduğu; çok ağladığı, Kur'an okunurken çığlık atıp bayıldığı ve evinde eski hasırdan başka bir şey bulunmadığı bilinir. Namaz, ibadet ve tövbe ehlidir. Yoksulluğuna rağmen hiçbir kuldan yardım kabul etmemiştir ve "İhtiyacımı Rabbimden isterim" diyecek kadar onurludur.

Onun yaşadığı dönemdeki riyazet ehli insanlara Allah'a varma yolu olarak korkuyu gösteriyorlardı. O, sevgiye dayalı zühd yolunun ilk temsilcisiydi. Allah aşkını insanların içerisinde haykırarak: Allah'a giden tek yol aşktır, gerisi yol kenarındaki çalı çırpıdır. Önce sizi çok seven Allah'ı sevmeyi başarın. Alnınız secdeye gitmeden önce yüreğiniz secdeye gitsin. Her aşık ehlinin başına gelen onun da başına gelecekti.

- Kınanmak mı Şems?
- Sadece kınanmak olsa iyi. İftiralar başladı. Onunla yatma hayali kuran beyler, şeyhler ve bazı sultanlar gibi ağzı şeh-

vet suyu akıtan herkes ortak bir ses ile: Fahişelik bunun damarında var. Can çıkmaz huy çıkmaz diyorlardı. Onlar böyle derken Rabia, sokaklarda elinde testi testi su taşıyordu. Bu hareketinin nedeni sorulduğunda; "Cehennemi su ile söndürüp cenneti de yakmak istiyorum. Böylece bu iki perde kalkacak ve Allah'a cehennem korkusu ya da cennet umuduyla değil, gerçek aşk ile ibadet edenler (samimi olanlar) ortaya çıkacaktır." diyordu.

Ağlamaya başladım. Yorgun bir ıslık alnımı öpüyordu sanki. Kol kola girmiş kandan ırmaklar içimde akıyordu. Yıldızlar dökülüyordu utancından, yırtılıyordu zaman perdesi ve Rabia'nın gözleri geldi, güneş yağdıran gözler. Şems ağladığımı görünce sustu. Ağlamam dinince:

- Kadına ulaşamayan erkeğin hastalığıdır iftira atmak, değil mi?

- Hayır, sadece arzusuna ulaşamayanlar iftira atmazlar. Bu nebilerin, velilerin ve aşk erenlerinin yazgısıdır. Önce deli, sonra huzurumuzu bozan fitnebaz en sonunda da cinsellikle karalarlar. Cinsellik aklı bacak arasında, bacak araları beyinlerinde taşıyanların en çok ilgi duyduğu dedikodudur. Çabuk yayılır ve harcı kolay bir çamurdur.

- Peki Rabia, bu müfterilere karşı ne derdi?

- "Ey insan, bu dünyayı ahiret için sat; ikisini de kazanacaksın. Ahireti dünya için satma ikisini de kaybedeceksin." der.

- Yapa yalnız nasıl mücadele etmiş çiğ insanlarla?

- O dönemde de bazı mollalar kadını küçümsemek illetine tutulmuşlardı. Rabia'yı kıskanıyorlardı. Rabia'nın bir hasır üzerinde yattığı, bir kerpiç parçasını da yastık yaptığı ve on iki senedir canı hurma çektiği halde onu yemediği anlatılmaktadır. O, bu halinden şikâyet etmediği ve bu durumu kendisine Rabbinin layık gördüğünü belirtir. "Bu teslimiyetinle büyüklenirsin, ama kadınlardan hiç peygamber gelmedi ve bütün faziletler erkeklere verildi. "diyen mollara; "İlahlık iddiasında bulunanlar arasında hiçbir kadın yoktur. Bunlar da hep erkeklerden çıkmıştır. " Bakıyorum da Kitabı tersinden okumuşsunuz. Allah katındaki yerimizi şu ayet tayin etmiyor mu: "Allah yanında sizin en üstününüz, ondan en çok korkanınızdır. (Hücurât, 13)

Hacca giderken yolda Rabia'nın merkebi ölür. Bunun üzerine yol arkadaşları ona yardım teklif ederler. Onun da arkadaşlarına cevaben;" ben size güvenerek yola çıkmadım ki; beni yola çıkaran Yaradanım elbette bana yardım eder. "

Rabia da en büyük hakikat kabul ettiği imana, "aşk" ile erişmiştir. Ondaki bu aşk karşılıksız olan "Allah aşkı" dır. Aşkı ile ruhu yaralı insanlara muştu dolu sesi ile ümit ikram ediyordu:' İlahi, sen seni seven kalbi ateşte yakar mısın?

Şems'in karşına oturmuş, bir yandan onu dinlerken diğer yandan gözyaşlarımı siliyordum:

- Rabia'nın son demleri nasıl geçti?

- Rabia hasta idi. Baş ucunda erenlerden birkaç kişi oturuyordu. Hz. Rabia onlara: "Lütfedip biraz dışarı çıkınız. Rabbimden emir geliyor." deyince hepsi dışarı çıkarlar. Bir ses işittiler: "Ey huzura eren nefis, razı olarak rabbine dön! Gir kullarımın arasına gir cennetime." (Fecr, 27-29)

- Şehvet aşkın neresindedir?

- Hiçbir yerinde. Rabia şeytana ders veren yiğit bir kadındı. Şehveti öldürmede mahirdi. Şehvet sadece bir kadın ve erkek mukareneti değildir. Bir şeye aşırı iştiyakta bulunmak, dünya sevgisi de bir şehvettir. Şehvet şeytanın sığındığı tek evdir. Cehennemin ilk ateşi bu evde yanmaya başlar. Kabil'in Habil'i öldürmesi şehvetin ilk cinayetiydi. Bu cinayetler tarih boyunca sürdü. Şeytan şehveti aşk diye fısıldadı kulaklara. Katliamlar başladı. Güya aşk adına. Oysa aşk öldüren süründüren değil dirilten, kulu kendine getirendi.

Hz Yahya'yı niçin öldürdüler biliyor musun? Yahudi'nin biri yeğenine şehvet besler. Amca bu şehvetin adına aşk der. Gider yengesine kızını verirse ona sandık dolusu mücevher ve köşk vereceğini söyler. Anne bu işe razıdır. Yeğen dünden razıdır. Ancak ortada bir sıkıntı var: Ahâli ne der? İnsanların kınaması ölümlerden beterdir onlar için. Amca yeğen evliliğine onay verecek fetva ararlar. Yahya peygambere sorarlar. O, işin iğrençliğini hatırlatır ve istedikleri fetvaya "Haramdır" der. Evlilik yolları kapalıdır. Anne kız servetten, amca şehvetten mahrum kalmanın acısı ile Yahya peygamberden intikam almak için plan yaparlar. Dindar Yahudi zehir getirir, anne yemeği pişirir, kız zehri yemeğe katar. Yahya peygamberin evine yemeği götürüler. Birkaç gün sonra Yahya peygamber ölür. Şehvetin işlettirdiği caniliklerden, fani insanlık hâlâ aklını başına almamaya devam ediyor. Aşka şehvet katarsan ekşir, zehirleşir.

Şems'in benzi sararmıştı. Son zamanlarda çok yorulmuştu. Son üç gündür uykusuz ve oruçlu idi. Akşam iftar sonrası ıhlamurunu getirmeye kalkmıştım. Ocağa giderken: "Allah'ım bana da böyle bir ölümü nasip et" diye dua ettim.

ABİTLİKTEN ZAHİTLİĞE DOĞRU

"Kavuşmanın zevki ile geçen gün, bana Hızır hayatı; ayrılığının derdi ile geçen an, bana Nuh ömrüdür."

Nemli gözlerle sevgili yolunu beklemenin dramı hangi kelimelerle anlatılabilir?

İnsanın dürüstlüğü, aşkı bilmesi yaşaması ile ilgilidir. İnsan, bitki ve hayvan canlı türleridir. Bitki çiçek açmasını meyve vermesi biliyor. Ya insan? Eğer aşkı bilmiyorsa böyle insandan denizin maviliği, bulutun beyazlığı utanır. Aşkı bilmeyen insan dördüncü türe giriyor: Yarı şeytan yarı insan. Bu tür, maddeye ve cinselliğe tapar. İnsan yalnızca beyni ile insan olamaz. Beyin merkepte de ve maymunda da var. İnsan olmak bu kadar ucuzlayabilir mi? Gönlümüz bizi temsil eden en önemli yanımızdır. Biz Bezm-i Elest'te Allah'a beynimizle değil gönlümüzle söz verdik.

Şems'e gece sohbetlerimiz esnasında sormuştum:

- Aşkın bedeli olmalı mıdır?
- Aşkın bedeli sınırsız olmalıdır ve nereye kadar götürüyorsa, oraya kadar gidilmelidir. Hiç kimse kahır yaşamak için aşık olmaz. Kahrın da hoş, lütfun da hoş diyebilmektir aşk. Hak edişin hesabı tutulmaz.

- Zahitlik aşk yolundaki en önemli gıdan olmalıdır, Kimya.
- Bana zahitliği anlatır mısın?
- Zahitler, neye sahipseler sahip olduklarını verip marifet alırlar. "İşte Rableri katından rahmet ve merhamet onlaradır. Doğru yola ulaştırılmış olanlar da işte bunlardır." (Bakara, 157)

Zahitler cömerttir. En iyi alışverişi yapanlardır. Dini iki şeyle çoğaltırlar: cömertlik ve iyi huyluluk. Zenginlik kanatta, selamet yalnızlıkta, dostluk beklentisizlikte ve mutluluk sabretmektedir. Zahit, aşkı ile yetinendir.

- Halk neden kuşkucu?
- Bazıları öylesine kuşkucudur ki hastayım diyenden bunu ölerek kanıtlamasını beklerler. Deliler ülkesinin en akıllı ama başındakilerin de en çılgını. Çoğumuzun asla anlayamayacağı bir iltifat değil mi bu?
- Bazı âlimler neden bu güzel gerçekleri insanlara aktarmıyor?
- Sık yalan söyleyenler, biz diyerek çoğunluk ağzıyla konuşurlar. Yalan ve dolan ile sofu geçinenler aşkın nur saçan kitabını anlayamadılar.
- Babam, sen ve Allah'a âşık âlimler diğer sözde âlim geçinenlerden çok farklısınız.
- Kurtarıcılar sadece kendilerinkini değil, tüm insanlığın vicdanını taşımaya kararlı olanların arasından çıkanlardır.

Batırmak da fıtrattır, kurtarmak da. Her yaratılan fıtratı üzerine yaşar. Ancak fıtratını değiştirmeye çalışan sadece insandır. Ahlak da bir fıtrattır. Tasavvuf bu fıtratı koruyan geliştiren yoldur. Derviş suya düşen akrebi kurtarmak ister, elini uzatınca akrep sokar. Derviş tekrar dener, akrep yine sokar... Bunu görenler dayanamaz dervişe: "İyilik yapmak istediğin halde sana zarar verene daha ne diye yardım edersin." der. Dervişin cevabı mânidardır: "Akrebin fıtratında sokmak var, benim fıtratımda ise yaratılanı sevmek, merhamet etmek; o fıtratının gereğini yapıyor diye ben niye fıtratımı değiştireyim."

HEM RÜZGÂRIMSIN HEM HÂRIM

Gözyaşını mürekkep etmeyen aşkın kimyasıydı.
Gün geldi aşk, "Kimya'sına da kıydı.

Şems ile evleneli neredeyse iki aydan fazla olmuştu. Mutluydum ve içinde bulunduğum huzur, beni her yönüyle sarıp sarmalamıştı. Şems her gün, bana karşı gösterdiği ilgi ile bu dünyada bana cenneti yaşatmaktaydı.

Akşamları baş başa kaldığımızda anlattıkları, beni sanki bir öğrenci olarak görüp, bildiği bütün ilimleri en ince detayına kadar öğretme çabası, beraber geçirdiğimiz akşamların hiç bitmemesi için beni dua ettiriyordu. Bazen babamla sohbetleri uzayınca, onun bir an gecikmesi, beni bir ömürlük hasretle imtihan ediyordu. Kapıdan içeri girdiğindeyse, içeride yanan kandil bile onun ışığından utanıyordu sanki. Bütün bunların ne kadar süreceğini ise bilmiyordum...

Üç gündür sırtıma vuran bir ağrım vardı. Önceleri sabahları ince ince sızlıyordu. Yattığım yataktan olacağını düşünerek, annemdeki içi yün doldurulmuş yataklardan birini istedim.

Biraz daha rahat gibiydi. Fakat sabah uyandığımda yine o ağrı yerli yerinde duruyordu.

Şems, bütün olanların farkındaydı.

"Yatağını neden değiştirdin?" dedi bir gün.

"Eski yatağım, sırtımı ağrıtıyordu. Her sabah aynı ağrıyla uyanmak zor olmaya başlamıştı..."

"Yataktan mı dersin? Şu aralar hamaratlığın üstünde. Bir de bahar havası. Dikkat etmen lazım..."

Haklıydı. Şu günlerde çok yorulur olduğumun ben de farkındaydım. Aslında pek fazla da koşturmuyordum. Yine de terlediğim bir andaki dikkatsizliğim, incinmeme sebep olmuştu anlaşılan...

Cuma günüydü. Ağrılarım şiddetlenmeye başlamıştı. Bazen dayanılmaz oluyordu. İkindi namazından sonra, odamı süpürmeye uğraşırken beni tutsak alan öksürüğüm, her defasında ciğerlerimi yerinden söküyordu sanki. Elimdeki çalı süpürgesini kapının ardına bıraktıktan sonra, testiden bir bardak su doldurup, bir yudum içtim. Ağzımın tadının olmadığından, suyun tadı bir tuhaf gelmişti. Bardağın kenarına baktığımda, ellerim titredi bir an. Kan vardı. Korkmuştum. O an içeriye Şems girdi. Telaşlanmıştı.

"Neyin var Kimya? Bu halin de ne?"

"Bilmiyorum Şems'im. İnan bilmiyorum. Birden bire öksürmeye başladım. Öksürmem hafifleyince, bir yudum su içeyim, dedim. Ağzımdan kan gelmiş..."

"Bu böyle olmaz Kimyam. Bir hekim bulmalı. Bana anlatmıyorsun ama rahatsız olduğunu seziyorum. Sana kaç kere sorduysam, her seferinde bana iyi olduğunu söyleyip durdun.

Ama şimdi gözlerimle gördüm..." diyerek odadan çıktı.

O gelmeden önce, annem ve Fatma Yengem geldiler. Olanları biliyorlardı. Annemin endişesi yüzüne yansıyordu. Önemli bir durumumun olmadığını söyleyerek, onu teşkin etmeye uğraşıyordum ama hiçbir şekilde teskin olacak gibi görünmüyordu.

Bir süre sonra gelen yaşlı hekim, vakit geçirmeden odada sadece annem ve yengemin kalmasını isteyerek, babam, ağabeyim Sultan Veled ve Şems'in odadan çıkmasını istedi.

Hekim temiz bezlerini hazırladıktan sonra, ellerini yıkaması için yengemden su dökmesini istiyordu. Annem ise, yavaşça üzerimdekileri çıkarmaktaydı. Sırtımda ne olduğunu bilmiyordum. Ama annemin,

"Aman Ya Rabbi! Bu nasıl bir şeydir böyle?" demesiyle, durumumun ciddiyetini anlar olmuştum. "Kızım, Kimya'm ne oldu sana?"

Hekim anneme çekilmesini söyleyerek, ardıma oturdu.

"Ne zamandır çekmektesin bu sızıyı?"

"Bir iki gündür. Daha önceleri de ağrıyordu ama ben yattığım yerdendir, havalardandır diyerek önemsememiştim."

"Önemsememiş..." diyerek homurdandı hekim. "El kadar çıban olmuş burası be kızım. Hiç mi merak etmedin?"

Cevap vermemiştim. Aslında verememiştim.

Hekim anneme dönerek,

"Hacamat yapacağız. Önce yaradaki cerahati akıtmak gerek. Buradaki kanın tamamını dışarıya çıkarmak lazım," diyerek, çantasındaki küçük bıçakları temizlemek için matbaha gitti. "Ben bunları kaynatıp gelene kadar, siz de temiz bezler hazırlayın."

Fatma yengem hemen doktorun peşi sıra çıkarak, temiz bezler, havlular getirmeye gitti. Annem tedirgindi. Ben sırtımdaki yarayı görmemiştim, ama annemin gören gözlerine baktığımda yaramın çok kötü olduğunu anlamıştım...

Biraz sonra kapı açılıp, içeri giren hekim ardından gelen yengem sargı yapılacak bezleri getirmiş, ellerini yıkamaya koyulmuştu. Belli ki hekime yardımcı olacaktı.

Sırtımda önce soğuk bir el, hemen ardından da soğuk bir metal hissettim.

"Biraz canın yanacak kızım ama dayanman lazım," diyerek bıçağı yaraya bastırdı... Acıyla karışık bir çığlık yükselmişti odada. İlk kesik çok canımı yakmıştı ama ondan sonraki iki kesik o kadar acımamıştı.

Yaradan akan cerahatin kokusu gerçekten çok kötüydü. O kokuya sahip olan bir illet, benim bedenimde nasıl barınabilmişti? Çürümüş et kokuyordu.

"Biraz pencereyi arala bakalım hanım kızım," diye yengeme seslenen hekim, "Şimdi bu cerahati sağma zamanı Kimya kızım. Bu seni çok rahatlatacak..." dedi.

Hekimin her defasında kestiği yarayı sıkmasıyla yaram rahatlıyordu sanki.

Uzunca bir süre yarayı sağdıktan sonra, hazırladığı merhemi yaranın üzerine sürüp, sıkıca sardı.

"Ben her gün gelip kontrol edeceğim. Sırtüstü yatmayacaksın," diyerek elinde tuttuğu tahtadan kabı anneme uzattı. "Bunu her gün süreceksiniz."

Dışarı çıkarken, bu kez annemi de yanına çağırdı. Odada Fatma yengem ile ikimiz kalmıştık. Dışarıda konuşulanlardan haberimiz yoktu. Korkacak bir durum olmasa hekim, diyeceğini burada da söylerdi kuşkusuz. Ama durumum, korkulmayacak gibi değildi anlaşılan. Ben başıma gelenleri birkaç gün sonra öğrenebilmiştim...

Sırtımın ortasında çıkan çıban, birkaç gün içinde belime kadar yayılmıştı. Bazen tarifi imkânsız acılar çekiyordum. Yüzüm solmuş, günden güne zayıflamaktaydım. Her öksürüğüm ağzıma, ciğerlerimden kan taşıyordu...

ŞEMS'TE ÂLEMLERİ SEYRE DALMAK

Sevgili her an bizimle konuşur, onu duyacak kulak nerede?
Sevgili gece gündüz cemalini göstermekte
ama yüzünü görmeye layık göz nerede?

Gece havuzun kenarına oturdum. Gökyüzü bomboş ve yıkkındı, insanı ne tehdit, ne teselli ediyordu. Değişmiş, ters dönmüş, parçalanmış gökyüzünün sudaki aksine bakarken, artık büyülü bir boşluk değil de, bu boşluğun aksetmiş şeklini görüyordum. Berrak suda görünen taşların parıltılı beyazlığı bana, dipte uyuyan, ya da ölen balıkların karnını hatırlatıyordu. Az sonra elinde bir battaniye ile Şems geldi. Battaniyeyi üşüdüğümü düşünerek üzerime serdi.

- Teşekkür ederim. Üşümemiştim.
- Geceyi ve yıldızları seyretmeyi çok seviyorsun değil mi?
- Evet. Çocukluğumun hatıralarının yıldızlarda saklı olduğunu düşündüğümden olsa gerek yıldızları seyretmek dinlendiriyor ruhumu.
- Havva annemizin de yeryüzünde ilk görüp beğendiği yıldızlardı.
- Cennetten kovulmamızın sebebi değil miydi?

- Biz cennetten kovulmadık ki, insanlar Havva'yı kendi günahlarının müsebbibi sayarak güya kendilerini temize çıkartıyorlar. Tevrat ve İncil'e göre Hz. Havva, kocasını günaha sürükleyen ve insanlığın cennetten çıkarılmasını sağlayan olumsuz bir kişidir. Özellikle de Hristiyanlıkta Meryem'le karşılaştırılır ve günahkâr olduğu vurgulanır. İslamiyet'te ise Hz. Havva, bütün insanlığın annesi olan kutsal bir kadındır ve kaderin bir hükmü gereği Hz. Âdem'le beraber işledikleri bir hatadan dolayı yeryüzüne gönderilmişlerdir. Havva aynı zamanda aşkın mihmandarıdır.

İsimsiz kadındı ilk yaratılan kadın. Âdem'i büyüleyen kadın, karşısındaydı. Tam karşısında. Ona nasıl hitap edeceğini bilmiyordu. Ne diyeceğini de. Şaşkındı Âdem. İsimleri öğrenin Âdem isim arıyordu isimsiz kadına. Öyle bir isim olmalıydı ki içinde ışık, su, renk, koku, buğu, tebessüm ve tatlılık olsun, sevgi ve sadakat sunsun. Dudağından Havva ismi çıktı. İsimsiz kadın ismi sevdi. Âdem'e gülümsedi. Bu gülümseme ilk aşkın ilk temsiliydi. Aşk, gülümseme ile başlayacak, hatayı görmeme ile olgunluğa erecekti. Öyle ya aşk, maşuğun hatasını sevmekti. Yoksa ne hatırı kalırdı sevginin.

"Şu ağaca yaklaşmayın" ilk emir neden yasak taşıyordu. Uyarı niye bu kadar önemliydi. Neydi bu ağacın diğer ağaçlardan farkı, özelliği? Ağaç mı seçkindi, insan mı seçime götürülüyordu? Ağacın dalında meyve olarak sallanan iradeydi. İnada rağmen irade. Şeytana rağmen sınanış.

Âdem secde emrine adi davranan şeytanı tanıdı. Her ne kadar sesini saklasa da şeytan. Âdem'e iltifatlar düzen şeytana kulak asmadı Âdem. Âdem uzaklaştı oradan, şeytan takip etti uzaktan.

Şeytan Âdem'den umudu kesti. Havva'yı yalnız yakaladı. Kulağına bir fısıltı bıraktı. Öyle bir fısıltı ki o gündür bu gündür insanlığı başına bela getiren hastalık bünyeye yerleşecekti. Merak hastalığı.

Ey Havva ağaca yaklaşılmamasının nedenini merak etmiyor musun? O ağaçta bambaşka ne var ki yaklaşılması yasak olsun. Öğrenmek istiyorsan yaklaş ağaca. Korkma yanmazsın.

O gece uyuyamadı Havva. Merak işte. Merak... Merak... Sabah zor oldu.

O gece uyuyamadım. Aklım Havva'nın uykusuzluğundaydı. Kadınların suskun huyu Havva'dan miras kalandı. Âdem mutlular içinde mutluydu. Havva'sını bulmuştu. Ya hâlâ Havvasız kalanlara ne demeliydi? Âdem önce bir çocuk gibi sevindi, sonra da bir koca olarak. Yarımlığı tamamlanmıştı. Yarası kapanmıştı. Yâri gelmişti. Âdem Havva'ya her görüşte ilk kez görür gibi sevdalıydı, her ayrılışta son kez görüyormuşçasına vedalıydı. İlk aşkın sadece tadı vardı tarifi yoktu. Kıskananı yoktu. Henüz şeytan uykudaydı. Henüz aşkı kirletmemişti. Âşıkların hallerinden haberdar değildi.

GÜNAH GÜNAH İLE TAKAS EDİLMEZ

"Her tövbekâr, aslında yorgun bir günahkâr değil midir?"

Gece teheccüd namazını kıldıktan sonra namaz Mushafımı aldım. Okurken bir ayet dikkatimi çekti ve Şems ile tasavvuf yürüyüşlerimiz başlıyordu her zamanki gibi.

"De ki: Ey nefislerine karşı aşırı giden kullarım, Allah'ın rahmetinden umut kesmeyin. Allah bütün günahları bağışlar. Çünkü O, çok bağışlayan, çok esirgeyendir." (Zümer, 53)

- Allah bizlerin bile bile suç işlemesini affedecek mi?

Allah af kapısını açandır. Nedense insanlar bu kapıyı kendilerinin açtığını düşünerek kapatmaya çalışıyorlar. Allah dilediğini affeder. *"Âlemlerin Rabbi Allâh dilemedikçe siz dileyemezsiniz."* (Tekvir, 9) Buradaki Allah'ın dilemesi, kulun dileği hak edecek gayrette olması demektir. Çünkü bizler Allah dilemediği sürece dilemeyi de beceremeyiz.

- Kullar Allah'ın azabını rahmete mi çevirecek?

- Hayır. Allah kullarını sonsuz rahmetinden faydalandıracak. Bak, bununla ilgili bir hikâye anlatacağım.

Sultanın bir tanesi tebdil-i kıyafet ile akşamüzeri sokağa çıkar. Yolu bir meclise düşer. Orada üç dört kişi oturmuş gizli saklı bir iş yaparcasına konuşmaktadırlar. Sultan onların yanlarına yaklaşır.

- Konuşmalarınıza şahit oldum. Bende fakir birisiyim, yapacağınız soyguna bende katılabilir miyim?

- Hepimizin bir marifeti var, mesela bu arkadaş zifiri karanlıkta bir kaplan gibi kaçar. Diğer arkadaş öyle sessiz yürür ki, tüy yanında hafif kalır. Benim öyle bir burnum var ki, bir evde nereye ne saklanmış elimle koymuş gibi bulurum. Peki senin ne marifetin var ki, aramıza katılacaksın?

- Bende başımı bir tarafa sallarsam kelleler uçar diğer tarafa sallarsam canlar bağışlanır.

- O halde aramıza katıl, yalnız ganimetten fazla vermeyiz.

Geceye doğru bir hana girerler. Orada kalanların değerli eşyalarını çalarlar. Daha sonra ganimeti paylaşıp mücevherlerin ve paraların çoğunu kendilerine pay ederler, bizim sultana birkaç dirhem verirler. Sultan, hepsinin ismini ve bulundukları yeri bilmektedir. Ertesi gün muhafızlarını göndererek onları saraya getirtir. Haramiler sultanın huzuruna çıktıklarında ne görsünler! Gece hırsızlığa çıktıkları garip adam, sultanın ta kendisi. "Eyvah gitti kelleler. Biz ne yaptık?" diye düşünürlerken, sultan başını sağa doğru sallar ve şöyle der:

- Maharetimi sormuştunuz. Başımı bir tarafa sallarsam kelleler uçar diğer tarafa sallarsam canlar bağışlanır demiştim de ciddiye almamıştınız. Sağ tarafa salladım kelleleriniz bağışlandı. Diğer tarafa sallasaydım her birinizin kellesi uçacaktı. Affedildiniz.

İşte Kimya'm gördüğün gibi Allah tövbeye kapıyı ardına kadar aralarken, kendilerini Allah'ın imtiyazlı görevlileri gibi tanıtan simsar mollalar, kapının arkasına onu geçip kapatmak için uğraşıyorlar. Varsa yoksa işleri azap, cehennem ve korku salmak yüreklere.

Melun İblis melanette insanları çok güzel kullanıyor. Bu insanlar kendi pisliklerini saklamak için Allah'ı gaddar göstermeye çalışıyorlar. Allah'ın sonsuz merhametini görmezlikten gelmeye çalışıyorlar. Nefislerinin öfkesini, kızgınlıklarını Allah'a mal edip Allah sizi affetmeyecek şöyle yanacaksınız, böyle perişan olacaksınız diyorlar. Peki siz kimsiniz?

Allah korku değil sevgidir. Allah'a sıfatları ile âşık olan yanılır. Esas mesele zatına bakarak âşık olmakta. Sıfatlarına göre seversen, bu karşılıklı sevgi olur. Bir beklenti içerisine girersin. Cennet'i arzulamak da Cehennem'in den kaçınmak ta beklentidir.

- Diyorlar ki; Şems'i hiç şöyle bağıra çağıra dua ederken görmedik.

- Dua ederken yüksek sesle ve topluluk içinde mi etmeliyiz?

- Hayır. Yalnız başına, yürürken, oturarak, yatarken her halde dua et ama sessiz ve içten olsun. "Rabbinize için için yalvararak gizlice dua edin. O, taşkınlık edenleri sevmez" (Araf, 55)

- Duanın gecikmesinde, gerçekleşmesi için ısrar mı etmeliyiz?

- Israrla dilediğin halde duanın gecikmesi seni umutsuzluğa düşürmemelidir. Çünkü Allah duaların kabul olunacağına söz vermiştir. Ancak kabul edeceği dilek senin kendin için beğendiğin değil, O'nun senin için beğeneceği olacaktır. Ve kabul, senin istediğin zaman değil o'nun istediği zaman olacaktır. Kullar her şeyi yeteneklerine bağlamasınlar diye, kimi zaman, ilahî haller birdenbire tecelli eder. Allah sana taat kapısını açtığı halde kabul kapısını açmayabilir. Buna karşılık, işlemeni takdir ettiği bir günah da O'na ulaşmana neden olabilir. Gafil, sabahladığında o gün ne yapacağını, akıllı ise, Allah'ın kendisine ne yaptıracağını düşünür.

- Bir kimsenin amellerine güvenmemesinin belirtisi, bir günah işlediği zaman yalvarışının eksik oluşudur.
- İnsan günahına mı ağlar?
- Elbette hayır.
- Peki niye ağlar?
- Bugün yaptığın yemek cevap versin.
- Anlamadım.
- Bugün ne pişirmiştin?
- Pirinç pilavı
- Bana birkaç tane pirinç danesi ver.
- Şems'in ne yapmak istediğini ve ne anlatmak istediğine bir anlam veremedim. Avucumda birkaç pirinç danesiyle geldim ve avucuna döktüm.
- Hz. Peygamber pirinci kendisine benzetmiş ve "Pirinç bendendir ve bende ondanım" diye buyurmuştur. Böyle demesinin hikmeti şudur: "Bir gün yere düşen bir pirinç danesi Hz. Peygamberin gözyaşından yeşermiş, bitmiş idi. Ağlaması şunun içindi. Ne zaman uykudan uyansa, hangi ayet mübarek gönlüne düşse sürekli şu ayeti okurdu: "Eğer onları cezalandırırsan, şüphe yok ki, onlar senin kullarındır. Onları affedersen üstün kudret ve hikmet sahibi ancak sensin" (Maide, 118) Yine bir gece bu ayeti kerimeyi tekrar edip sabaha kadar hıçkıra hıçkıra ağladı. Mübarek gözünün yaşı hasırı ıslatmıştı. Hasırın arasındaki pirinç bu gözyaşlarından yeşermişti. Her bir pirinç danesi Peygamber Efendimize bu ayeti hatırlatıyordu. Ağlamasını hatırlatıyordu. Peygamber Efendimiz dertlilerin derdine çok düşkündü. Onun derdi, insanlığın günahta boğulmasına mani olmaktı. O nedenle, sahabesini uyarırdı. "Dertliye yetişin. Kimin bir derdi varsa onu dinleyin. Bir kardeşinin ihtiyacını

gidermek için, derdini dinlemek için yürüyen bir kimsenin her bir adımı umre sevabınca sevap alır."

- Peki bana Kâbe'yi anlatır mısın?

- Aslında Kâbe, kıblenin bir sembolüdür; aslında aslolan insandır, Hazret-i İnsan! Kâbenin mahiyeti, insanların müştereken tek Allah inancı etrafında birleşmeleri ve odaklaşmalarıdır. Kur'an-ı Kerim'de: "İnsanlar arasında haccı ilan et ki, gerek yaya olarak, gerekse yorgun argın, nice uzak yoldan develer üzerinde sana gelsinler" buyrulur. (Hac, 27)

Bu Hacc ayeti, Kâbe'ye davet âyetidir. Böyle olduğu halde her şeyin mahiyetini herkesten iyi bilen ve hâkim olan yüce Allah "Kâbe'ye gelsinler" buyurmuyor da "Sana gelsinler" buyuruyor. Hz. Muhammed efendimizi kasd ediyor. Çünkü Kâbe insan içindir, insan kâinatın amacı ve merkezidir."

Hz. Ali'nin: "Ey insanoğlu, sen kendini küçük bir şey mi sanıyorsun? Binlerce âlem sende dürülüdür" sözü insanların kulağına küpe olmalıdır.

- Ey Kimya! Nefsin haccını terk etme. Kalbin haccını ihmal etme ve ruhun haccını geciktirme. Haccın mikatı gönüldür. Haccın say'ı dildir. Haccın ihramı gözdür. Haccın tavafı aşktır.

- Yürekte ziyaret nasıl olmalıdır?

- Cahiller yüreği bir et parçası zannederler. Oysa yürek her aşığın sofu bir dindar gibi ziyaret etmesi şart olan kutsal bir hac olan uğrağı, sevgilinin kendi taçlandırdığı bir tapınağıdır, insanlar her zaman bedene âşık olurlar ancak bunun farkında değillerdir. Beden, bazıları için ruhların basamağıdır; bazıları içinse insanın en sadık, en hoyratça kullandığı kölesidir. Günah işlendiğinde utanan beden değil, ruhtur.

"Böylece Allah, senin hem geçmişte hem de gelecekteki bütün hatalarına karşı bağışlayıcılığını gösterecek ve (böylece) bütün nimetlerini sana verecek ve seni dosdoğru bir yola sevk edecektir. Ve Allah sana güçlü yardım elini uzatacaktır. (...... 48, 2-3).

Yürekten "Allah" demek her şeyi değiştirir. Bir gün seyahatim sırasında çölde bir siyahî ile karşılaştım. Onun itaatkar tavrı dikkatimi çekmişti. Arada, benzinin beyazlığını fark ettim. Yanına yaklaştım. Diz çökmüş dua ediyordu. "Allah" dedikçe yüzünün süt beyaz olduğunu gördüm.

- Örtünme tevekkül işi midir, tedebbür işi mi?

- Örtünmek iki çeşittir: Biri günahtan örtünmek, diğeri günahta örtünmek. Avam, halk nazarında derecelerinin düşmesinden korkarak, günahta örtünmek isterler. Seçkinler ise Hakk'ın nazarından düşmekten korkarak, günahtan örtünmek isterler. Tefekkür de iki çeşittir: tasdik ve iman tefekkürü, görme ve bilme tefekkürü. Birincisi aşk ehli, ikincisi basiret ehli olanlar içindir. Nefsini örtmeyen tevekkül ve tedebbür terbiyesinden geçmeyen bütün bedenini örtse ne olur, örtmese ne olur. Günahlardan örtünmeyenin tenini örtmesi, toprağın ruhunu değil vücudunu öpmesidir. Toprağın altında bize ruh gerek.

RUHU BEDEN ZİNDANINDAN ÇIKARMAK: İLAHİ AŞK

*"Aşk konağının yolcularıyız,
yokluk sınırından varlık ülkesine kadar bunca yolu,
hep aşka ulaşmak için aşmışız."*

- Beşerî aşktan ilahî aşka gidilir mi?
- İnsan beşerîden ruhanîye, ruhanîden ilahîye geçebilir: bu kabiliyet ezelden onun fıtratına yerleştirilmiştir. Herhangi bir şeyi seven kimse istese de istemese de, farkında olsa da olmasa da netice itibariyle Allah'ı sevmiş olur, der. Bundan dolayı beşerî aşkta insanların yekdiğerine duydukları sevgi sonuçta Allah'a döner. Âşığa düşen ve sevgisinin kıymetini arttıran şey, insanın Allah'ı sırf Allah olduğu için şuurlu bir şekilde sevmesi, sevenin sevgilisinde fâni olması, aşkın, âşıkın, ma'şukun bir olduğunu idrak etmesidir.

Aşk ister mecazi olsun, ister hakiki olsun, nihayet insanı Hakk'a ulaştırır. Eğer kul mecazdan hakikate gidemiyor da mecazi güzelliklere takılıp kalıyorsa bu, gerçek nur olan ay dururken, ayın kuyudaki misaline âşık olmuştur. Ancak bu sevgi zamanla gerçek nuru bulmaya vesile olursa güzeldir.

Bu yüzdendir ki halk, gerçek güzeli bırakmışlar da hayale şehvetlenmişlerdir, sonunda pişman olmuşlardır.

Beşerî aşkı, hor görmek bir yana onu teşvik etmek lazım. "Nitekim Kuran'ı anlamak için önce alfabeyi öğrenmek gerekir. Bir mürid, bir pîre gitmiş, ilahî muhabbet yolunda onu kurtarıcı kabul etmiş. Bunun üzerine o aşk yolunun mürşidi ona *"Eğer âşık değilsen var git birine âşık ol ondan sonra bize gel"* demiş.

Varlığa bakarken veya severken Allah hesabına bakmalı; onu Hakk'ı anlatan harflerden birisi olarak görmeli ve sevmeliyiz. Eğer Hak'tan koparmaya kalkarsak, yani onu o olduğu için seversek Hakkı gösterirken kıymetli bir inciyken kömürlük mertebesine indirmiş oluruz.

İnsan mecazi aşktan ilahî aşka geçebilir, çünkü hakiki aşk, mecaza düşeni kendisine doğru çeker.

"Sadakatin bir ölçüsü de meşakkate evet demektir"

Aşk, ilahî aşk çizgisindeki bir seven için araçtır. Gaye ise Allah'a aşk ile kavuşmaktır. Fâni bir sevgili ile yaşanan aşk ise amaçtır. Sevgili kazanılınca heyecan kaybolur, kaybedilince nefret başlar.

Dünyadaki güzeller birer ayet, gönüller de onu okuyan çocuklardır. Dolayısıyla her sanem, yani mecazi güzel, Hakk'ın güzellik mushafında bir ayettir.

"Gerçek şu ki, biz emanetleri göklere, yere ve dağlara sunduk da onlar bunu yüklenmekten kaçındılar ve ondan korkuya kapıldılar; onu insan yüklendi. Çünkü o, çok cahildir." (Ahzâb, 72) "Bu ifadeyle anlatılmak istenen Allâh'ın durup ' Ey dağ ve gökyüzü! Siz ister misiniz bu emaneti?' demesi ve onların da ' hayır!' demeleri, sonra bu emaneti insanın yüklenmesi değildir. Tersine dağlar ve denizler, yaratıcılık, duyarlılık ve var olandan fazla bir ihtiyaca sahip değildirler. Onlar ne muhtaç olduklarını,

ne ıstırap sahibi olduklarını ve ne de yaratabileceklerini hissederler. İnsandır yüklenen. Ne sebeple? Hissedebilen, seçebilen ve yaratabilen bir yeti sebebiyle.

- Bu yetilerin arasında kelimelerin yeri var mı?

- Kelimeler, seni istediğin şeyi aramaya teşvik etmeleri açısından yararlıdırlar, ancak aradığını kelimelerle bulamazsın. Eğer bulabilseydin, bu kader ve nefs mücadelesine gerek kalmazdı. Gayb aleminden gelen her ne olursa olsun, eğer rabbin dilerse, bu birkaç kelimeyi yararlı kılar, onlar gönlüne kök salar ve bu sana güç verir. Şayet Rabbin dilemezse, yüz binlerce kelime konuşulur ve hiç biri gönlüne kök salmaz, hepsi gelir geçer ve unutulup gider.

- Aşkın evveli ve zahiri ne zaman üflendi?

- "Kaf ve nun" ile yani "ol" emriyle varlığın yaratılmasının sebebi aşktır. Bu aşk olmasaydı, varlık da olmazdı. Hatta ol emri verilmezden evvel, yani daha varlık yokken aşkın binası dimdik ayaktaydı. Aşk, ezelde haktan ayrı da değildi: Dünyada ahirette yokken aşk vardı.

Elest bezminde Allah'ın " *Ben sizin Rabbiniz değil miyim ?*" diye seslenmesine karşılık kulların "Evet" diye cevap vermesi, Allah ile kul arasındaki ilk muhabbet ve bir tür "misak", yani antlaşmadır. Hatta buna bir aşk sözleşmesi de diyebiliriz.

- Beşerî aşk güzellikten başka bir güzelliğe, suretten Hakk nazarına geçiştir. Doğru mu anlamışım?

- Evet dosdoğru anlamışsın. Güzellik öyle bir hazinedir ki aşk kapısını sadece gerçek âşıklar açabilirler. Yusuf'taki nuru sade Hz. Yakup'la Züleyha görebildi. Kardeşleri ya da kervandakiler bu nuru göremedi ve anlayamadı. Onlara göre Hz. Yusuf, sadece Yusuf'tu ve bir çocuktu. "Hak âşıklarına, nereye dönerseniz dönün orada onun yüzü, onun güzelliği vardır dendi. Susamış olur da bir bardak su içerseniz, suyun içinde de Hakk görürsünüz.

Fakat Hakaşığı olmayan kişi, suyun içinde kendi suretini görür. Ay nasıl suya akseder de suda görünürse, Hak âşıkları da güzellerin yüzlerinde Hakk'ın güzelliğini görürler. " Züleyha da Yusuf'un yüzündeki güzelliği görmüştü, ancak Yakup'tan farklı olarak Züleyha henüz bu güzelliğin kaynağını bilememişti. Züleyha'da Yusuf'un kardeşlerine nazaran başka bir güzellik vardı ki Yusuf'un yüzündeki güzelliği görebildi. Nitekim daha sonra bu güzellik kemal buldu ve güzelliğin kaynağını keşfetti.

"Siz Rabbinize mehtaba bakar gibi, bakıp seyre dalacaksınız." (Hz. Muhammed)

- İlahî aşk yolunda kamil mürşit bulmamız gerekli mi Şems'im?

Mürşit, arayış içerisinde olana, doğruyu en güzel ve en tatmin edercesine göstermektir. Sufi, anlatılanı bir kuşun diğer kuşun ağzındakine bakar gibi dinler. Eğer anlatılanın özünden faydalanmayı öğrenmemişse sözün derinliğindeki mesajı alamaz. Gözü yemde, ekmek parçasında kalır da matlubu fark edemez. Bu hususu anlatan hoş bir hikâye vardır:

Bir gün dervişin birisi camiye gider. Hoca efendi vaaz vermektedir. Konu gelip muhtaç olanlara kim yardım ederse Allah ta o yardım edene on misliyle karşılığını öder" diye bahseder ve şu ayeti okur. *"Kim bir iyilik yaparsa biz ona on katını veririz."* (Enam, 160)

Derviş vaazdan etkilenir ve cami çıkışında yardım isteyen bir dilenciye cebindeki beş altını verir. Ona göre Allah, kendisine elli altın borçludur. Derviş akşama kadar dolaşır. Dinlediği vaazın hikmetini arar. Bu sırada karnı acıkmıştır. Cebinde parası kalmamıştır. Bir elma ağacı görür. Ağaca çıkayım da bari karnımı elma ile doyurayım diye düşünür. Ağaca çıkıp bir elmayı dalından tam koparacakken elinde büyük bir ekmek ile gelip ağacın altına oturan birisini görür. Olup biteni seyretmeye başlar. Ağacın altındaki adam ekmeğin ucunu biraz bölüp ;

- Eee ben seni yemez miyim ey Ebu Bekir! Sen halifelikte Ali'nin hakkını yedin der ve ekmek parçasını yer. Sonra ekmeğin bir parçasını daha koparır.

- Şimdi de seni yemez miyim ey Ömer! Senin de kabahatin var. Ali'yi savunmadın. Der ve bir lokma daha yutar. Ekmekten bir parça daha koparır.

- Ah Ali! Ah! Hakkını aramadın ortalık karıştı. Senin de suçun var. Söyle bakayım ben seni nasıl yemem! Der ve o lokmayı da yer. Ekmeğin yarısı bitmiştir. Ekmekten bir parça daha koparır.

- Ey Muhammed! Seni de nasıl yemem? Hayatta iken halifeyi işaret etseydin de ümmetin kafası karışmasaydı der ve lokmayı yer. Ekmekten son büyük bir parça kalır.

- Ey Allah'ım! Şimdi ben seni yemez miyim? Dedikten sonra daha cümlesi bitmemiştir ki ağacın üstündeki bizim derviş yüksek sesle bağırarak:

- Hey!.. Dur bakalım orda!.. O'nu yemene müsaade etmem. Çünkü benim O'ndan elli altın alacağım var, der.

Duyduğu ses karşısında korkup irkilen adam bayılır ve oraya yığılır. Derviş ağaçtan iner ve adamı kontrol eder. Bakar ki adam korkudan çatlamış ve ölmüş. Adamın üzerini arar ve yeleğinin sağ cebinden elli altın çıkar.

VE ESRÂRIN PERDESİ ARALANIYOR

Acının arkasındaki hazza ulaşmak istiyorsan,
hazzın arkasındaki acıya da parmak basmalısın.
Deryaya yol bulmaya imkânın varken,
ne diye bir çiğ tanesinin peşinde koşmaktasın?

Şems, babamla halvetten çıktıktan sonra babamın kulağına bir şey fısıldamıştı. Biz görmüştük. Duyamamıştık. Aylar sonra ne fısıldadığını, o sırrın ne olduğunu öğrenmek için Şems'i zorladım.

- O sırrı söyle. O, söylememek için bu kadar şey söylediğiniz kelime nedir?
- Çok zor bir kelimedir.
- Olsun, şimdi de mi zor?
- Evet, hala zor ve şu anda daha da zorlaşmış bulunuyor.
- İstirham ederim, ne olur söyle!
- Çok zor. Bir anda insanın bütün varlığı söz konusu, sanki söyleyecek olursam değişeceğim, başka bir şey olacak. Tahammülü zordur, omuzlarıma aniden büyük bir sorumlu-

luk ve dağ gibi ağır bir yük binecek. Bu sözün tahammülü işitene değil söyleyene zordur.

- Söyle, olsun. Söylemedikçe seni bırakmam. Şuraya, tam karşına oturuyorum. Gözlerimi dudaklarına bırakıyorum, söyleyinceye kadar bekliyorum. Söyle! Yalvarırım.
- Sessizlik.
- Sessizlik.
- Sessizlik.

Ne olduğunu anlamamıştım. Şems gözlerini kapatmış arka arkaya "Sessizlik" deyip durmuştu. Sonra gözlerini açıp sözlerine devam etti:

- Sırrı hala merak ediyorsun değil mi?
- Evet.
- İman ve aşk'ı bilirsen sırra yaklaşırsın. İman ve aşk'a ermek için de aşksız iman nedir, imansız aşk nedir anlaman gerek.
- Bana aşksız imanı ve imansız aşkı anlat öyleyse.
- Aşksız iman, başkalarına esir olmaktır. Yani şirke götürür. İmansız aşk ise kendine esir olmaktır. Yani kibre götürür. Beşeri aşk dedikleri imansız aşktır. Ruha akmaz, işte bu yüzden ruhsuz cesetler sokaklarda çoktur. İlahî aşk yolunda, imanlı aşk, aşklı iman gerek. Bu aşk kavuşmakla sona ermez, esas aşk kavuşunca başlar. Aşksız iman, kör bir bağnazlıktır. İmansız aşk bağnaz bir körlüktür. İlahî aşk ise mekan ve zaman hududu olmadan gönül gözü ile âlemden âleme yolculuktur. Hallaç diyor ki; Aşksızlar Tillo'nun sokağını bilmeden biz âlemlerde geziyorduk. İşin esasında Tillo'da sadece bir tane sokak vardır ucu belli, sonu belli.

Aslında "fenafillah" da "fenafilhalk" demektir. Yani halkta yok olmak, halkın arasına karışmak. Saraylara, kâşânelere, zengin sofralara oturmamak halkla beraber olmak anlamındadır.

Tasavvuf ehli, ehli tasarruf haline gelmeye başladı. Mollalar kendi göbeklerini şişirmekle meşgul. Benim bütün derdim insanları Kur'an'da yaşayan hale getirmek ve Kur'an'ı ölü kitap yapmaya çalışanlarla mücadele etmektir.

- Hâlâ bekliyorum. Sırrı söylemeye inat ediyorsun ama ben senden inatçıyımdır bilesin. Şems güldü ve:
- Sessizlik.
- Sessizlik.
- Sessizlik.
- Sır sessizlikte mi Şems?
- Söyledim de sen işitmedin.

Odayı ağır bir sessizlik kapladı. Nefes almak zor. İkimizde birbirinden saklanmak istiyor gibi kıvranıyorduk. Şems oturduğu minderden kalktı. Bir an tereddüt etti, ne yapacağını bilemiyordu. Kapıya yöneldi. Tam çıkacakken geriye doğru döndü, gözleri ocağa ilişti, daldı, daldı, daldı, çıkarken şunları mırıldandı:" O, bize şunları söylüyor ama kulaklarımız gaflet pamuğu ile tıkalı olduğu için duyamıyoruz: «*Ey insanlar, ben sizi sizsiz isterim.*"

Şems gelene kadar dergâhtaki hiç kimse semâyı bilmiyordu. Babamın avluda semâ yaptığını ilk kez görenler gibi ben de şaşırmıştım. Semâyı seyretmek hoşuma da gitmişti. Evlendikten sonra Şems'e Semânın manasını ve niçin yapıldığını sordum:

- Semâ nedir ve âşıklar niye semâ eder?
- Semâ bir zikirdir. Beden, gönül ve ruh, üçü bu zikre katılır. Baban semâ ederken bedenin hareketlerini dikkatle inceledin mi?
- Peki, bir el havada diğer el avuç halinde yere doğru dönük olmalı mıdır?

- Hz. Peygamber Efendimiz bir Hira mağarasında ilk vahyi aldığında bir de Mirâca çıktığında semâ etmişti. İki kolunu yana açmıştı. Semâ ilahî aşkın taşkınlığında Allah'a iki kulaç (iki yay) yaklaşmak demektir. Kollar bunun için açılır. Necm suresi 9. Ayette: "Aralarında iki kulaç mesafesi kalıncaya kadar, hatta daha da yakınına" buyrulmuştur. Hz. Peygamber Miraç'a yükselirken Sidretü'l Münteha'da durdu ve buradan öteye geçemeyeceğini bildirdi. Yolculuğa Resulullah tek başına devam etti. Allah'ın öyle yakınına geldi ki aralarında iki kulaç mesafe kaldı. İşte semâda ki iki kulaç budur. Semâ eden âşık şunu ifade etmektedir. "Rabbim, senin aşkınla yandım, sana kavuşmayı özledim ve iki kulaç yakınına kadar geliyorum. Nur yolumu aç, rehberim ol."

- Kollarının açılmasından başka bir şey dikkatini çekmedi mi?

- Ayak ve bacaklarının hiç yıkılmadan hızlıca dönmesi de tuhafıma gitti.

- Sol ayağı yere sabitken, sağ bacağını kaldırıp, diğer bacağının hizasında bükerek yere koyması Lam eliftir.

- Semâda Lam elif neyi anlatır?

- Lam elif: "Lâ ilâhe illallah" demektir.

- Peki dönmesi?

Kainat dönüyor, gezegenler dönüyor, mevsimler dönüyor. Doğum ölüme; ölüm doğuma dönüyor; gece gündüze, gündüz geceye dönüyor; ağaç kâğıda, kâğıt ateşe ateş küle, kül toprağa dönüyor. Kainat, bu dönüşün ilahi kudret karşısındaki tesbihatını yapıyor. *"Doğu da Allah'ındır batı da; yüzünü nereye çevirirseniz Allah'ın yüzü ordadır."* (Bakara, 115)

- Hz. Peygamberimiz mi Miraç'ı diledi?

- Hz. Peygamber, Allah'ın nezdinde o kadar ağladı ve dedi ki: "Ey Rabbim, senin kelimelerin, vahiy ayetleri kalbime yetmiyor, beni bir bineğe bindir yanına götür, göster! Ben kelimeler perdesinin arkasında görüşme hasretiyle ölüyorum. Bir anlık görüşme!"

- İşte Miraç böyle doğdu. Hz. Peygamber, Miraç'tan birçok hediyeyle döndü. Bu hediyelerden birisi de semâdır. Semâ, aşkın bir makamından diğer makamına kanat çırpmaktır.

- Semâ öncesi abdest almak için dervişler abdesthaneye giriyorlar, neden?

- Bir kimse zahiren abdest almakla bedenini temizlemiş olur. Halbuki günahlardan korunmak ve temizlenmek için lâzım olan su, ibadet ve hayır işlemektir. Kalbin ve nefsin pisliklerini ve fena ahlâklarını gidermek için lâzım olan su ise, Allah'ın ahlâkıyla ahlaklanmaktır. Bir de sırrın abdesti vardır ki, bunun suyu da mâsivâyı yani sana dünya olan bağları terk etmektir. İşte, insanın abdesti böyle olmayınca yani aşk ve muhabbet çeşmesinde yıkanıp dört tekbiri bir etmeyince, hakiki olarak semâ yapılmış olmaz.

- Ben semâ edebilir miyim?

- İman ve aşk semâya cevazdır.

Semâ etmeye başladım. Ayağım yerden kesildi. Gökler, tabakalar ve işte yeşil nur! Eflatun nur, beyaz nur, masmavi nur... Huzura erişmenin işareti. Kanadım yanıyor. Ne kadar gerçek, ne kadar destansı bir manzara. Göklere uçuyorum. Cesedimi bu dünya insanlarının arasına bırakarak. Dünya bitmiş, artık bir ben varım, mavi kapılar açılıyor. Denizler bir katre oluyor. Bir iman kelebeği oluyorum o an. İlahî aşkın varisiyim. Mihraptayım. Duadayım. Kollarım iki kulaç, semâdayım. Bedenim imanıma eşlik ediyor "Lâ ilâhe İllallah" niyazındayım.

"Biz mest olmuşuz; başımız dönmede, başkalarının yaptıkları işlerle bizim ilgimiz yok. Dünya alt üst olsa, yakılsa, yıkılsa umurumuzda değil. Yeter ki senin aşkını kaybetmeyelim. Yeter ki senin aşkın ebedî olsun!"

İçimizde senin aşkın el çırpmada, *yüzlerce başka âlemler yaratmada, göklerden de dışarıda,* ötelerde yepyeni yüzlerce asırlar meydana gelmede. "

Ezan sesiyle uyanıyor, abdest alıyor, namaz kılıyor ve Kur'an okumaya çalışıyorum. Kendimi yorgun ve tükenmiş hissediyorum. Ev, dalga dalga yankılanan insan sesleriyle olağan üstü gürültülü. Dışarıdaki kar ve yağmurdan oluşan buzlu karışımın sesi penceremde yankılanıyor. Bir taraftan da hücremin sıcak ve güvenli bir havası var.

Sükûneti severim. İçe dönme ve dış dünyayı bir süre için geride bırakma fikri benim en güçlü eğilimlerinden biridir. Ben tabuları yıkacak biri değilim.

- Zikir sadece dil ile mi yapılır Şems?

- Allah'ı sadece insanlar anar, sadece lisanlar mı anar sanırsın Kimya? Allah'ı zikretmenin töreni yoktur. Zikir dudak işi değil yürek işidir ve o yürekte aşk varsa bu, insan, taş, hayvan fark etmez.

"Yedi kat gök, yer ve bunlarda bulunan herkes, O'nu tesbîh eder. O'nu hamd ile tesbîh etmeyen hiçbir varlık yoktur. Ne var ki siz, onların tesbîhini anlamazsınız. O, ilim sahibidir, bağışlayıcıdır. " (İsrâ, 44)

- Cennet ve cehennem hem dünyada hem de öteki âlemde midir?

- Cehennemi dünyada iken bırakana ahirette cehennem yoktur.

- Peki, cennet ve cehennemin imtihanı yok mudur?

- Elbette vardır Kimya. Onların imtihanı da ateşledir.

Cennet ve cehennemdeki insanların imtihanı ateşle idi, peki onların ki neden yine ateşle?

- Dinle! Kıyamet koptu. Kıyamet sonrası: Telaş, sıkıntı, kaygı, endişe, korku, heyecan, panik... Hepsi bir arada... İnsanlar sırayla tüm peygamberlerin yamacına sığınıp medet umuyor.

Hz. Âdem'in gözleri dumanlı, endişe içinde. «*Ben işlediğim hatanın hesabını nasıl vereceğimi düşünüyorum, size bir faydam dokunmaz, varın gidin yolunuza*" diyor. Hz. İbrahim hakeza, Musa, İsa, Davut ve diğerleri. Hepsi Peygamberliğin bile kalkanından emin değil. Zor mesele. Cennetin kapısının önünde insanlar yığılmış bekleşiyorlar. Neyi? Bir muştu, daha olmazsa bir haber...

Ses yok, kapı duvar, endişe üstüne endişe... Son ümit Hz. Muhammed'e sığınış... Nasıl kırsın, merhametin kalbi...

Cennetin kapısının tokmağını tıklatıyor, kapı hafiften aralanıyor. Herkeste bir heyecan... Kapıdakinin kim olduğu anlaşılınca Rabbi Sevgilisi'ne girmesi için izin veriyor. Derdi cennete girmek olsa yalnız, kolay, kapı açılmış, yolun sonu... Oysa O'nun kalbi başka bir sarsıntıda, ümmeti bağışlanacak, onlarla birlikte cennete girecek ki ruhu huzura kavuşsun. «*Git*" diyor Sevgilisi'ne Rabbi; "*Git ve ateşin elinden istediğini kurtar*" Üç defa toplayabildiği kadarını toplayıp getiriyor cennete Sevgili, şefaati derya deniz... Sonra Allah şefaat edecek kullarına da izin veriyor, gidip ateşin elinden sevdiklerini kurtarsınlar diye. Kimi sevdiğimiz kadar kimin tarafından sevildiğimiz de ne kadar da hayati bir değer taşıyor bu noktada. Bu arada ne kadar zaman geçiyor, bilinmez, meçhul... En son mü›min kalıyor cehennemde, onu da Rabbi gidip alıyor.

Müthiş bir sevinç var âdemoğlunda, «*Buradan çıkayım da başka bir şey istemem Ya Rabbi*", diyor. Ve ekliyor hatta "*Senin izzetin hakkı için*" Kapıdan çıktıklarında bir ağaç gölgeliği görüyor, "*Altında otursam, başka bir şey istemem*" diyor. E hani bir şey istemeyecektin daha... Ona da "*Peki*" diyor Rabbi. Sonra cennetin kapısını görüyor,

"O kapıya kadar Ya Rabbi?..." E hani... Sonra "İçeriyi görebilsem Ya Rabbi, izzetin hakkı için başka bir şey istemeyeceğim." Allah biliyor kulunu ya, yine soruyor "E hani... " Cennete de sokuyor kulunu. İçeride her yer dolu «Ben nerede mesken tutacağım Ya Rabbi?"

Görüntü değişiyor, güzelce bir köşk ve alabildiğine bahçe... Hadi diyor *"Benim izzetim hakkı için"* yaşa şimdi cennetimde... Ve zemzem nehri akıyor tepeden tırnağa yıkanıyor inananlar. Gözyaşı kaynak oluyor gözyaşına.

Aşk-ı muhabbet'ten maksat Peygamberimiz öyle mi?

- Aşk-ı Muhabbet demek Muhabbet-i Muhammed'dir. Bütün nebiler ve veliler onun aşk mihrini taşıdılar. Kimi alnında, kimi göğsünde kimisi de dudaklarında. Hz. Âdem bedenî babamız, Hz. Muhammed ise ruhanî babamızdır. " Muhammedun el beşerun leyse kel beşer velâkin yakûtun beyne'l hacer. . " "Muhammed, bir insandır ama insan gibi değil, O, taşlar arasında ki yakut gibidir. "

Anlattıkları ile içim öyle ferahlamıştı ki susadığımın farkında bile değildim. Şems susadığımı sezmiş ve elinde bir kâse su ile bana doğru geldi.

- Zemzem nedir biliyor musun?

- Cennet suyu. Ama kaynağın kaynağı nedir bilemiyorum.

- Zemzemin kaynağı akan gözyaşına İlahî merhametin busesinin düşmesidir. Asıl bir kadının akıttığı gözyaşlarının bereketlenmesidir. Zemzem bir kadının şefkatinin suya dönüşmesidir. İsyansız bir kadının aşkına, bulutların hayranlığıdır. Zemzem âşık bir kadının kalbinin şıpırtılarıdır. Nefis ağlar. Kalp ağlar. Ruh ağlar. Ruhun ağlaması aşktan, nefsin ağlaması acizliktendir. Hz. Hacer çölde su ararken İsmail'ine aşk ile öyle ağladı, öyle gözyaşları döktü ki akan yaşlar kuma düştükçe çoğaldı. O nedenle oraya "Gözyaşı Vadisi" denildi. Gözyaşları bereketlenip suya dönüştü: Zemzem. Kim Allah aşkı ile bir damla aşkın gözyaşlarını dökerse bilsin ki o her damla zemzemdir.

- Şems sen günlerce konuşsan ben yine de doymam. Ancak sana da kıyamıyorum. Halsiz ve uykusuzsun göz kapakların kapanmak istiyor. Bu gece son bir sualim olacak.

- Mevlâna ailesi ile sohbet etmek beni yormaz, buyur sorabilirsin.

- İnsanlar başına musibet gelince beddua ediyor veya kadere suç yüklüyor. Başımıza bir musibet geldiğinde nasıl davranmalı ve ne demeliyiz?

- Bir musibet geldiği zaman "İnna lillah ve inna ileyhi raciun" de. Sadece ölümle ilgili değil bu ayeti kerime. Mallardan, çocuklardan, önceden var olup da sonradan eksilen her şey musibettir. Ayağına çöp batsa, başına taş düşse "O'ndan geldik, O'na yürüyoruz." de. Ne gelmişse Rabbim 'den başım gözüm üzerine, kahrı da hoş lütfu da hoş demelisin.

Şems'imi iyi ki beklemişim. İyi ki gelmiş. O, ölü ve ölgün hayatın zebunluğundan beni huzur ve sükûn iklimine götürendi. Artık, hiçbir zevkin, hiçbir güzelliğin, hiçbir varlığın ve iltifatın cevap veremediği bu yatışmaz yürek, babam Mevlâna›nın terbiyelerinde, kabiliyetlerini yüze vurmuş, kendi kendini kazanmıştım, içimde yine de bir eksiklik vardı tamamlanması gereken bir eksiklik, adını koyamadığım, hissettiğim ama dillendiremediğim. Tâ ki Şems›in gelişi ile yavaş yavaş kendini tarif eden eksiklik. Hayatım eskiden bir hayaldi. Cesedim, zararlı mikroplarla hasta idi. Şimdi kurtları ayıklanmış bir ağaç gibi vücudum zinde, hayat veren, ruhum doygun ve feyizli o saadet hissinin membaından içmiş ve artık ebediyen içebilecek kadar da genişlemişti.

Artık niçin dünyaya gelmiş olduğumu bilmekteyim. Güzelliği, iyiliği, doğruluğu açık açık görmekte, gayelerim şuurlanmaktadır. Bu doygunluğu, bu coşkuyu Şems›e borçluyum.

HAK NURUNUN HİKMETLİ KADINLARI

Hak ederek biriktirdiğin hüzünleri terk edenlere vermemelisin. Sen bile kendini gıyaben tanırken dar zamanlara koskoca sevdalar sığdıramazsın. Susmasını bil! Korkma! Susmak, yaranı unutmak için kaçtığın bir mağara değildir. Sustuğun kadar sevdalısı.

Şems akşam namazını cemaatle kıldıktan sonra odamıza geldi birlikte yemek yedikten sonra bende bir sabırsızlık olduğunu fark etti.

- Hayırdır bu akşam gözlerinde parıltılar var?
- Şems'im bana bu akşam muhabbet hikâyesi ikram etmeyecek misin?
- Şems o güneş gözleriyle tebessüm ederek;
- Hay hay. Gönlüm gözün üzerine Tabiun'dan Ebu Said anlatıyor:

"Bir gün yârenlerle oturuyorduk. Ağaçlar arasında güzel bir kadın ile muhabbet eden birisini gördük. O kadına; "Ey maşukum! Sen ne buyurdun da ben onu yapmadım" diyordu. Kadın; "Ne dilersem yapar mıydın?", Adam; "Elbette" diye karşılık verdi. Kadın ona; "Canını istesem" dedi. Adam; "Eteğini çimlere yay, başımı üzerine koyayım, eteğin diğer ucuyla başımı kapat" dedi. Kadın söylenileni yaparak eteğini çimlere serdi. Adam başını eteğine koydu ve: "Uç canım" dedi. Yüzünü örttü ve bir daha hareket etmedi. Bir müddet sonra kadın o kimsenin yüzünü açıp baktı. Yüzünü yüzüne sürüp çok ağladı, sonra da gitti. Biz yârenler ağacın altına varıp gördük ki, adam canını teslim etmiş. Orada ah ettik, "Bir kimse ki, bir kadını sevip canını verse, Maşuk-i Hakîkî'yi sevenin hali nice olur" dedik.

- Kadınlar senden çekindikleri halde sen kadınlara hürmet ediyorsun.

- Arif kişinin kadına hürmeti, Allah'a muhabbetidir. Hz. Peygamber "kadınlar, aşk ve gönül sahibi erkeklere hükmeder" buyurmuştur. Akıllı ve ince ruhlu bir erkek kadınlara karşı daima anlayışlı ve şefkatli olur, onlara sertlikle muameleden çekinir, onları kırmak ve incitmek istemez. Buna mukabil cahil ve aşksız erkekler kadınları ezerler, onlara karşı sert ve kaba olurlar. Çünkü cahil ve aşksız erkeğin tabiatında hayvanlık ağır basar. Aşk ve ruh inceliği âşık insanlara mahsus sıfatlardır. Kabalık ve şehvet ise, hayvanların sıfatıdır. Kadın, Allah'ın yeryüzündeki nurudur. Hz. Peygamber'e "Neden Hatice'yi bu kadar seviyorsun?" diye sorduklarında; "Benim gönlümdeki hüznü vakum gibi çekerdi, içimi bir ferahlık kaplardı. " Buyurmuştur. Kadınlık çok büyük bir mertebedir. Ancak her kadın bu mertebeyi bilmeyebilir.

- Bunun için ne yapmak gerekiyor Şems?

- Züleyha'yı anladınsa sorunun cevabı Züleyha'da vardır. Züleyha'nın Yusuf'a son sözü neydi biliyor musun? "Ey Yusuf! Beni anlamak, beni duymak için ayrılık acısı çekmiş, gönlü yaralanmış içli bir insan isterim ki, acılarımı, dertlerimi ona yürek yürek vereyim. Ben acılardan geçmişim. Seni sevmişim. Acıları bal eylemişim. Meğerse ben Rabbimi sevmekteymişim."

- Ben, beni Şems'e sorsam Şems ne der benim için?
- Çirkinlik nedir düşünmeyen genç kızdır Kimya. Mekke'nin ceylanı sanki, haramdır onu avlamak. Sözlerinin yumuşaklığı gösterir akıl ve sadakatini. Ve kötülüklerden korur onu şecaatli imanı.
- Şimdiye kadar niçin evlenmedin?
- Rabia'ya sorarlar neden evlenmiyorsun? O der ki, "İmanımı ruhumla Allah'a emanet edecek miyim? Kıyamet günü kurtuluş beratımı alacak mıyım? Sırat köprüsünü geçecek miyim? Böyle müşkilleri olan birine " gelin neşesi" olup eş olabilir mi?" Benim dünyalıkla işim yok ki dünya evinde işim olsun Kimya.
- Şeytana düşmanlık tutar mısın?
- Allah'ı severim fakat şeytana düşmanlık tutmam. Çünkü ilahî aşk gönlümü öyle kaplamıştır ki onda şeytana düşmanlık duyacak yer kalmamıştır.

Kadınlar, efendi aşk peşinde değiller, köle bir aşk da istemiyorlar. Aradıkları saygı duyulan ama sahiplenilmek olmayan aşk, sevdiği kadar sevilen bir aşk. İstedikleri sadece anlaşılmak. Bulmak ve paylaşmak istedikleri saf aşk. Aşkın o saf duruluğunu. Kadının derdi aşk ile hemhal olmak.

Bu ne güzel derttir. Öyle bir derdin olmalı ki bin dermana değişmeyesin. Peki bu güzel dert nedir? "Ey Rabbim! Senin sonsuz birlik okyanusuna dalmama izin ver!"

- Kadınlar huzur ve anlayış istemekle çok mu şey istiyorlar? Bir insanın hayatının anlamını bulmasından daha tabii ne olabilir ki.
- Kadın sevilendir, hem de ölesiye sevilendir. Kadının aşktan anladığı şeyle erkeğinki çok farklıdır. Çünkü kadınlar bütün benlikleriyle âşık olurlar. Ayrıca bir erkeğin âşık olduğu kadına karşı duyduğu özlem, arzu ve aşırı istek başka bir

insan veya meta için bu dereceye yükselmez. Mesela bir erkek annesini, babasını, kız kardeşini veya bir dostunu ne kadar severse sevsin bu sevgi hiçbir zaman aşktaki sevgiyle aynı olamaz.

Kadın, Hak nurudur, sevgili değil... Birçok özelliğiyle Hakka daha yakındır, Allah'ın bazı isim ve sıfatları ona daha fazla yansımıştır.

- Kadınlar erkeklerden daha mı duygusal sence?
- Duygunun cinsiyeti olmaz ama kadınların mayasından çoğalır duygular. Allah'ın Rahim ismini kadınların doğurganlık kapısına vermesindeki hikmette budur.

Şems:

- Sana hikmetli bir bilgi vereyim mi Kimya?
- Hay hay.
- Allah, aşk'ın sırrını ilk kez kime bildirdi biliyor musun? Hz. Havva'ya.
- Bilmiyordum, ne hikmet dolusun.
- İlahî aşkın hazinesinin nerede olduğunu ilk olarak Hz. Meryem'e söyledi. Görüyorsun ya kadınlar ilahî aşk yolunda erkeklerden daha öncelikli ve özel, diye gülümsedi
- Kadın erkeğin kaburga kemiğinden mi yaratılmıştır?

Ayeti tercüme edenler hata yapmıştır. "minha" kelimesi Arapçada "ondan", "huy, tabiat" manası taşır. Doğrusu; "Allah, sizi bir tek nefisten yaratan ve kendisi ile huzur bulsun diye eşini de ondan var edendir.." (Araf, 189) kadın ve erkek tek bir mayadan ve ortak bir tabiatla yaratılmıştır." Evet, Rabbiniz bir can yarattı. O bir candan eşini de yarattı." (Nisa,1) Buradaki "nefscan" kelimesi aynı zamanda huy-tabiat manası taşır. Kaburga, kemik hani nerede?

Peygamberimiz, "Kadın bir kaburga kemiği gibidir. Kadın bir kaburga kemiğinden, bir eğri kaburga kemiğinden yaratıldı, onu doğrultmaya kalkarsan kırarsın, kırılması da boşanmasıdır." buyurmuştur. Burada eğri kaburga kemiği, erkekle kadın arasındaki tabiat uyumsuzluğuna ve kadınların erkekleştirilmeye kalkışılması, onları kırıp atmak demek olduğuna dair uyarıyı içeren bir misaldir. (o nefisten) kaydı ile erkeğin kadından önce yaratıldığını anlatırken aynı zamanda "eşini" ifadesiyle de kadının yaratılışının, erkeği yalnızlıktan kurtaran büyük bir aşk nimeti olduğunu ve bu nimetin kötüye kullanılmamasının ve şükrünün yerine getirilmesinin gerekli olduğunu da bildirir.

- Filozoflar her zaman kadının tabiatını aşağılama temayülündedirler. Bu inanış filozofların kuruntusudur. Allah, kadına en büyük değeri verir. O da dünyada hiçbir insana nasip olmayan "Kâbe-i Kabir"dir.

- Nasıl yani?

- Hz. İbrahim Kâbe'yi yaptırmış ama kabri burada değildir. Hz. Muhammed Kâbe'yi putlardan temizlemiş ama kabri orada değildir. Tüm insanlık tarihinde sadece tek bir insan bu şerefe nail olmuştur. Bu bir kadın, bir köle: Hacer annemiz. Allah, bir tek insanı özel evinde, Kâbe'de defnedilmesi için seçmiştir. Bütün hacılar bu kabri tavaf ederler. Bu, kadının makamının yüceltilmesidir. Bu din, kadınları böyle özgür kılıyor. Peygamberimiz kızı Fatma'nın yüzünü ve iki elini öpmeden dışarı çıkmazdı.

- Kadından Mürşit olur mu?

- Kulluğun, cinsiyeti olur mu? Mürşidliğin niye cinsiyeti olsun. Mürşit olmak, veli olmak, sufi olmak için cinsiyet değil, samimiyet şartı aranır.

- Geçmişleri günahlarla dolu olsa da mı?

- Velilerin ve mürşitlerin hemen hemen hepsinin geçmişi günah doludur. Kul vardır, ömrünün ortasına kadar günahla uğraşır, ama ışığı sönmemiştir. Helali, haramı geçmemiştir. Sancısı hayatını değiştirir. Başka bir kul vardır. Hiç günah işlememekle övünür, kibirlenir, diğer insanları küçümser, ayıplar, hidayetten delalete düşer. İçindeki aşkı geliştirmek ya da köreltmek. Bütün mesele bu.

- Aşk perdesini yırtmak mı gerek?
- Aşkı aşk yapan içindeki ızdıraptır ve derttir. Aşk, öyle bir ızdıraptır ki hikayesi müşkül, şarabı ciğer kanı, aczi karıncadan beter, ekmeği kanlı, perdesi ateş, derdinin zerresi kâinata bedel. Ancak her insan bu derde düşmelidir. Çünkü insan; aşkı olmayan hayvandır, düsturu gereği önce hayvandan ayırır. Sonra da, Hakkı yansıtabilmek için kesafet şarttır, düsturu gereği melekten ayırır. İnsan derdiyle hayvandan aşağı düşmekten kurtulurken, meleklerden yükseğe çıkma şansını elde eder.

Aşka perdeleri yakan bir dert gerek. Gâh can perdesini yırtmalı, gah dikip perde altında gizlemeli. Aşkın bir zerresi bütün âlemden iyidir, derdin bir zerresi bütün âşıklardan iyi. Daima kâinatın içidir, ama dertsiz aşk, tam aşk değildir. Meleklerde aşk vardır, dert yok, dert adamdan başka bir mahlûkta bulunmaz.

Hz Musa, Rabbine " Seni nerede bulurum diye sorar. Allah " Aşkımdan dolayı hüzünlenen kalplerde" diye cevap verir. Aynı şekilde Hüdhüd, Simurg'a ne götürelim? sorusuna şöyle cevap verir:

- Ey soran, beni dinlersen oraya, orada olmayan bir şey götürmelisin. Orada bilgi de var, sırlar da; hele meleklerin ibadeti pek çok. Sen bir hayli can yanışıyla gönül derdi götür. Çünkü orada hiç kimse bunlardan nişan veremez. Dertle bir ah çektin mi bu ah, yanık ciğerinin kokusunu tâ Allah katına kadar götürür.

- Şems ile aşk hususunda konuşurken söz geldi dolaştı aşkımın dilsizliğini dillendirmeye. Söyleyemediklerimi, içimde biriktirdiklerimi harf harf okumuş idi. O tatlı sesiyle yüzüme karşı yüreğimi dillendirmeye başladı:

- Kimya, bugüne kadar gizli açık bana karşı ne hissettiysen bunun adı beşerî aşktır. Sen ölmeyene âşık ol. Beni gördün, gördüğüne âşık ol. Oysa beşerî aşk yüz gözüdür. Gönül gözü ölümlüye değil ölmeyene agâh olur. Bak sana bir hikâye anlatayım; Padişahın biri adamlarıyla birlikte ava çıkar. Yolda bir cariye görür. Ona aşık olur ve onu satın alır. Derken cariye hastalanır. Her taraftan tabipler gelir, ilaçlar tertip olunur. Ancak fayda vermez. Kadının hastalığı günden güne ilerler ve daha da kötüye gider. Padişah bu duruma üzülür. Memleketin birinde ehil bir tabibin olduğu duyulur, çağrılır. Gelen tabip hastayı inceden inceye muayene eder. Anlaşılan odur ki, hastalık vücutta değil gönüldedir. Tabip, cariyeye birçok soru sorar. Sonunda anlaşılır ki, cariye Buhara'da bulunan bir kuyumcuya sırılsıklam âşıktır. Padişah kuyumcuyu bulur saraya getirtir. Cariyeyi boşar kuyumcuyla evlendirir. Bizim cariye muradına erince iyileşir. Artık etrafa gülücükler saçan mutlu bir kadındır. Derken kuyumcu zehirlenir. Zehirin etkisiyle günden güne erimeye başlar. O yakışıklı güzel yüz gitmiştir. Beli çökmüştür. Kuyumcunun eski halinden eser kalmayınca cariyenin ona olan aşkı da sönüp kaybolur.

- Dış görünüşe bağlı olan aşklar gerçek aşk değil mi Şems?

- Ölümlülerin aşkında ölümsüzlük aranmaz. Böylesine bir aşk tende başlar ve tende biter. Gerçek ve kalıcı olan aşk candadır, gönüldedir. Her an tazedir, her an canlıdır. Bu aşk Allah aşkıdır. Hayy sıfatıyla ölümsüz olan Allah'ın aşkına yönel ki, aşkın sürekli ve sonsuz kalsın. Bu aşk cana can katan şarabın sakisidir. Bütün peygamberler, O'nun aşkı ile bulundukları mertebeye erdiler. Bütün veliler O mertebeye kanat vurdular. Şimdi sen de tercihini yap Kimya!

Şems'in anlattığı bu hikâyede, aradığım gerçeğin yol haritasını bulmuştum. Sonsuzluğun anahtarının "İlahî aşk" olduğuna yürekten iman etmiştim. Benim tercihim zaten böylesi bir aşktan yanaydı. Duygularım, düşüncelerim hep bu yönde gelişmişti. Şems'e âşıklığım ilahî aşkın aslına ermek için bir menzildi. O, benim mürşidimdi. O, benim rüzgârımın ateşiydi.

Şems gecelerini, Kur'an okumak, namaz kılmak ve derin tefekkürle geçirirdi. Gece birkaç saat, bazen de gündüzleri öğle vakti biraz uyurdu. Neden az uyuduğunu sorduğumda "Biz âleme uyumaya değil uyandırmaya geldik" derdi.

- Şems ben veli olabilir miyim?
- Bunu ben değil Allah bilir.
- Kadından veli olmaz diyorlar.
- Bu sözü ancak şeytana uşaklık eden kullanır.
- Yani ben de veli olabilirim öyle mi?
- Veli "Allah dostu" olduğuna göre, kendi dostunun kim olduğunu en iyi Allah bilir. O şöyle buyuruyor; " İyi bilin ki Allah'ın velileri üzerinde ne bir korku olur ne de üzüntüler. Onlar inanmış olan ve takva sahibi kimselerdir." (Yunus, 62-63)
- Takva sahipleri kimlerdir?
- Her Müslüman'ın kolayca tanımına girecekleri takvayı Bakara'da ki ayetler açıklıyor: "Onlar içten inanan, namazını tam kılan, kendisine verdiğimiz rızktan hayır yapandır."
- Müminler Allah'ın velisidir, Allah da Müminlerin velisidir. Dostluğun dereceleri vardır. Bu iman, ibadet ve ihsan makamları halindedir.

VARLIĞIMIN ÖRGÜSÜ LİF LİF ÇÖZÜLÜYOR

"Çilesi çok..." demeden, sevdalandım sevdana.
İnsanlar karanlıkta doğuyor, karanlıkta ölüyor.
Ölüyorum Şems, bari son bir kez ışığını süz gönül aynama.
Aç yüreğini, Aç da ne kadar aşk mağduru varsa girsin güneş ülkene.
Aç yüreğini Şems!"

İkindidir. Güzdür. Güller yaprak dökmektedir. Hava kurşuni siyahlığı gökten sökmektedir. Dostlar, yârenler, çelebiler kurmuş bağdaş derin bir sohbetin içindedirler. Önce taş zemine bir un çuvalının pat diye düşmesi gibi beklenmedik bir ses. Sonra Kerra Hatun ve birkaç kadının çığlığı:

- Yetişin kızım bayılıp yere düştü!...

Önce Şems fırladı yerinden sonra Mevlâna. Koştu Sultan Veled, çırpındı Hüsamettin Çelebi ve diğerleri. Avluda meraklı bakışlar birike dursun. Can havliyle kucakladı Kimya'sını Şems. Hızlı adımlarla odaya götürürken bir yandan da avazı çıktığı kadar bağırıyordu:

- Ekmeleddin Hekimi bulun, çabuk gelsin. Kimya'nın ağzından akan kanlar kolundan bileğine kadar sızmıştı da kanın ılıklığından bile haberi olmadan "Kimya! Kimya! Ne oldu sana?" diye yürüyordu.

Kimya hastaydı...

Kimya'sı hastaydı...

Koca bir ömrü ilahî aşkın peşinde koşturmuş bu adamın içi şimdi karısı, beşeri aşkın vücut bulmuş hâli Kimya'sı için karalar kesiyordu.

Bir illetti ki bu, dermanına ulaşmak derdini çekmekten daha zordu. Sanki acıyı Kimya çekmiyor, her anıyla kendi bedeninde yaşıyordu. Yekvücut çekilen bu amansız acıların sebebi yaralar, Kimya'nın bedeninde çıksa da içten içe onu eritip, bitiriyordu.

Hekimlerin her gün getirdikleri, başka başka merhemler faydasız kalıyor, dilindeki duaların hepsinde Kimya oluyordu.

Kimseye anlatamadığı ya da kendi korkusuz ikliminde, düşünmekten ziyade anlatmaya bile içinin korkuyla titrediği zamanları yaşayacağını çok iyi biliyordu. Başka zamanlarda herkesi, hatta gönüldaşı, can yoldaşı Mevlâna'yı bile acımadan kesebilen söğüt yaprağı hançer misali dili, bu günlerde kör bir kasap bıçağını andırır olmuştu. Yaşlı bedenine çöken huzursuzluk, bazen ıssız çöl gecelerinin alabildiğine soğuk ve sessiz havasını andırıyor, bazen uzaklarda bir volkanın patlaması gibi etrafını yakıyordu.

Hava zifiri bir karanlığa hapsolmuştu sanki. Bir geceydi ki, gözün göze zamanla yabancılaşacağı, ananın kuzusunu bile seçmekte acze düşeceği, ancak aç kurtların yollarını bulacağı ve siyah gözlü ceylanların bunlara zavallıca av olacağı keskin, korkutan ve acıtan bir karanlıktı. Uçsuz bucaksız semanın ötelerinde bir yerlerde ay vardı. Dolunaydı. Sanki o bile böylesi karanlık bir gecede parlamaktan bile imtina eder olmuştu. Sanki kara bulutların ardına saklanmış, kendi halinde Kimya'ya ağlamaktaydı. Sanki bütün yıldızlar, ayın çağrısına uymuş ışıklarını bu gece söndürmüşlerdi.

Gece, acıtan bir karanlığa kesmişti.

Can yoldaşı Mevlâna'sıyla bile doğru düzgün konuşamamıştı. Anlatılanları dinleyememiş, dinlenecekleri anlatamamıştı. Aslında Mevlâna'nın hali de tıpkı gece gibiydi. O yüzden pek fazla konuşamadan, anlatamadan, dinleyemeden kalkmıştı yanından. Bitkin ve solgun bir halde çıkmıştı can yoldaşının yanından, canparesine gitmek için...

Odanın önünde dikildi bir süre Şems. Başını kaldırıp göğe baktı. Feracesinden da kara olan semayı izledi. Bulutlar, Kâbe tarafından esen rüzgârlarla aksi yöne hareket ediyordu. Ama ay kendini göstermemeye direniyordu. Kapıya doğru birkaç adım attı. Kapının önündeki taşa oturup, siyah feracesinin sarkan uçlarını kucağına topladı. Dirseklerini, dizlerine dayayıp dosdoğru önündeki toprak zemine bakıyordu.

Bir süre öylece hareketsiz-donuk bir halde oturduktan sonra eğilip, eline bir avuç toprak aldı. Sıktığı avucunu açtı. Avucundaki toprağın bir kısmı, esen rüzgârla uçarken derin bir nefes aldı.

Nereden geldilerse, işte oraya gideceklerdi. Avucunda tuttuğu toprak, yıllar sonra kendi bedeni olacaktı.

Kimya?

Kimya da...

Toprakla dolu olan avucunu ağır ağır aşağı çevirdi. Dökülen ve dökülürken de rüzgârla uçuşan zerreciklere baktı. İşte, koca evrende şimdi o kadar bile değildi.

Evin tahta kapısının gıcırtısıyla başını o yöne çevirdi. Canparesinin derdine derman arayan kadınlar evden çıkıyorlardı.

Yavaşça ayağa kalktı, kendine doğru gelen kadınlara doğru birkaç adım attı.

Siyah gözlerini en öndeki kadına dikti. Kadının ne sormak istediğini o, ağzını açmadan anlamış gibi, başını öne eğdi.

Anlamıştı Şems...

Hiçbir şey söylemeden, ağır adımlarla eve doğru yürüdü. İçeri girdi.

Kimya'nın yattığı odaya girdiğinde, yüreğini saran sıkıntının burayı adeta en küçük noktasına kadar kapladığını anlamıştı. Yavaşça uyumakta olan Kimya'nın yanına diz çöktü.

Genç kadın, bedenini saran yaraların verdiği acıdan bitap düşmüştü. Hekimlerin verdiği ilaçlar az da olsa onu rahatlatmış olacaktı ki, uyku halindeydi. Kesik kesik nefes alıyordu.

Şems, kenarda duran bezle, Kimya'nın alnında biriken ter damlalarını kuruladıktan sonra bezi avucunun içinde sıkmaya başladı.

"Seni ne kadar geç bulmuştum hâlbuki..." dedi. "Bu kadar erken nasıl bırakırım?"

Boğazında bir daralma hissediyordu. Sanki bir el, gırtlağının içine bir taş sokmuştu ve o taş her yutkunmada daha da büyüyordu. Böyle bir şeyi daha önce hiç yaşamadığını fark etti.

Gözlerini dikmiş, diz çöktüğü yerden, Kimya'nın başucundan, Kimya'yı seyrediyordu.

İlk gördüğü zamanı hatırladı. Gencecik bir tazenin, yaşlı bir adama nasıl eş olacağını düşündüğü zamanlar aklına geldi. Dili fesat yayanlara inat, Kimya ona sadık bir eş, kayıtsız şartsız bağlı bir kadın olmuştu.

Şimdi konuşulanları bilmiyor muydu, sanki? Konya'nın ettiği laflar kulağına çalınmıyor muydu?

"Onu bu hale Şems getirdi!"

"Onun gözlerindeki ateşe dayanamadı yavrucak!"

"O gözlerle zavallı bir imamın dilini boğazında düğümlemedi mi?"

"Mevlâna'mızı aldığı yetmezmiş gibi, şimdi de üvey kızını, Kimya'yı bu duruma sokmadı mı?"

"Ya yakında Mevlâna'mız da böyle bir illete tutulursa, Şems yüzünden!"

Duyuyordu, biliyordu...

Umursamıyordu...

Nefes aldığı her an, Kimya'sı için Rabbine dualar ediyordu. Her canlı şüphesiz ölümü tadacaktı.

Ellerine baktı. Yaşlıydı, kurumuştu, çatlamıştı. Bu ellerle ne çok ölüyü, toprağa vermişti. Babasını, annesini, dostlarını, tanıdıklarını ve tanımadıklarını...

Kimya?

Kimya'yı da mı?

Kimya çok gençti ve Kimya, aşktı.

Siyah gözleri ne çok hastalık ve ölüm görmüştü. Birinde bile, tek damla yaş akmamıştı onlardan. Bir ailesi vardı zamanında ve gidişlerinde arkalarından tek damla ağlamamıştı. Kalbi taştan da değildi ne olsa. Gidenler, Hakk'a doğru yol almışlardı. Gerçek aşkın sahibine gitmişlerdi.

Siyah gözlerinin kenarından bir damla süzüldü. Demek ki ağlamak böyle bir şeydi. Süzülen ılık damla, gür sakalının arasında kayboldu. Sonra bir damla daha aynı yere doğru, gözlerinden süzülüp aşağıya gitti.

Bir damla daha...

Bir damla daha...

Şems ağlıyordu. Hareketsiz, diz çökmüş, gözleri Kimya'sına bakarak, sessiz sessiz, için için ağlıyordu. Akan her damlada boğazında düğümlenen yumru giderek küçülüyordu.

Birden odanın içi aydınlandı. Ay saklandığı bulutların ardından ak yüzünü gösteriyordu. Ayın saf ışığı Kimya'nın yüzünü aydınlattı. Yüzüne çalan ayışığının etkisiyle gözleri aralandı genç kadının. Başucunda diz çöken Şems'i gördü.

"Şems'im," diye fısıldadı. "Ağlıyorsun..."

Cevapların ustası Şems'in aklındakileri söylemeye, dili cesaret edemedi.

Ve Şems'in gözlerinden iki damla yaş düştü, Kimya'nın yastığının üzerine.

Kimya yastığa damlayan ıslaklığa doğru başını çevirip gözyaşlarını öptü:

-Ağlama Şems'im ağlama. Öleceğime değil sana doyamadığıma yanıyorum. Ağlama Şems! Ağlama. Gözyaşlarını içesim gelir. Ağlama!

Ay yeniden gitmişti. Bulutlar, yeryüzüne yağmuru taşıyordu. Sağanak halindeki damlalar Konya'yı ıslatıyordu. Şems ile Kimya'nın gözyaşları, birbirine karışıyordu.

Aşkın gözyaşları sağanak olmuştu...

DÜNYADAN BOŞANMADIKÇA ŞEMS ANLAŞILMAZ

İnsanları anlamakta zorlandığım anlar olmuyor değil. Rabbim iyilik ve güzellikleri bedava sunarken insan gidip çirkin ve kötülüğü şeytandan satın alıyor, üstelik ruhunu satarak. Ey kaybettiğin için üzülen! Onu geri verdim desene!

Hastalığından sonra Kimya konuşmayı unutmuş gibi elleri ile sohbet ediyordu. Küçük çıban daha da büyüyordu. Sırtındaki yaralar bedenine yayılıyordu. Santim santim çürüyordu Kimya. İncecik bedeni solmuş, kuru bir dala dönmüştü. Bedeni kim bilir kaç kez ölümü yanına çağırmıştı. Bedeni değil ama bir şey ölmüştü onda, ölümü öldürenin emrine girmek...

Hastalığının ilk günü hemen yatağa uzanıp yorgan altına sığınacağını bekleyenler yanıldılar. Pencerenin kenarına oturdu, Kur'an okuyordu. Okudukça yüzüne çocukluğu yansıyordu. Ne bir acı var ne bir telaş. Sadece tatlı bir çocuksuluk. Gözlerinde bir teslimiyet, dünyayı boş vermişlik, derin suskunluk. Tuhaf bir teslimiyetin içerisinde vakur oturan bir kadın.

Hani ölünce ölümden korkulmaz onunla dalga geçilirdi ya, tıpkı onun gibi. Ölüme kafa tutar gibi. Ölümü içer gibi.

Ölümden oynaya oynaya geçer gibi. O çoktan ölmüştü, ölüm ona ne yapabilirdi? O solup giderken Mevlâna ailesi de onunla beraber solup çöküyordu.

O, başka âlemlerin penceresini aralamış güzellikleri seyrediyordu. Bu dünyanın bütün pencerelerini kendine kapatmıştı. Onun baktığı pencereden görünen Şems'ti. O pencereden sevda rüzgârlarını içine çekiyordu.

Odanın içinden bir ses gelmesi için neler vermedi ki dışarıdakiler. Onu oradan bir kişi çıkarabilirdi, Şems.

Şems odaya girip Kimya'yı kucağına alıp çıkardı. Taş döşeli avludan dergâhın arkasındaki kıvrım yollardan döne döne ıhlamur ağacının altına götürdü. Kimya'nın en sevdiği ağacın altında oturdular. Sırtındaki feraceyi çıkartıp omzuna serdi. Minik elleri avucuna alıp ısıtmaya çalışıyordu. İkisi de sus pus oturuyorlardı, sırtını ağaca yaslayarak yasa hazırlarken dergâh kadınları Kimya yeniden göz önünde baharı yaşamanın sevincindeydi. Şems'i ile el ele olmak bin bahara bedeldi. Ihlamur ağacının yaprakları çoktan dökülmüştü. Çıplak kalan dallara daldı bir süre. Yaprakların akıbetini merak etti. Dudaklarına tuhaf bir gülümseme yayıldı. Şems:

- Neden gülümsedin?
- Dünya ağaçtı ben yaprak, ağaç yaprağı dökümüne yaklaşıyor ya, sevincim bu yüzden. Bir hasretliğimi bitiriyor gibiyim.
- Ölümü bile güzelleştiriyorsun. Mevlâna kızı.
- Biraz yürüyelim mi?
- Halsizsin. Dayanabilir misin?
- Evet. Elimi tut. Hiç bırakma olur mu?

Birlikte havuzun başına geldiler. İlk kez karşı karşıya gelip konuştukları ilk görüştükleri yerin hatırası çok değerliydi Kimya için. Eğilip ellerini suya daldırdı. Birkaç damla gözyaşı aktı suya. Su mu ağladı Kimya mı, bilen olmaz.

Akşamın alaca karanlığına kadar Şems ile gezip durdu. Akşam olurken odasına gelip yerleşti. Oldukları yere çöküp beraberce gökyüzünü seyrettiler. Havada bir matem rengi hâkimdi. Güneşsiz gökyüzü ne kadar da buruktu. Konuşmaya gerek duymadılar. Kimya, Şems'in elini hiç bırakmıyor birbirlerine gözleriyle bir şeyler anlatıyorlardı.

Kimya'nın gözleri Şems'in gözlerine özlemle bakıyordu. Dudağından birkaç tılsımlı kelime dökülecek gibi oldu. Şems parmaklarını onun dudaklarına götürüp susturdu. Birbirlerinin gözlerine baktılar.

Aşkın bir sırrı yoktu, başlangıcı belki belliydi ama ya sonu, işte onu hiç kimse bilemez. Dünyanın bir kuralı olan "Birlikte olmayı" tatmamışlardı. (Yaşamamışlardı) onlar zaten yaşadıklarına bir isim koyamamışlardı.

Kimya'nın ağrı ve acıları gittikçe artmaktadır. Artık göz kapakları direnememektedir. Sayıklamalar... Sancılar... Şems'in elinde bir kâse su, dudağında dualar vardır. Şehadet parmağını kâseye batırıp çıkarır ve Kimya'nın alnına dokundurur. Diğer avucunda küçük bir kâğıt. Kâğıtta "Hatm-i Nübüvvet mührü" çizilidir. Kâğıdı Kimya'nın göğsünün üzerine koyar. Dinmiştir sancılar... Silinmiştir acılar... Kimya'nın yüzünü nur kaplar.

Canlılar bir şey bilmez. Korkmadan, ya da hiç olmazsa dehşete kapılmadan bir insanın nasıl ölebileceğini bana siz öğrettiniz ölüler.

Hokka ile kalemi ve yazmakta oldukları şeyleri tanıklığa çağırıyorum;

Yanıltıcı akşam karanlığı, gece ve gecenin canlandırdığı her şeyi tanıklığa çağırıyorum;

Ayın on dördü ile şafak vaktini tanıklığa çağırıyorum;

Kıyamet gününü ve kendi kendini kınayan ruhu tanıklığa çağırıyorum;

Her insanın daima zararda olduğuna dair

Her şeyin başlangıcı ve sonu olan zamanı tanıklığa çağırıyorum.

Hastalığımın ilerleyen dönemlerinde ağrılarım ve acılarım artıyordu. O günlerde Şems beni yalnız bırakmamaya çalışıyordu. Abdest almama yardım ediyor, yatağımın ön tarafına geçiyor o imam oluyor bende yatağımda oturur vaziyette ona uyup namaz kılıyordum. Öğle namazını bu şekilde kıldıktan sonra Şems namaz selamını verirken nefesi gül koktu. Tebessüm ettim. Tebessümümün nedenini sordu:

- Gülmen hoşuma gitti, hayırdır?
- Soluğun gül gibi koktu. Mutlu oldum güldüm.
- Anlaşıldı senin canın gül istiyor.
- Evet. Benim için gül getirir misin?
- Şems odadan çıktı saatler geçti dönmedi. Beni bir merak sardı. Akşama doğru geldi. Elinde gülde yoktu ama beyaz bir mendil vardı. Sordum:
- Galiba gül getirmeyi unuttun. Canın sağolsun, ama seni çok merak ettim.
- Hayır unutmadım. Bilakis bahçeleri dolaştım. Hangi gülü koparmaya yaklaştıysam her gülün "Allah, Allah" diye zikrettiğini duydum. Koparmaya kıyamadım. Bekledim saatlerce ve tekrar gülü koparmaya yanaştım. Hâlâ Allah'ı zikretmeye devam ediyorlardı. Gecikmemin nedeni de buydu. Toprağın üzerine diz çöktüm ve şöyle dua ettim. "Yâ Rabbi, seni zikreden gülleri nasıl koparayım. Benim gülüm

Kimya Hatun da gül ister benden. Ona boş gitmeyeyim bir hediye gönder Rabbim. " Gözümü açtığımda dizimin üstünde bu beyaz mendil vardı. Güller kokan bu mendil, onu getirdim.

- Beni öyle mutlu ettin ki, çok teşekkür ederim.
- Bu mendili sakın yıkama!
- Neden?
- Hz. Peygamber, Enes b. Malik'e teni ve terini sildiği havluyu hediye etmişti. Gül kokuyordu havlu. Üstelik cennet gülleri kokuyordu. Enes, bu havlu kirlendikçe onu yıkamıyor, ocaktaki ateşe atıyordu. Havlu hiç yanmadan tertemiz çıkıyordu ve o gül kokusu ilk günkü gibi taze kokuyordu.
- Gül kokulu Kimya'm, koku vardır âşığı maşuğuna götürür, koku vardır canını alacak cellâdını yanına çağırtır.
- Cellâdını yanına çağırtan kokuyu anlamadım.
- Kıssadan hisse al o zaman. Bu kıssa Resulullah'ın hayatındandır. Resulullah Mekke'de İslamı, tebliğ için sokak sokak, kapı kapı dolaşırken Ebu Leheb'in oğlu Utbe onu arkasından takip ediyor, ona hakaretler, küfürler savuruyor bunlar da yetmezmiş gibi köpek taklidi yaparak Peygamberimize doğru havlıyordu. Resulullah ona döndü ve şöyle dedi: "Seni Allah'ın aslanlarına havale ediyorum" Utbe akşam bütün bu olup bitenleri babasına anlattığında babası ona: "Keşke böyle yapmasaydın, senin sonun bir aslanın pençesinden olacak. Ah oğlum! Ne yaptın sen böyle" dedi. O günden sonra Ebu Leheb oğlu Utbe'yi yanında korumasız olarak hiçbir yere göndermedi. Aradan birkaç hafta sonra Utbe ticaret için Kufe'ye gitti. Geceledikleri yerde köpeklerin havlama sesleri geldi. Ebu Leheb tedbir olarak oğlunu adamlarının yattığı odada yatırdı. Odanın ortasında ki yatakta Utbe, Utbe'nin yatağının sağında üç adam ve sol tarafında ise üç adam yatırarak kendice onu korumaya almıştı. Gecenin ilerleyen saatlerinde odadaki-

ler uyurken odaya bir aslan girdi. Odada yatanları tek tek kokladı. Utbe'yi kokusundan tanıdı o uyurken boynuna bir pençe attı. Sabah uyandıklarında bütün adamlar ve Ebu Leheb şaşkındı. O kadar adamın içerisinde aslan Utbe'yi kokusundan bilmişti.

Gece zifiriliği ile yeryüzünü örte dursun. Yatağında Şems'ini sayıklaya dursun Kimya... Şems baygın yatan Kimya'nın dudağından kan sızdığını görür. Parmağı ile akan kanı siler. Kimya'nın küçük sandığında mendil almak için açtığında ucu hafif yanmış kağıtları görür, safran sarısı bir ince iple bağlanıp dürülmüş kağıtların üzerinde yazan: «Adresini bulmamış mektuplar"ı görür. Açar, okumaya başlar. İlk satırda Şems'in gözleri buğulanmaya başlamıştır bile.

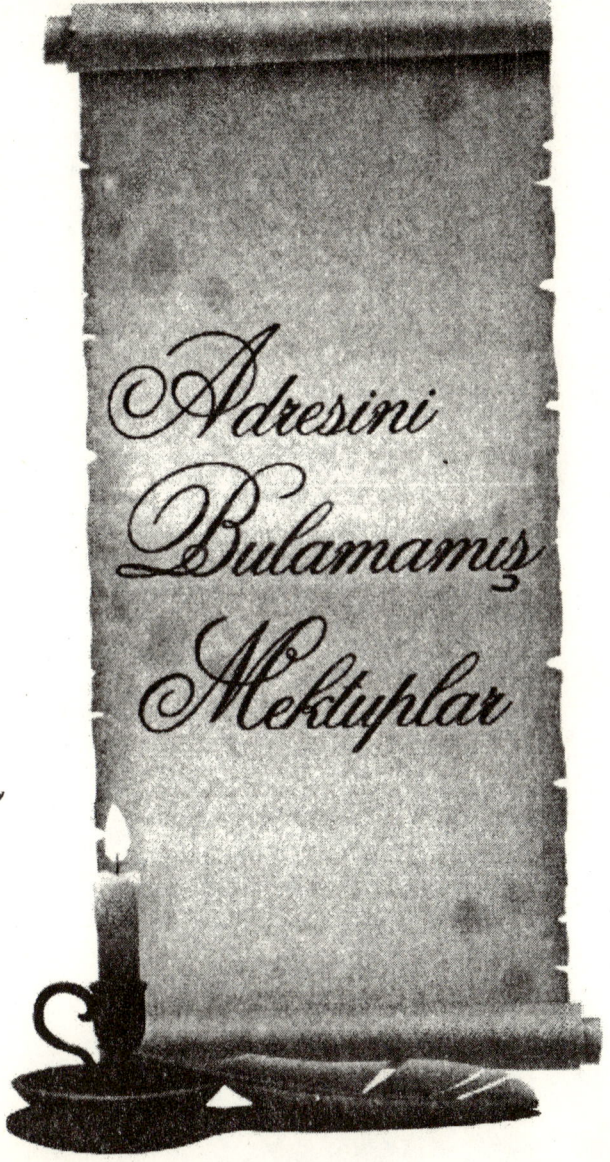

ADRESİNİ BULAMAYAN MEKTUPLAR

Söz bir akıştır, *harf harf kâğıda dökülen. Göz bir zarftır, mazrufunun elinde yırtılarak sökülen. Yürek bir mektuptur, nâme nâme kanla yazılan.* Nice söyleyemediklerimiz vardır, dil lâl olur pusar. İnsafa gelir «El aman" diye kalem yazar. Kiminin mektubu bahtı gibi kapalıdır, açan okuyan olmaz. Kiminin mektubu tarumârdır, açılsa da rüzgâra savrulan. Alın yazımın ağıdını mezar taşıma, doymamış sevdalığımı sararmış sevgiliye bırakıyorum. Hayattan varsa alacağım, üstü kalsın **terk-i sevda** mağdurlarına.

Sabah ezanı Konya'nın dört bir yanını secdeye davet ederken ben alnım secdede uykuyu acem kilimine akıtıyordum. Az sonra sokaklar canlanacak, dergâhta dervişler bir oraya bir buraya koşturacak. Ben mi? Ben, mutfağa geçip kahvaltı somağını kuracağım. Annem, Fatma yengem, babam, ağabeylerimin yine "Ne oldu bu kıza? Ne yemesi, ne içmesi var" diyen bakışlarını üzerimde gezdirecekler. Aşım, ekmeğim, suyum, katığım aşkıma mektuplar yazmak olmuş. Ancak yazınca biraz rahatlıyorum. Böylesine günlerime sancılı günler diyorum. Gecelerimi ise söylenmemiş sözlerin bir iç kanaması, sessiz hıçkırıkları ile yaşıyorum.

Taş duvarlarla ne konuşulur? Bunu benim gibi her gün yavaş yavaş kül olan bilir. Duvarlardır yangınım islerime boyanan. Bir insanın gözyaşlarının neler yazdığını belki okuyabilirsiniz, ya benim gibi gözyaşlarını içine akıtanı kim okuyabilir?

Kalemime sığınıp içimi yazıya döküyorum yeniden.

Usul usul geliyorum ey kalem. Ürkütmemekten değil, ürkmekten usul usul geliyorum. Bir sıçrayışın ihtimal hali kokusu damlıyor; yazmak eksiltir.

Susa susa geliyorum ey kâğıt! Farkında olarak değil fark etmeksizin susuyorum.

Ardından dumanı bile tütmeyen bir köz ateş bıraktın ey Şems!...

Bir hayatı karanlıklara boğmak bu kadar kolay mı?...

Yüreğimden kopan bir elin parmak uçlarındaki zehri tadıyorum şimdi...

Kalemlerin yazdığı yazıların mahkûmuyum sevgili...

"Ey benim Şâd-ı Cihânım.

Bu şehir seni hazmedemiyor oysa sensiz tadı yok sokağın, ağaçların, rüzgârın cümle şehrin. Babama habersiz geldin, bana ise haberli. Bekliyordum geleceğini. Önce kokun geldi, sonra sesin. Sebebi, hikmeti nedir bilinmez, ama gelişini sevdim. Gelişin ne kadar sevince boğduysa bu yüreği, gidişin bir o kadardan beter daralttı içimi. İçim daralıyor Şems. Vuslata umut taşıyan her bir şeyden uzağım. Gece ıslanıyor yalnızlığımla, bense titriyorum yokluğunda. Sensizliğe başım eğik, yüreğim buruk, ciğerim yanık katlanmak zorunda kalıyorum. Yine de ümitvârım. Ümit hüznüyle el ele, diz dize imiş meğer. Kilitlendim. Zaman kör karanlığa kilitledi beni. Kilitlenmiş zamanımın anahtarı yok, gözleri başka.

Seni içimde seviyorum. İçten seviyorum ama en içimdeki içten, anlıyor musun?

Aşk ehline kavuşmak cennet, ayrılmak ise cehennemdir. Ey kıyamet bakışlı, aşkın arada sırat köprüsü olmuştur da bilmezsin.

Ey gönlüm, sultanımın adını her kim sorarsa, işaretle gizlice ilk harfi "Şın" son harfi "Sin" de...

Amaç gül bahçesinde kış mevsimini güz gazelini seyretmekse, senin ayrılığında ağlayan Kimya'nın yüzüne bir bak.

Bir zamanlar ben seni gözümden sakınırdım. Sevdiğim, şimdi başkaları seni benden sakınır. "

Gözleri buğulanmaya başlar, okudukça her bir harfi ataş topu olan mektubu. Sırtını duvara yaslar, kâğıdı mum ışığına. Okumaya devam eder Şems...

"Ey aşk! Ey Şems!

Ey benim gece karanlığı çökmüş gönlümde, tan ağartısında sıcak süt nehri gibi akan sen!

Ey benim karanlık içimde, ışıksız gecelerimde sabah gibi hep doğan sen!

Sensiz Konya, dayanılmaz. Ey Tebriz'in güzel ve günahsız yüzü! Bilmez misin, gönlüme hükmeden ben değilim ki...

Bu gönlü fetheden sen, senden mahrum kalan ben...

Sana nasıl gönül bağladığımı bilmeyesin diye, neler neler düşündüğümü, ne yeminler ettiğimi, yanmışlığıma öfkeden odanın duvarlarını nasıl yumrukladığımı bir bilsen. Seni bir an görmek için sabah ezanını uykusuz beklediğimi, ardından odanın kapısı hafifçe açıldıkça kuş yüreğimin pır pır çarptığını, senin şadırvana doğru yürüyüşünle gizlice pencere kenarından seni seyrederken, ha düştüm ha düşeceğim diye sallandığımı, abdest alışını, sanki abdest suyunu benim döktüğümü hayal ederek yanışımı. O kısacık anı yaşamama izin verdiği, şükürler olsun. "Ey Rabbim bu sabahta Şems'imi gördüm, " diye niyazımı ah bir bilsen...

Senin ardından çağırdım sabrı ve ağlamayı. Ağlayış koşarak geldi sabırdansa ses çıkmadı.

Ben böyleyim işte... Böyle büyük sevdim seni... Bir varlığı seviyor olmak kolaydı her zaman. Bense yokluğunu sevdim senin. Kolay olan varlığını değil, zor olan yokluğunu sevdim...

Akan gözyaşlarım solan gençliğimi diriltmez ki, nedâmetsiz ağlıyorum. Sebebi sensin diye. Susturdum sözlerimi, gözlerim konuşsun seni diye susturdum geceyi.

Uykulardan kıskandığım yâr öpmüyorsun nicedir rüyalarımdan..."

İlk mektubu ayakta duvara yaslanmış bir vaziyette okuyan Şems, yerdeki mindere bağdaş kurup kaldığı yerden diğer mektupları okumaya devam etti.

"Ey Âşk durağım!

Ey adından başka hiç bir söze dilimin dönmediği tek hecem!

Yüreğimin en derin, en bilinmeyen yerindesin. Ne uzanabiliyor sana ellerim, ne de vazgeçebiliyor senden. Sana aç, sana susuz, sana meftun, biçare yüreğim. Hâl-i hazinim. En tılsımlı, en riyasız, en içten duamsın. Beni ben yapan aşksın. Kalbim en büyük sığınağın olsun yâr, sen Besmele ile başlayan sevgime yakışanımsın, nakkaşımsın, mahşere kadar tutacağım sevda orucumsun. Sen benim içten içe kanayan en derin yaramsın. Ne kadar özlendiğini bir bilsen, yokluğundan utanırsın...

Ey benim cennet gözlüm! Sen benim dua etmeme sebep olansın. Yüzünde ne aradığımı sorma. En çok ihtiyacım olan şeyi; Sevgi... Aradığımı bulduğum an tüm kelimelerimin kaybını göze alabilirim. Aklıma bütün sözleri unutturacak kadar «anlamlı» bir ifaden var mı yüzünde? Öyle susadım ki yüzüne yokluğunda...

Tarifinde zorlandığım bir boşluk var içimde. Hiçbir şey yapmak gelmiyor içimden. Susmak, uzun uzun susmak istiyorum. Pencereye değen yağmur damlacıkları "konuş" diyene kadar susabilsem...

Neredesin sebeb-i nârım? Neredesin? Bu yürek senin alevinle tutuşurken, sen alevleri için o yerde misin? Ben kendimi oldum olası küçük bir kelebeğe benzetirdim, sen «Serçecik» derdin sürekli bana. Bak serçeciğin üşüyor gelmeyecek misin Şems?

Geciktiyse de mektubum... Af ola; garipliğimi mahzunluğumu duyurmamak içindir...

«Şu halime bir nefes olmaz mı» feryadıyla susuzluk talep eden canların açtığı yol olmasaydı daha bir nice de beklerdik hani...

Ve neylersin mevsim sonbahar işte; yaprak nasıl düşerse, gözyaşı da öyle düşer bu mevsimde; öylesine yavaş yavaş, öylesine hiç durmayacakmış gibi, öylesine damladıkça çoğaltır dumansız ateşimiz...

Herkesin acıyı yaşaması ve taşıması farklı oluyor. Ve çoğu insan birbirinin hayatına "seninki de dert mi" diye bakıyor. Acının sınırları olmuyormuş. Her insan kendi hayatını yaşıyor. İsyan da mübah dertlenmek de, susmak da... Ben anlatmayı unuttum. Çünkü dertlerin bile bir kıstası var artık. Dertlerin en büyüğünü yaşadığını düşünen insan bir diğerine acısıyla ezici üstünlük sağlıyor.

Sensiz mavisi hançerlenmiş bir akşamüstüyüm. Her gece bir acı sızar içime. İlk önce kımıldar hafif bir sancı; ayrılık sonradan kor yavaş, yavaş... Canın acısa damaşuğun yüzü gözünün önüne her geldiğinde, gülümsemekmiş tarifsizmiş. Dilin susup gözlerin konuştuğu, kelimelerin kifayetsiz kaldığı yermiş. Hasretin yeri yurdu. Aşk, sen olmaktan çıkıp o olmakmış adeta. Ya da onsuz olamamakmış galiba. Gülümsemekmiş içten ve samimi. Aynı zamanda ağlamakmış da hıçkırıklara boğulurcasına. Çığlık çığlığa bağırmak isterken adını, susup oturmakmış yerine. Bildiğin doğruları unutmak, en katı kurallarını yıkmakmış. Onsuz nefes alamamakmış ama onun da ötesinde aynı gökyüzünün altında nefes almanın bile yettiği bir eşsizlikmiş. Onu gördüğün, tanıdığın günmüş miladın. Bir gün biteceğini bildiğin halde bağlanmakmış. Kalbin ne kadar kanarsa kanasın, yaraların ne kadar derin olursa olsun vazgeçememekmiş...

En önemlisi de sessizce ve gelmeyeceğini bile bile beklemekmiş aşk. Sayende hepsini yaşadım bir de ilk görüşte aşka inanmak lazımmış, seni görünce anladım...

Ey Kimsesizlerin Kimsesi!

Ben kimsesizler akşamındayım sensiz.

Kimsesizlerin kimsesi; kiminin sevgilisi kiminin dert paylaşma efendisi. Bilmezler ki kimi kimsesi yok, bir sana bürünür bir bana bürünür yalnızlığın efendisi. Dinler herkesi eş olur, sevdalı olur, kanlı bıçaklı olur düşmanı olur da herkesin, bir kendisine edinemezse kimşe. Kimselerin efendisi. Gönüldaş arar durur kendine, kimsesizleri seçer özellikle, kimse fark edemez, sadece sever "bu kim?" kalır ismi, koyamazlar adını. Yalnız kalmadıkça anmazlar kimsesizlerin kimsesinin adını... Yalnızlığı bir o anlamış çünkü, herkes onu sahiplenirken, o yalnız kalmış...

 Yazık ki, niceleri seni görmeden ölmüş

 Ve nicesi yalnızca duyacak efsaneni

 Ya bir güzel hatıra, ya söylenti, ya bir düş;

 Dün gören belki yarın göremeyecek seni...

 Senden sonra devrildi avludaki çınar. Billur kırılganlığında döküldü göz yaşlarım. Yanağımın busekâr bulutları hüzne boyandı. Ben hüznü beklemiyorum, hüzün beni bekler. Hüzün kara gözlerimde kızıl bir bulut. Yağar ömrümün okunmamış defterine. Hüzün müdür, her vakit mutluluğun bir başka yüzü? Herkes öteki olmaya çalışıyor, kimse kendi değil.

 Hüzün yağmurları dolan gözlerinle, gecenin karanlığına kaçıyorum, ağlıyorum. Sarılıp sensizliğin boynuna, aşkımı hüznün hıçkırığından için ağlıyorum.

 Yıldızlar düşmeden geldiğin o yollardan yine gelir misin? Bir kez de benim için gel Şems.

 Şems'in gözlerinden bir damla süzüldü. Yatağında bir bebek gibi uyuyan Kimya'ya bakarak; Benim aklım başımdan gider mi sandın? Sözlerini anlatsa da her bir harfi. Yeter bulamazsın bu yürekte canı. Ben Mevlâna'yı gördüm göreli, canımdan geçmişim sana ne vereyim ki Kimya? Sana aşk ile baksaydım yanağındaki bir ben için, bütün Asya'yı ayaklarına sererdim. Senin talihsizliğin, benim aşkı aşkta yitirdiğim anda beni bulman oldu. İnsaf et sana verecek neyim var Kimya'm. Vazgeç! Kimya vazgeç, ben seni ezelde feda etmiştim.

Ey Nur-u Sûretim;

Bir gece çatıya çıktım. İki kelime fısıldayacaktım gökyüzüne. Sanki kelimeler bana küsmüş, konuşmuyorlar. Ay ise hilâl şeklini almış sırtını en parlak yıldıza vermiş. Küsmüş gibi bir hâli var. Önce buğulu gözlerim dokunuyor yıldızlara, incinmişlerimi anlatıyor onlara.

Kelimelerim ağıt oluyor sonra, gece karanlığını akıtıyor damarlarıma, olsun ben zaten karanlığında yaşıyorum... Karanlığım kadar yalnızım, sevdam kadar karanlıklardayım. Her gözün görmediği, görenin ise ermediği bir tarafı yıkık diğer tarafı is, duman bir harabedir yüreğim ve harabeye hiç uğramayan sevgilimdir aslında, ben onu "unutmak sarayında" uyurken buldum.

Aşk diye bir şey yaşıyorum, ne tek taraflı demeye dilim varıyor, ne karşılıklı olduğuna ispatım.

Rüzgâr ise eskisi gibi esmemekte. Kulak veriyorum yapraklara, hışırtı duymuyorum. Yoksa onlar da mı küstü birbirine... Bilemiyorum.

Üşümeye başlıyorum, melekler imdada yetişiyor. Bir hırka gibi iniyor omuzlara... Bu gerçekten bir tesselliydi, kendimize eşlik eden bir teselli.

Gözlerim alacakaranlığa yelken açarken, bir yıldız kayıverdi. Küskünlerdendi... Küskün idi o, belki sana belki bana, ne önem arz eder ki?

'Zaman geçiyor, su gibi' tabiri sanki zamanla hayat buluyor. Issız gecenin ortasında düşünceye dalıveriyor, kalbin gerçek sahibini düşünüyor insan.

Bulutlar göğün gölgesine sığınıyor. Ve hicret vakti... Bulutlar hicret ediyor usulca, herkes bir hicrettir aslında... Zaman geçiyor, hicret devam ediyor hiç bitmeyecek gibi! Fakat ne de çabuk geliyor yarınlar! Dağınık duygular arasında, sayılı günler ne de hızlı gelip geçiyor...

Ve sabah ezanı vakti. Her şey sessizliğe bürünüyor. Namaz vakti, tefekkür şimdi akıldan bedene geçecek, O'nu anarak Allah-u Ekber diyecek.

İşte varış noktası: Secde!

O'na en yakın olunan an, kalkmak istemiyor alın. Sanki direniyor gibi, yakınlık istiyor beden. Selâm veriliyor sağa ve sola. Melekler alkışlıyor bu durumu.

Alkışın kesilmesini istemiyor fıtrat, güneş doğmaya yakınken tesbihât bitiveriyor. Hafifçe esen rüzgâr eşliğinde...

Heybet doğuveriyor. Ay yıldızları toplamış nöbetini devrediyor Güneş'e.

Güneşin turuncusunda emanet bırakılan bekleyişler göze çarpıyor, her şey yerli yerinde duruyor gibi... Ama sadece 'gibi' gözüküyor Ben sana melal sen bana hayal, . Suçumu yüreğime vurur gibi şöyle seslendiğini duyar gibi oluyorum: "Gözlerini indir ey sevdaya bel bağlamış serkeş, neyine bir düşün peşi sıra sonsuzluğu dilenmek. Daha ne vakte dek rüyalarda teselli arayacaksın olmaz hayallerine? Düş! Uyan artık!"

Ayrılık oku canıma yetti, ne yapayım bilmem. Yazık, o kurban oluğum yay kaşlım gelmedi. Gel ay güneş yüzlüm, gel insaf et, seni kim sevmez ki.

Bu mektubu okuduktan sonra oturduğu köşeden kalkıp Kimya'nın ateşine baktı. Alnından akan terleri sildi. Parmak uçlarını kokladı. Kimya kokuyordu parmakları. O parmaklarla diğer mektubu açıp okumaya devam etti.

Yazılanları okudukça Şems, bir damlanın taşa düştüğünde katre katre dağıldığı gibi dağılmaya başlamıştı. Pencereden akıp içeriye kırık kırık düşen ay ışığını gördü;

Leb-i Üftade Kimya!

Bağrına on bir yıldızın ve bir güneşin secdegâhı Yusuf düşen Züleyha bakışlı Kimya! Kendin ol Kimya! Özün toprağına değsin. Öz toprağa değmedikçe ab-ı hayat filizlenmez. Önce öze döneceksin üryan... Yapayalnız. Sonra sayfa sayfa çevireceksin mevsimleri. Satır arası hayattan okuyacaksın aşkı ama Züleyha'ca değil...

Bir güneş bir gölgeye sığar mı? Bu hangi kitapta var? Sen gökteki yıldızlarda oyun oynarken ben o yıldızlara parmağıyla dokunan adamım.

Ey Nâr-ı Rîhim

Ah Şems... Sen varken de gözaltındaydı bu aşk, sen yokken de. Her göz nazar ederken sana, ceylan gözlerim yere düşüyordu, ya anlarlarsa diye. Bir kadının bir erkeğe uzaktan uzağa sevdalanması nedir bilir misin? Üstelik gözünün önündeyken yüreğini gözaltlarından sakınırken.

Çekmek zorunda kalıyorum çekilmez bilinmezliklerin her birini. Korkum ne kendimden yana, ne senden. Korkum aşkın halelliğine leke düşmesin diye. Hep öne düşüyor başım. Sızım var. Sızlayan sevebilir. Sızan. Ruhumda kan, gözlerimde şafak. Seven örselenir. Yıldızların altında üşür zaman. Yalnızım. Yalnızlığın ayazında içilir çaresizliğin ve söz anlaşılmazlığın zehri. Ne zaman yalnızlığımda bir yolculuğa çıksam, geri dönüşümde kendimle karşılaşıyorum. Sen neredesin ben nerede!

İçimde iyiden iyiye peyda olan bir sızı... Acım var. Asıl acının çekilen acı değil de sevilenin çektiği acıyı bilmek olduğunu anladım. Aşkın çilesi büyük dayanakmış. Hiç olmazsa aşkın çilesi varsa aşkın kendisi de varmış.

Yaşamaktır sana seni yazmak; ölmektir olmadığın her yerde kendimi aramak. Bir nemin demire değdiği gibi dokunuyorum geceye, pas tutuyor her yanım. Geceler sığınağım. Gece seni ve beni sığdırdığım tek yuvam.

Yorgunluğu, dertlerimi hatırlatan, geçmiş günlerin bir daha gelmeyeceğini bildiren geceler... Deccalın pençesi gibi yakama yapışan saçlarının tel tel yüreğime atılmış ilmikleri gibi beni kucaklayan geceyi koparıp atmak, aydınlık bir sabaha kavuşmak için güneşler beklemek kutsaldır. Bu güneşler için mücadele etmek daha da kutsaldır.

Geceler, yüreklerinden akan gözyaşlarını tekrar oraya dökenlerin sığınağı... Yaşama küsen, yaşamanın acılarına dayanamayanların yegane dostu. Geceleri aydınlatan güneşler, şu karşı dağların ardında zamanını beklemekte. Zamanlar ise bir muamma...

Yakama yapışan aşk zehrini nasıl atsam bilmem ki. Nasıl etsem de canımı yakan şu gömleği çıkarsam bedenimden. Kenan ellerinde Yusuf'unu bekleyen Yakup'un gözlerini açan bir gömlek yolla bari ey sevgili. Saçlarının, renginin ve gül yüzünün koktuğu bir gömlek yolla ki, hakikatlerden körelmiş gözlerim yavaş yavaş açılıverir belki bir gün...

Alnıma dokun Şems. Aşkın hatırına. Gülüşü çamura düşmüş bir yaralıyım. Bütün acılarıma dokun, akan sevdaya inat. Dokun ki karanlıklar çatlasın orta yerinden, damlası düşsün busesiz vedaların. Dalından koparılsın bu korku, dağılsın bir kadının dudağındaki hükümranlık. Sönmeyen kandiller biriksin ellerimde. Yansın en bakir yanıyla sahibini bekleyen bu aşk.

Nerde onmaz bir yara olursa, hep ben taşıyorum. Nerde dayanılmaz bir kahır varsa hep ben yaşıyorum. Âlemin garip hallerine hep ben, hep ben şaşıyorum. Kara gözlerinin ıstıraplarını da hep ben çekiyorum. Şikâyetim yok çektiklerimden yana, elini arıyorum kör kuyulardan çıkaracak elini. Elimden tutmaya artık ne an gelirsin bilmiyorum. Ben de artık sen gelmeyeceksin diye daldığım bu rüyadan uyanmamak için direniyorum. Direndikçe de kendimden o kadar uzaklaşıyorum.

Seni artık uzaklarda aramayacağım diyorum kendi kendime, bir ara ayaklarımın ucuna diktiğim gözlerimi kaldırıp etrafıma bakıyorum. Ve birden seni her yanda görüyorum. Bak bak işte, buradasın.

Sular yokuşlara doğru akmaz ve yokuşlar hep kuru kalır. Kuru, kupkuru... Kara, kupkuru bahtım gibi... Sular göğe çıkar buhur buhur... Rüzgâr olur, çiğ olur, yağmur olur, dolu olur, kar olur... Ve benim yüreğime yaz ortası bile kara kara taneli karlar yağdırır durur. Bir kez olsun, seni, o güzelim bakışlarını getirmedi rüyalarıma. Hayalimde seni nasıl tahayyül etsem bilmem ki. Seni nasıl düşünsem bilmem ki...

Hüznümün azâdında olmak istemeyen gönlüm, hüznümün sultanıdır aslında. Zevk ü sefâdır gözyaşı nehirlerim. Şen şakrak akar yanağımdan damlalar. Çöl sularcasına keyiflidirler, tutsaklıktan kurtulanlar kadar da coşkulu... Dokunduğu yerlerden susamış toprak kokuları yayılır.

Adı kaldı aşkın, sevdânın... Aşılmaz engellerin aşılması pahasına inadına sevmelerin adı kaldı.

Varsın vuslat olmasın bu dünyada... Sevgilileri ayırsınlar. Kevser ırmağının kenarı, yeter de artar bile kavuşmalara...

Menzilsiz okların yüreğime vurduğu vakitteyim. Dehlizlerde gizlenen bahar kadar gerçek yaşadıklarım. Vuslatın yeşilinde, hasretin tuzağında, ağlayan gözlerin gözyaşında ebediyete savruluşların hükmündeyim...

Ah benim uslanmaz yüreğim. Ah benim ıslanmaz hasretliklerim. Sabahlara dek süren niyazların, gözyaşlarının, dayanılmaz acıların, vazgeçilmez otağı..

Yüreğim; Yusuf' u misafir etmiş, onun ayrılışıyla ağıtlar yakan, kuş konmaz kervan göçmez çöllerde yalnız bırakılmış bir Kenan kuyusu..

Yüreğim; ıssız gecelerin, yalnızlığın ve dayanılmaz hale gelen beklentilerin barındığı yer...

Yüreğim; beni bile taşımayan, içime sığmayan yaşlı yorgun bir parça..

Yüreğim; elem dolu, keder ve ıstırap dolu..

Gel artık ey ölüm, sana geçmez nazım.

Şems, Kimya'nın kısık iniltilerini işitince hemen onun başucuna vardı. Ateşler nöbetinde sayıklıyordu Kimyası. Dokundu Kimya'nın saçlarına. Yastığa dağılmış, ter içinde kalmış saçlarına. Kırılmış bir tutam saç. Ağarmış bal renkli sırma saçlar.

Ey Serv-i hırâman! Bilir misin ne yamandır? Asıl acının çekilen acı değil de sevilenin çektiği acıyı bilmek.

Ey Benim Aşk-ı Ruşenim!

En keskin acılar, en onulmaz yaralar bir tutam özlemle başlar ve titrersin. Kekremsi yalnızlığına sitem edip etmemek arasında gidip gidersin. Sığınırsın kekik kokulu dağlara. Dökersin ne kadar saklanmış söz varsa boşluğa. Bağırırsın son ses. Avazın çıktığınca. boğaz. Kısılır ses. Hala sinmemiştir içine haykırışların. Yüreğin soğumamıştır. Sonra susar dilin. Lâl olursun kendine. Sahibine yetişecek hecelerin yoksa, vurursun sükutunu kör bir geceye. Ağlar bakışlar. Arar gözler. Yas tutar yaşla dolu kirpikler. Hayaller kurarsın. Avutursun olmadık zamanlarda olmadık duygularla. Güya hiç ummadığın bir zamanda, hiç ummadığın bir mektup gelmiştir. Senli bir mektup. Açıp okumaya başlarsın. Mektup mu seni okur, sen mi mektubu farkına varamazsın. Uyanırsın. Bütün bunların bir rüya olduğunu anlarsın. Yıkılırsın minderin üzerine yüz üstü. Hıçkıra hıçkıra ağlarsın. İşte sabahların kapalı zarfını açan bir gün daha başlıyor. Gözlerim ölüm uykusundan daha yeni uyanmış gibi. Gözlerim şiş. (aynaya bakıyorum)

Hep varlığımı aldın biçareye döndürdün. Söyle Şems! Seni kimlere sorayım. Kimsesizler akşamındayım.

Benim bu yalnızlığım hepsi senin için kan tüküren gecelerin ıssız ayazlarında alev gibi bağrımı gümüş teninidir diye kar üstüne serdiğim kokunu sorduğum rüzgârlara canımı verdiğim, hepsi senin için. Kimse bilmiyor seni sevdiğimi sen bile bilmiyorsun. Kimseye anlatamıyorum sana bile. Dile bile düşmesin aşk. Kendime itirafta bile zorlanıyorum. Diğer bir ifadeyle, en temiz aşk, en mükemmel aşk, en hakiki aşk dile düşmeyen aşktır. Dil, aşkın namusuna halel getirir, onu kirletir.

Hayallerimi eskittiğim sokakların tozlarını sana değmiştir diye yuttuğum, yollarına düşen yağmurları teninidir diye içtiğim, bastığın yerleri kokladığım, hepsi senin için. Giderken kaç kişilik gittin yârim? Bin ömürlük yollara mı gittin, yetişemiyorum peşin sıra, git Allah git bitmiyor yolum.

Ah benim Sabırlarım! Hasret dalında kızıl bir goncadır dökülür kahrın güz aylarında. Oysa ak saçlarım şahidimdir kınalı Fatihalarla okuduğum dualar şahittir; seni ne çok sevdim.

Muhacir sevdalım, hep gitmelere mi yatırdın uykularını? Sana ben aç çocukların gözlerinde vuruldum. Sana sevdalı bu yürek, serçe vuruşlu, seni özleyen bu yürek bir çiğdem çiçeği gibi narin ve çiğli.

İçimden geliyorum sana ey şems gözlerin duysun beni... Yüreğimin dili ile sesleniyorum sana *neredesin*? Şems, yakınımdasın ama uzağın bekleyişindesin... Yüreğinin dili bana bağlı... İnsan yandığını, avazda kuru ayazda değil, sevdasında anlar. Sevdamı senden iyi gösteren yok bana. Birbirimizle benzeşeniz. Sesim sesine kokum kokuna yaşadığımı bil.

Ey şems yaklaştıkça uzaklaştığım, çıktıkça battığım, söndükçe yandığımsın.

Yokluğunun resmini çizemiyorum Şems hasretin ateşi yandıkça donduğumu çiziyorum, yalnızlığın ayak sesleri yüreğimi acıtırken sen diye sabrı çiziyorum. Yalnızlığın ayak sesleri yüreğimi acıtırken sen diye sabrı çekiyorum. Seni dileniyorum Yaradan'dan.

Alışmak için tadımlık acılarım vardı, ayrılığın doyumluğu olur mu? Olurmuş Şems olurmuş meğerse annem beni ölümcül ayrılıklar için doğurmuş. Kalemimi ayrılıklara mı kırdın ey kader?

Ey gözlerim, sorarlarsa sana rengini, baktığımdır de, rengim Şems de.

Göl gülüm, vadi karanfilim, dağ lalem. Ey aşk! Ey Şems!

Ömrümün uyur uyanık tüm zamanlarımın en vazgeçilmez gerçekliğisin. Yok saysan da varlığımı, yüreğimde yitiremediğim kocaman bir gerçeklıksın işte. Ya seninle yaşayacağım ya da yok olup gideceğim. Benim sana karşı tek gerçekliğimde bu işte. Düştüğüm keder uçurumunda anladım ki mahremiyetin kefaretiymiş gençliğimi çürüten, aklımı kemiren hasretler. Ey gönlüme aşkın örtüsünü seren sevgili! Nerdesin? Allah'a imanım beni ayakta tutuyor. Yoksa ne çeşit can kıymalarla kıyardım canıma. Vazgeçmiş de gitmiş gibi ölmüş de dönmüş gibi ah ne yazayım aynı yolun yolcusuna. *Yara aynı yara.* Şimdi bu yüreği ben hangi rüzgârda yıkayayım? Bana kaderimi sorgulatma! Nasıl bir ateşsin, ateşine düşen harmanlanmadan kurtulamıyor. Sen ki benim yüreğime senden kopmaz bir bağ bıraktın. Her şeyi çekerim, basarım ateşleri bağrıma, dayanırım her şeye. Razıyım her şeye yeter ki benimle arandaki bağı bozma. Her gece yıldızlara bakarak seninle konuşuyorum. Sana ezgiler okuyorum yüreğimin ezikliğinden. Sana şiirler söylüyorum ruhumun örtüsünden duyuyor musun beni? Duyduğuna eminim, ya da duyduğuna ihtimal vermek ne güzel biliyor musun? Hani bir defasında "Azıcık yürek varsa hissedilir." demiştin. Oysa senin kocaman bir yüreğin var. Şems'im, alışamadım yokluğuna. Sensizliğin ortasında tek bir sevincim var, bir yerlerde yaşıyor olman. Hemen şuracıkta olmana rağmen yüreğimde küllerinden ateş toplamakta uzaklığın. Pervane olup ateşine varmak istedikçe buz tutuyordu kanatlarım. Adımların neden dar geliyor yollarıma Şems? Sen uzaktasın bense yangınında çoğalan. Yalnızım. Yârsızım. Hep masal biriktiriyorum menekşe kokan avuçlarımda. Oysa masallar hep yalan söylüyor, asıl gerçeğin acıdan beslenmek olduğunu senin uzaklığında öğreniyorum. Ve şimdi ömrüme acılar biriktiriyorum. Biriktirdikçe eksiliyorum. Eskiyor yüzüm. Haydi bir kerecik bak yüzüme Şems. Anla artık yangınında yârsız ve yalnızım... Yangınlar içindeyim. Her ateş bende bir buzdağı. Hayat solmuş parmaklarımda kan damlar şiirlerimin gül teninden. Soğuk bir yangın altında titrek bir kuş gibi uykuya sızmak istiyorum. Alışkınım yalnızlığa. Öksürdükçe ciğerlerimde sen, ağladıkça gözlerimde sen. Ah bir makber gecesinde uyusam, mahşer sabahına uyansam.

Bendedir gecenin zehrini alıp neşeye dönüştüren dudaklar.

Benim, en onulmaz yaralara deva olan gönüllü hamal...

Kara balçıklarla sıvanmayacak güneşleri yüreğinde gizleyen sırım.

Her geceye bir isim veriyordum. Bu gecem de hüznümün gecesi olsun. Hüzün birlik sırrıydı. Hüzün aşkın uyanık yolculuğuydu. Yolculuğum Allah'a. Aşk ondandı. "Âşık oldum." demiyorum. "Âşık etti Rabbim" diyebilmekti asıl gerçek. Ben dünya kirlerini atalı çok oldu. Aşkın sırrına ulaşmaktı gayem. Ben yalnız bir kadın, ruhun aşk menzilinde başımı ölüme uzatanım. Demirden koskoca bir dağı sırtlanmaksa aşk, bütün dünyanın dağlarını taşımaya talibim. Yokluk libasını giymişim, kan damlasın ciğerlerimden ne çıkar.

Hem kaybediş, bulma ihtimaline gebe. Bulma hali bir başka sevinç gösterisi, kaybın görünmeyen yanı bu olsa gerek. Bunları düşünerek, daha bir gömülmeye çalıştığım, yeşil koltuğun kollarına kollarımı paralel koyup, parmaklarımla köşesine tutunduğumun farkında olduğum onla birlikte düşünüyorum bunları. Gömülmek mi, tutunmak mı? Uzun kirpiklerim batıyor, kısa öykümün umutlarına. İman eden cismin suretidir, sıratta oynayan, cama ve suya dönmüş kadının öyküsünü yazarım, yazarım. Sabaha kadar yazarım belki bir gün, ben de yaşarım. Çünkü, benim kaderimde yazmak yaşama çabasıdır.

Ellerimi uzatıp yerden toplasam çığlıklarımı, kendimi yitirip *sarılsam senli hayallere. Ne dünü düşlesem ne yarınlar kalsa aklımda, kaybolsam sevdanda şu yarım kalmış halimle.*

Sen koskoca bir şehri yüreğime gömüp gittin gece ben ismini sayıkladım ay ışığında, belki sesim gelir de dönüp gelirsin diye. Bana öyle yakınsın ki seni özlemeyi bile anlatamıyorum kendime. . Babam her gece yeniden ölüyor sensizlikte. Bense seni özlemeyi yazmaktan yitik düşüyorum kendime. Sevgi yürek ister, ben tenini istemedim ki. Sen yanımdasın ya yeter... Hayır sen yoksun, hayalin yanımda. Olsun, sevene bu da yeter. Ayaklarım gitti bensizliğe. Yüreğimi sana açtım. Açtım sana duymazlığımdın. Ellerimle sundum yüreğimi. Hüzün sağanaklarında yıkadım, yudum ellerimle. Ölürsem sana doymamışlığımla. Gömün bedenimi de, bırakın yüreğim dışarıda kalsın.

Ne tuhaf değil mi, sen gidince seni daha çok sevmeye başladım. Hasretin içimde büyüdükçe takkeli dağ gibi, hasretimin çığlıkları Meram çayı gibi aktıkça içime seni daha fazla sever oldum.

Konya'nın göğü üzerime üzerime geliyor, sensiz olan yanıma bir korku çöküyor. Kavuşmayı mı dilesem, yoksa uzayıp giden hasreti mi? Ya dinerse hasretin sancısı sen gelince? Kavuşursak aşk biter mi ey sevgili? Bir soran olursa itiraf edeceğim; sevgileri büyütenin hasret olduğunu ve hasretin vuslattan bir adım daha büyük olduğunu. Sevmek kolay, zor olan hasret, uçurum kenarında açan bir çiçek gibi... hasret, bulutlardan tepe taklak yere düşmek gibi. Hasret rüya içinde bir rüyada ciğerimizi yırtarcasına bağırmak ama fısıltı kadar sesin çıkmaması, yürekten yüreğe koştuğunun seni duymaması.

Bir gül düşüyor geceme bir de ıslak gözlerin. Yürüdüğüm yollar hep hasrete çıkıyor. Ellerimi terletiyor kokun. Yüreğim yok artık, bir sevda ki sensiz yaşanmıyor. Kaderimiz kanıyor mevsimsiz. En olmadık zamanda acımasızdır özlemek belki de zamansızdı seni sevmelerim.

Beni bana bırakan sevgili! Henüz yüz yüze gelip bakışmadan, bir nefeslik muhabbet bile etmemiz nasip olmadan kayıp giden sevgili! Beni sensizliğe bırakıp gitmen gücümü tüketiyor bilmez misin! Gittiğin uzak da benim, gelmediğin yakın da ben. Kuyuya düşen şimdi Züleyha'dır. Seni Yusuf'um diye bekleyenim. Daha kaç kuyuya daha atılmam gerekiyor?

Biliyor musun babamla birlikte dergâhtan dışarı gittiğimiz her vakitte odana giriyordum gizlice. Oturuyordum kendi ken-

dime. Kokunu çekiyordum. Bir keresinde minderin üzerinde birkaç saç teli bulmuştum ak ak. Senin saç tellerin benim zümrüdü ankamdı. Avucuma aldım. Hazine bulmuş mağribi gibi sevinerek odama geçtim. O gün bu gündür yastığımın altında saç tellerini okşayarak, koklayarak uyuduğumu bilsen, o telleri ocağa atıp yakar mıydın? Şimdi her bir saç telini kendime bir gurbet yaptım. Gurbet içinde gurbet yaşamak acı da olsa hoş. Bu hoşnutluktan olsa gerek acılar biriktiriyorum kan revan yüreğimde. Yokluğunla seni büyütürken gecelerimde, ben ufalanıyordum sensiz sabahlara uyandığımda.

Gücenme bana kimi an sitemkâr yazıyorum diye. Serzenişim sana değil, kokunu getirmeyen rüzgârın nefesinedir. Seni susarak çağırmak ne yamanmış ah ne yaman!

Ey babam Celâleddîn'e parlayan, kitaplarımı havuza atan, fıkıh ve zühdünü cinnet suyuna döken, akıl dağını aşk yanardağına çeviren ve sessizliği ile Mesnevi dolusu söz öğreten Şems! Gel! Bütün ömrümü yoluna sereyim. Can perdeme doğ ve içimi boydan boya nurla kapla.

Şems okudukça ağlar, yanağından süzülen yaşlar ucu yanmış kağıda damlar. Ah çekip derinden:

" Yazdıkların içimi dağladı. Ağlattın beni. Yüreğini Kerbela mı eyledin Kimya... Ey Kimya! Sırrımı herkesten gizledim. Bilinmek istemedim. Dilsiz dudaksız konuşmalarım bile ahaliyi çıldırtmaya yetti. Sırrıma vakıf olan babandan bile bana bir hizmet olarak hizmetini terk etmesini dahi isteyemedim. Terki diyar eyledim. Defalarca bana mektup yazdı cevap vermedim.

Beni tanımayanlar arasına sırrımı ifşa etmeksizin hilye tohumu saçarak bazı şeyler öğrenmeğe çalıştım. Fakat kendimden dahi saklayamadığım sırrımı sen de öğrenmişsin. Ey Kimya'm hevâ ve hevesten âri olarak iyi şeylerle meşgul olduğumdan beni benden aldın. Demek ki beni ferasetinle zerrelerime kadar keşfetmişsin. Ben acı kavun misali kendimi gizledim fakat babandan gizleyemediğim gibi sende ona karşı nimetin şükrünü eda olarak utancından bu güzelliğinle kendini bu acı kavuna feda ediyorsun.

Ey gözleri hareli yârim!

Ey geceye can sunanım. Neredesin? Ne haldesin? Üşüyor musun? Aç mısın? Uyuduğun yeri yaz bana! Yumuşak mı? Nasıl olduğunu bildir! Ne âlemdesin? Sorulardır sana bütün verebildiğim, gelecek cevapları kabullenerek.

Beşerî aşk hep sahipçidir. O yüzden sevemedim kimseyi. Ancak dünyayı elinin tersiyle iteni bekledim. Sendin. Geldin. İnsanlar aşkı sevgi oyunu olarak gördüler. Yeminler ettiler, sözler verdiler. Aşk vermekti onlara göre. Oysa sevgi, verdiklerimizde değil, alabildiğimizde gizlidir. Vermek tenin işidir, çürüyen tenin. Almak gönlün işidir ölmeyen gönlün. İnsanlar tene vurulmayı aşk sandılar, bedenin kölesi olmayı sevda diye adlandırdılar. Allaha kul olmak için Leyla'ya köle olmaya gerek yoktu.

Evlilik bağı aramadım, evlilik peşinde olmadım ve doyurmak istediğim arzularım olmadı. Aşkı tene mahkûm etmedim. Acıdan çekinmedim. Acı çekmek aşkın bir parçası ise eğer, acılarımla huzur içindeyim ben. Bir kadın sevmeyi nasıl öğrenirse izin ver sende öğreneyim. Sırt çevirme o çiçeğe.

Korkuyorum Şems. Bir daha gelmeyeceğini düşündükçe gürüldeyen feryadımı hep içime ata ata seni göremeyeceğimden korkuyorum. Gözyaşımla yıkıyorum dönüş yolunu. Neden gelmezsin? Neden? Neden ağlamak? Susmak sana. Ağlamak neden? Bir sebebi olmalı gözyaşının ve insanın. Yaratılışımızın bir damla sudan olduğunu bile bile ağlayanın bir sebebi olmalı. Neden Şems neden? Aynı mevsimi sonsuza kadar yaşayamam ama aynı hasretini sonsuza kadar yaşarım diyordum kendime. Olmadı. Olmuyor. Dayanamıyorum. Tükendim. Yoruldum beklemekten. Ha öldüm ha öleceğim. Hummalı hastayım titriyorum. Taştan merhamet dileniyorum bağrıma basıyorum. Ne yana gitsem çıktığım her adım bir hıçkırıktır.

Boynuna astığın o çift vav kolyeyi ne kadar sevdiğimi bilemezsin, ne kadar! Vav'ın biri görmek diğeri görülmekti. Ben seni gördüm. Sen beni görmeyen. Seni ilk gördüğümde ateş ışıkları saçarak geliyordun. Avlu ateşti. Gördüm. Sıçradım. Yumdum gözlerimi. Taze bir uyku çöktü gözlerime. Çok geçmeden daldım senli düşlere. Uyandım çok geçmeden bir kez daha göreyim diye. Uyku arasında gördüğüm bir rüya sandım seni. Ama hayır işte oradaydın. Ayakta. Vakur. Yılların yorgunu. Yolların yorgunu. Beklenen yolcu. Bilinmeyen adam. Yürüyen güneş. Ateş soluklu. Feracesini doğduğu günden üzerine örtmüş gibi kasvetli. Kefenini cebinde taşıyan adam. Oradaydın.

Avluda. Havuzun yanında. Gözlerin suda geziniyor. Yok yok suyu kaynatıyor. Korktum. Kendime kaçtım. Gördüm ama görülmedim.

Ey aşk! Ey sevdalım! Daha ne yazayım ki sana dair? Bana dair? Yazılanlar senden bir cümle, benden bir cümle. O da tekrar, o da ezber. Gelsen de bozsan ezberlerimi. İsmimin içine, alnımın tam ortasına, kalemimin ucuna, vaktin şafağına seni bekleyen bir nur nakşet. Kelimelerin sahibi sen, emanetçisi ben. Nergisler, nilüferler üzerinden akıp giden o nefesin sahi şimdi hangi iklimde? Sen gittin ya. Hani gitmiştin ya. Ha gitmeleri kanatmıştın ya. Gidişinle bir tek Mevlâna'n, Kimya mı sustu sanıyorsun? Gökler sustu. Sebiller sustu. Tuba ağaçları sustu. Melekler sustu. Susarken bile güzellerdi.

İnsan en fazla bir defa ölür. Sensiz ben her gece yeniden ölüyorum Şems. Bitmez mi ölümcül sancılarım? Sensizim ya şimdi, bütün ateş ve acıya yatırılmış kelimeleri üst üste harmanlıyorum, oturup kendi kendime ağıt yakıyorum. Varlığın bir dikendi gül tenimde çıkaramadım. Söktüm tek tek çiçekleri, çiçeklerin çığlığının izleri hep ruhuma takıldı.

Gel! Gel gelişi güzelce maşuğum. Gel ki, gelişinle "İşte benim Şems'im" diye feleklere övüneyim, yıldızlara nazlanayım.

Gel! Açmasın çiçekler, baharlar dursun bir yana önce sen gel Şems! Akmasın ırmaklar, erimesin karlar gelmesin Nevruz, önce sen gel Şems!

Gel Şems! Ey ihtiyaç yurdum, boğulduğum denizim, miraç göklerim, her yolculuğumun kıblesi Şems!

Gel! Gözyaşlarımın döküldüğü seccadem, nefeslerimin havası, gözlerimin manzarası Şems!

Okudukça içi tel tel sökülen, okudukça boğazı sam yeli değmişçesine kavrulan Şems testiden bir bardak su doldurup içmek üzereyken Kimya'nın sayıkladığını duydu: "Şems bir yudum su." Kimya'ya suyu elleri ile içirdi. Gözlerini açmakta bitap düşen Kimya, ona tebessüm ederek uyumaya devam etti. Bardakta kalan son birkaç yudum suyu içip okumaya devam etti.

Ey uzağımdaki yakınlık! Ey yanımdaki uzaklık!

Bu sefer uzun yazacağım mektubu, gelişini yakın kılsın diye. Mektuplar ki adresini bulamamış yolculuğum. Seni yazıyorum. Sana yazıyorum. Bensizliğine kan düşüren sensizliğe yazıyorum. Aşktan yana tüm acı çekenlerin çaresizliğini bilseydim, çıldırırdım. Acılarıma şükranlık eden, çıldırmadığıma inandığım için yazıyorum. Babam "Hayatta bulamadığın mutluluğu edebiyatta aramaktır yazmak." demişti. Seni yokluğumda bulamadığım için yazıyorum.

Alıp başımı gitmek istiyorum uzaklara senin gibi. Kim bilir seninle yolumuz bir yerde kesişir umudunu katık ederek yalın ayak yollara atmak istiyorum kendimi. Ah kahretsin! Yapamıyorum görünmez bir el tutuyor sanki beni. Ya da kalemim kırılmış, beklemek alın yazım olmuş. Belki bir gün okursun diye yazıyorum bu mektupları. Mektupları ki yüreğimi kâğıda temize çektiğim günlükler. Mektuplar yanıklığımın dumansız harfleri, kelimeler ise boynu bükük tıpkı bencileyin.

İnsanın kendine dahi söyleyemedikleri olur ya, ne tarifsiz acıdır bilmezsin. Yoktur bir gönüldaşın dertleşesin. İçini açıp duygularını paylaşasın. Yok. Yok. Kimsem yok aşkımı, hasretimi anlatacağım. Dinleyenim yok. Çaresiz inleyişim bundandır. Ben kendine çıkmaya çalışan yorgun bir yokuş. Kalemi alıp kâğıda sığınmaktan başka içimi dökeceğim ne var? Anneme mi anlatayım, babama gidip "Ben Şems'e aşığım, iyileşmez bir derdim var" mı diyeyim. Ağabeylerime yüzümün neden solgunlaştığını sorduklarında kaçamak mazeretlere sığınmayayım da ne yapayım Şems?

Ne zordur etrafın kalabalıkken derdinle yalnız kalmak. Ne çiledir konuşacağın yerde sus pus durmak. Derdini paylaşanın yoksa derdini sevmekten başka bir yol kalmıyor. O yüzden mecnunlar gibi kendi kendime yazıyor, kendi kendime okuyorum. Ağlayışımda bile yalnızım. Yanımdakiler yıldızlardan da uzak. Uzağın uzağında ise sen. Ben geceye derdimi açarken sen hangi dağda bağdaş kurmuş yıldızları seyrediyorsun Şems?

Senin gözlerindeki o kutsal ama o artık durmadan akan ışığı özlüyorum. İsyanlarımın çığlığı bu yüzden, *adı bende saklı sevdam*, ismi dilime yasaklı sevdalım bir bilsen, senin özgürlüğün benim tutsaklığımdır. Senin korkusuzluğun benim korkum oldu da sen bilmedin. Dal alnım secdeye değdikçe, çıkık elmacık yanağıma rüzgâr dokundukça seni anmak, dudaklarımın titremesi hep senin hissettiğindir ey hasretim! Ey hasretliğim sana daha ne yazayım!.. Her küflü oda bir aşk, her aşk da bir ayrılığı yaşar. Birlikteydik ama yalnızdık. Ben sana aşık, sen benden habersiz. Eh yuvarlanıp gidiyoruz her yuvarlanışta biraz daha yontulan çakıl taşı misali. Yalnızdık Şems. Yalnızlığımız bizi bize anlatmayan boşluktu. Hep şu sorunun cevabını aradım: Sana vakitsiz mi geldim Şems? Sahi sen biliyor musun cevabı? Kim bilir vakitsizce geldiğimin kefareti olarak senden vakitsiz gideceğim ölüme. Ecele göz kırparak. O vakit kirli kefenim: sözlerinin neminde boğan biri olarak götürsünler omuzların üzerinde. Ben acının ve kaybın olduğu her yerdeyken sen nerelerdeydin Şems? Oysa sen gelmeden çok önce senden gelen ayak seslerinden aşk akıtmıştım sensiz gecelere. Zehirle beslenen düşlerde uçurum uçurum düşmelerim de bile dualara tutunuyordum, zaman duvarlarına sırf sen geleceksin umudu ile. Bağışla beni yüreğim! Senden izinsiz düştüm ben bu ölgün sevdaya.

Yalnız sana yazınca yaşadığımı anlıyorum. O yüzden kelimelere hem sığıyorum hem de kıskanıyorum kelimeleri senden. Ben artık kelimelerde değil sende yaşamak istiyorum. Korkmuyorum rüsvalıktan. Rüsvalığı düşünen aşka yanaşmamalı, sevmemeli.

Her gece şehrin gökyüzünden yüzünü sağıyorum yalnızlığıma. İçim uçurum. Dibe vuruyorum. Boşluğa düşüyorum tepe taklak. Kafam bir kayadan diğer bir kayaya çarptıkça kanıyorum. Kanlı taşları görüyorum düşüşümde. Düşümden niye uyanamıyorum Şems? Buz tutuyor cümleler. Kan damlıyor harflerime. İçimi bir korku sarıyor. Korkma diyorum içimdeki telaşa bu sadece aşk!...

Dağları özlüyorum. Sen varsın dağların ardında. Seni getirecek patika yollara vurmak istiyorum kendimi. Yollarını özlüyorum. Seni bırakmayan çölleri kıskanıyorum. Sen yoksun ya! Bulutları azat ediyorum. Dağları hazan sarısına boyuyorum. Kirpiklerimle deliyorum sarp kayaları. Yıkıyorum gözyaşlarımla bulanık ırmakları.

Bedel ödüyorum şehre. Senin kadar bende kırgınım seni selamlamayan sokaklara. Kuyudayım kendimle. Sözün özü büyüyorum bu kadar yakınken ölüme. Yüzüm sokağa dökülüyor, yaşamak ne kadar ucuz, kederi ne kadar pahalı. Dönüyorum içimin dipsiz derinliğine. Şükrediyorum hâlime kadınlığımın, kulluğumun en edepli sesi ile. Bir Rabbime şükrediyorum, bir de sana sesleniyorum Şems dinle! Sadece serçenin ağıdını dinle.

Sana rüyalardan mı sesleneyim Şems! Rüyalar içinde rüyalardayım. Kahı kabus kahı uyku ezilmesi rüyalarım. O kadar rüya görüyorum ki bunlardan bir tanesini yazsam gerisini anlarsın sen.

Bir bahçe sarmaşıklar duvardan sokağa sarkmış renk renk çiçeklerle süslü bir bahçe. Bir ağaç ki gölgesi neredeyse bulutlara değecek, yaprakları yemyeşil salkım saçak yere doğru eğilen yapraklar. Dolaşıyordum bahçede. Rüzgârda uçuşan o yapraklar aniden ateşe dönüştü. Yanıyordu. Kırmızıydı. Kırmızısı bildik kırmızılara benzemeyen. Elimi uzattım yaprağa. Parmak ucumdan tüm bedenime bir ateş yürüdü. Kaçtım bahçeden. Yola çıktım, koşmaya başladım. Düştüm. Toparlandım. Kalktım, tekrar tökezledim. Arkamdan bir ateş nehri bana doğru akıyordu. Kuru bir ağaç gördüm. Tepesine çıktım. Ateş nehri kuru bir ağacın dibine kadar aktı. Baktım ki birde ne göreyim ateş suları çim olmuş. Dala oturdum. Çocukluğuma dönmüştüm. Karşımda doğduğum küçük evimiz. Annem yoktu, babam yoktu, kimse yoktu. Bir ses duydum ismimi seslendiren. Döndüm sesin geldiği yöne. Şems... Elini uzattın, verdim elimi, uyandım kan ter içinde. Ağzım yüzüm yara bere içinde kalmıştı. Güzel yüzüm bir gecede çökmüştü.

Yeter mi, ne dersin?

Sensiz zamanın tadı kaçıyor.

Sensiz hep bir yanım eksik. Bir dosta yaslanmayan yüreğin yarısı daima eksik kalır ya.

Gel Şems!

Dostum ol.

Yârim ol.

Yaram ol. Tamamlansın bu yürek.

Şems derin bir iç geçirdi mektubun son cümlelerini okuyunca: Kimya, nedir istediğin? Yakma kendini boş yere. İsmail'sen İbrahim olan dost olurum. Hacer'sen çölünde toz olan dost olurum. Kuyuda Yusuf'um, ya sen Züleyha mısın? Şimdi ne benden çekin ne aşktan elini çek. Sana açık kapıyı sonuna kadar araladım. İster ört geceyi üzerime, ister örsele gövdemi ancak şu sözü duyarsın benden: "Ey yüreğime vurulan yüreğim sadece yürekleri elinde tutanındır."

Kaşı kara, gözleri kara, bahtı kara Isfahan çiçeği Kimya'm.

Ömrümde özüme dokunan iki kadının hayatı makberleşti, biri asırlar önce yaşamış çöl aslanı Rabia Sultan diğeri ömrüme vakitsiz açmış çile çiçeği Kimya Hatun. Mürşid, sana gelen değil seni sana getirendir. Ben ki Şems her göze gözükenim ancak sadece hasrete, hasret kalan gönüllere erenim. Tasavvuf yolcusu önce yola gelmelidir ey Kimya, şimdi söyle yolcu musun, *yol mu?* Yolun var mı da yoldaş bulamadım diye feryat ediyorsun? Gönlüne erdin mi de gönüldeşim nerede diye sızlanıyorsun? Önce kendini bir bul bakalım! Ayağında diken yarası olmayan, sinesine gül kokusu süremez.

Yürek yaram, yüreğimin diğer yarısı, Şems'im...

Gecelerdir sayfalar dolusu mektup yazıyorum. Kime mi? Bilmiyorum. Yazılacak ne çok hayatımız var bizim, yeter ki yürekte biraz yazma dermanı olsun. Hüzün perdesini yırtmadan tutuşturmak mümkün mü? Yazmak sevdam. Sevdamı yazıyorum.

Gecelerden bir gece, yine gündüzden arta kalanları kendine gömüyor, hapsediyor sormadan. Yaşanan her ne varsa geçmişinde kalsın; mutluluk ya da hüzün, her ne varsa. Orada kalsın, bıraktım her şeyi, her şey kendi içinde üzeri örtülsün ve bir daha gün yüzüne çıkıp gün ışığına kavuşmasın. Mutluluk veriyorsa tebessüm oluşur cemalimizde, hüzne nedense eğer göz ardı edip, 'olan oldu' deyip önümüze bakarız. Gece ki en çok huzurdu bende ve günlük vazifelerimden kendi vazifelerimin yerini almasına bir vesile.

Çamurdan geçilmeyen yollardan geldim. Yağmurlarda yunup da geldim. Ömrümün ortasında seni buldum. Bu sabah sana yazmadan önce, dolaştığın bahçede, adımladığın avluda, gölgelendiğin korulukta dolandım durdum. Soluklandım kokunu. Korku tanımaz bakışlarını aradım çimlerin üzerinde. Bir kadın gördüğünde hemen başını çevirip, mahcup bakışlarını gömdüğün çimlere. Birden seni nefes nefes içime çektiğimi sandım. Elimi uzatıp ağacın birinden yaprak koparmak istedim. Önce gözlerim ıslandı, sonra ellerim. Her yaprak dile gelmiş soruyordu: "Hani nerde Şems'imiz" diye.

Gün senin terindeki damlayla başlıyordu. Onu içip içip kanıyordum. Gündüzler seninle aydınlanıyor, sonra nefesinin ıssızlığıyla kararıyordu. Gecem de gündüzüm de sendin Şems. Şimdi kim bilir nerelerdesin?

Hanımelleri sarsın tüm duvarları, tüm sardunyalar süslesin etrafı. Bir hanımeli kokusunda yıldızlar üzerine çıkıp oradan buraya el sallamak dururken başım önüme eğik boynumdan aşağı süzülen yaşlarımı bırakıyorum nedensiz bir şekilde. Nedenini bilmediğim duyguların harmanlanmasıyla süzgün bakışlar doğrultuyorum bir duvardan ötekine. Bilmek o kadar da mühim değil aslında, aslı bi-

linmek ya da bilinmemekle ilgili olsa da olmasa da asıl olan oydu oysa ve asla herhangi bir sözle itham edilmeye yüz bırakmak ihanetti ve sen ne söylesen de ne söylemesen de değişmeyecekti.

    Erguvanların açılışı gibiydi neşen. Gülmezdin bilirdim, bazen bir tebessüm görürdüm yüzünde ve oluşan gamzelerde deva aradım, beni oraya savursunlar isterdim. Bir gün bir yerlerde sana kavuşmayı beklerken göz yummayı da beklerdim. Yani hep ama hep senden gelecek bir şeyleri beklerdim, beklemekte de seni bulurdum. Sen oluyordun yaşantımdaki her şey.

    Bir sen kursam içimde yeniden öncekini yıkıp, bana el uzanmamış umutlar getirse ve bir gülümseyişiyle bana dünyayı da ahireti de bağışlasa! Bir sen vardın içimde, bunları yapabilecekken gittin. Seni sevenleri daha fazla üzmemek için gittin, kendini aşktan mahrum ettin. Gittin. Gitmeye cesaret eden yüreğin, kalmayı göze alamadan gitti. Sınanmaya yüz tutmuştuk. Sınanmış olmak için miydi gidişin? Ölçmek için miydi sadakatimizi? Hayır. Belki de evet. Yine bilinmezliklerin ortasında yapayalnız bir ben.

    Yolundaki tozlara kurban olaydım bir kere yüreğime değseydi yüreğin.

    Bir kere başını çevirip de bana seslenseydin ismimle, cennetin bahçelerinde ikimiz olurduk yüreğimin en büyük köşesinde. Gittin, gidişinle beni burada bırakmadın Şems, giderken beni öldürüp de gittin. Dünya gözüyle bir kez daha görsem diye dua etmekten dilim dudaklarımla bütünleşiverdi. Çaresizliğime çare olan sensin.

    Hep bambaşka baktım dünyaya... Bazen çocuksu şen, şakacı, bazen kendini içine kapatmış ketum bir kız. Kimse tam anlamı ile çözemedi. Annem bile. Bir Muhammed şah babam bir de Mevlâna babam ve ve ve ey aşk ey sevdiğim diye seslendiğim yüreğimin yâri Şems... Yaşıtlarımla köklü dostluklar kuramadım hiç. Abla ve abi gördüklerim daha sıcak geldiler. Büyüklerle büyümeyi istedim belki de. Şaşırmak isterken hep şaşırttım insanları. Kimi emsallerim kaçıyordu benden. Haksızda sayılmazlardı çünkü kendi gerçekliğini söyleyen bir aynaydım onlar için. Bu yüzden çekiniyorlardı. Kendi-

leri ile yüzleşmekten ürktüler.

Susuzum Şems. Açım yokluğunla sana. Irmak ırmak çağlayan sevdan beni kendine esir ediyor. Durduramıyorum bakışlarımı ve hep sana doğru yöneliyorlar. Başımı kaldırmam bile ayıp dururken gizli gizli seni izlemek oluyor tüm işim gücüm. Okuyorum, yazıyorum, ev işleriyle uğraşıyorum; yorulmuyorum. Sana huzuru getirenin ben olmamı ne çok isterdim. Ne fayda! Sen huzuru aşk yolunda buluyordun.

Aşka aşkla bağlıydın Şems! Ben de sana öyle. Aşk denince Şems yanardı da tüttüğünü kimselere söylemezdi. Bir ateş belirirdi zihnim, ateş senin etrafında pervane! Şems! Gel kurtar beni bu ateşsizliğin içinden! Durgun koyaklarda dinlenmeye lüzum yok Şems, beni ateşin en dibine koy, koy ki sana varmam ve seninle olmam bu yolda daha da kolaylaşsın. Şems ne olur adımların bana doğru olsun, bana ait duydukların sana doğru olsun. Şems beni yıkadığın nurunla aydınlat daima ve beni ben yapan senden asla uzaklaşma! Beni bende kılan sensin Şems! Sen Şems'sin, aşkın kulusun, kölesisin. Ben neyim Şems söyler misin?

Şems cevabına hazır değilsin anlaşılan, tekrar soruyorum "Ben neyim?".

Aşk vardı gerisi yalandı.

Aşk vardı, sevda vardı ve sen vardın. Ben yoktum her zamanki gibi. Bir ben yoktum Şems sende. Bir bana yer yoktu yüreğinin en ufak yerinde. Belki de vardı sen farkında değildin. Hiçbir kadını düşlememiştin, düşleyecek tüm engelleri kendin koymuştun.

Şimdi su katılmamış yalnızlıklarım var benim. Şimdi paylaşamadığım gözyaşlarım var. . Şimdi "Hayır." diyemediğim korkularımın koyu gölgeleri var. Şimdi, bana elini uzatsan tutamayacağım düşler var. Tüm susuşlarım, yeni bir cümleye başlamanın korkusundandı. Belki de sana olan tüm sözlerimin karşılıksız oluşundandı.

Âşık olan neyler sevdayı, yâreni?

Sen ki gözünün ucuyla değdiremediğin yaşları akıttığını gören olmasın diye içine içine ağladın Şems. Sen ki ruhunu doyuracak olanın aşk ibadeti olduğunu bile bile tabutlara sığdın Şems! Sen ki katran karası dünyada beyazlığını bulaşmaya çalışan gönlünü beni bilmeye bilmeye kapadın Şems! Sen ki yaşamını olacakları bile bile şekillendirdin ve gözlerini susa susa indirdin çoğu kez "Ol da gör!" der gibi.

Senin sevdan ile yandım, beden yandı tuzla sardım uykulara can doğradım gözlerimi bile sensiz üst üste yummadım. Seninle susmak en uzak gezegende baş başa bir hayat yaşamaktır. Seninle susmak, bütün yıldızları toplayıp odamın tavanına asmaktır. Seninle susmak, yanmadan güneşe ayak basmaktır.

Dağınık oldu mektubum. Yazmayı bir türlü öğrenemedim. Hasretin yorgun düşürüyor önce kelamı, sonra kalemi.

Beni aşka bağışla Şems!

Beni kendine bağışla!

Bizi sevda da kıl, mutlu kıl, vasıl kıl Şems!

Düşündüm. Durdum. Bir kaleme baktım bir kağıda. Bir de kalbime. "Bu mektupları kendime mi yazdım?" sözlerin hükmünü bozmanın en iyi yolu, kağıtları ateşe atmaktı. Ocağa baktım sönmek üzere. Kağıtları ocağa attım. Közlerin üzerine düşünce kâğıtlar aktı gözlerimden damlalar. O an kalbim yandı. Dayanamadım. Kağıtları ocaktan geri aldım. Kalbimi yakamadım Şems! Belli ki, ateşinle kalbimin, sözümle kalemin arasında. Seni rüyalarda aramaktan yoruldum. Dokun! Uyanayım. Ey suskunluk nefesim! Kalbimin tam üzerinden yakıcı bir solukla kopup gelenin! Gel seni son bir defa göreyim.

Gecenin altında. Toprağın üstünde. Dört duvarın hengâmesinde. Ağladım, karanlığı tırmalayarak. Ağladım orta yerinden ikiye bölünerek. Ağladım kıvranarak. Ağladım, ağlamaktan başka hiçbir şeyi olmayan bir ağlayışla.

Gel! Serinlet içimi. Ölü üzerine atılan toprağın serinliğiyle serinlet. Gel! Aydınlat içimi. Yağmurdan sonra doğan güneşin aydınlığı ile aydınlat.

Abdestimi bozan gülün dikenini sever gibi sevdim sana yazmayı. Akşamın soğuğuna yazdım seni. Irmaklara dökülmüş kuru gazellere yazdım seni. Karanlığın damarına yazdım seni. Bana "şah damarımdan daha yakın olana" duamdır. "Beni sana helal-i hoş eylesin."

Sensizim ya. Susulası çilelerim vardı. Yazmaya çekilirdim. Çekilesi acılarımı, kalem çekmeye yanaşmazdı. Bir çile ki, çekilişi benim sorumluluğum. Çilenin son ucu, ömrümün sonucu. Aşkın çilesi büyük dayanakmış. Hiç olmazsa çilesi varsa aşkın kendisi de varmış. Geceyi gündüze katmak, gözyaşını kağıda karmak, bu çileyi yüreğe mürekkep eylemekmiş. Ne de olsa aşka ümit varmış.

Son mektuba sıra gelmiştir. Şems dışarıdan cılız bir ses duyar. Kapıyı açıp avluya doğru baktığında bir kedinin kanadı kan içindeki bir kuşu yakalamak için kovaladığını, kuşun can havli ile oradan oraya çırpınarak kaçmaya çalıştığını görür. Kediyi kovalar ve kuşu avucunda odaya getirir. Kuşun kanadındaki kanları ıslak bir bezle siler. Korkudan ve soğuk havadan titreyen kuşu ocağın önündeki mindere bırakır. Kuşun önüne biraz buğday döker ve derin uykularla uyuyan Kimya'nın baş ucuna gelir. Onun yüzünü seyreder dakikalarca:

Ah Kimya! O kara kaşlarını kudret kalemi mi çekti mâh yüzüne. O sırma saçların balla mı yoğruldu? Nice dertler dökmüşsün. Mektup değil küllerinle kardığın bir acı külliyatı yazmışsın. Geceye renk veren zülüflerinden şimdi figanın incileri ağmış tel tel.

Yanan ve yakan ateşken; sönmüşüm. "Beni ilâhi aşka götür!" diyorsun. Ahh Kimya'm Belkıs'ın tahtını bir karıncadan istiyorsun.

Ey sevmelere doyamamışlığım!

Bu ayrılığı ömrüme kefen mi biçtin?

Sessiz zamanların yalnızlığında buldum seni. Öfkeli bir karanlığa bürünmüştü şehir ve sen tek başına sokaklarda yürüyordun. Kendi yalnızlığında yürüyen bir dervişin sabrını taşıdın sofralarına... Adının anlamını bilmiyordum henüz. Seni ilk kez düşündüğümde, yüksek bir uçurum oluyordu gözlerin, saçlarındaki iki damla ak, bir çift güvercin olup yüreğime konuyordu. Ve ben içimde seni düşünmenin adını bir türlü bulamıyordum. Söyle neydi sendeki bu gizemli yalnızlık ve bendeki bu tatlı karmaşa... Gönüllere insan sıcağı öpücükler konduran sendin. Bu yüzden sevdim seni her akşam bir başka insan güzelliğinde. Ve böylece duruldu içimdeki karmaşa.

Ben oldum olası düş zenginiyim ve düş bozumu zamanlarda bile sana rastlama ihtimalini terk etmedim. Sana karşı dilsizliğim, kurumuş dudaklarımın suyu özlemesidir. Yalnızlığım, seninle birlikte akmaktır yüksek dağların kıvrımlı vadilerinden.

Sessiz zamanların yalnızlığında umudu öğrettin bana ve sevmeyi... Yeryüzünün bunca genişliğinde aramayı ve bulmayı... Dar zamanlarda bir tutam menekşeye tutunmanın gücünü gördüm ve sarıldım, avuçlarımın yettiği kadar varlığına... Bir kez daha keşfettim, yaşamımın sende yeşeren tarafını...

Yazdıklarım bir sestir yankısını bulamayan... Yazdıklarım bir ateştir yangınına ulaşamayan... Yazdıklarım bir sestir... Bir sestir... Bir sestir çığlık çığlığa koştuğum aynaların içinde yol nerede başlar nerede biter bilinmez... Hayaller kovalarız kendimizin de bir hayal olduğunu bilmeden.

Ben bir kardelenim güneşini bekleyen. Kardelenler karın altından çıkarmış. Gökyüzüne sevdasından... Derler ki: O küçücük bir çiçek olmasına rağmen meydan okurmuş... *Onca ıssızlığa rağmen. Onca yalnızlığa bir başına direnirmiş...* Çünkü onun yüreğindeki volkan gibi duygular, onu asla yalnız bırakmaz, ebediyet yolunda evrenin kalbine çiçeklerini sunarmış. Çünkü son kararı verecek olan yüreğimdir.

Bir gül düşüyor geceme sensiz birden, ıslak gözlerinde yollar hasrete çıkıyor ve kokuna bürünen ay ışıkları ellerini terletmiyor ellerimde yüreğim yok artık. Bir sevda ki sensiz yaşanmıyor yazgılarımız kanar mevsimsiz tutar bizi bir yerimizden en olmadık zamanda, acımazsızdır belki de sevmek zamansızlıktır. Biliyorum; seninle asla birlikte olamayacağız ama kendimi senden alamıyorum. Ne yapsam fayda etmiyor. Sürekli olarak bu yanlışı ortaya koyuyor yüreğim. Yüreğim söz dinlemiyor... İyi ki de dinlemiyor...

    Asla şikâyetçi değilim ama bir şey var ki yüreğimi kanatan, bir şey var ki aklımı başımdan alan, seni kaybetmek gibi ve seni kaybetmesem bile asla kavuşamayacak olmanın derin acısı beni kahrediyor. Issız gecelerin koynunda alevden duyguların içinde yanmanın ne demek olduğunu, bana dönersen, benim gibi olursan anlarsın.

    Neredesin sebeb-i nârım? Neredesin? Bu yürek senin alevinle tutuşurken, sen alevleri içen o yerde misin? Ben kendimi oldum olası küçük bir kelebeğe benzetirdim, sen» serçecik» derdin sürekli bana. Bak serçeciğin üşüyor gelmeyecek misin Şems?

    Seni seviyorum ey Şems! Zanlı bir sevgi ile değil... İffeti çiğnemeyen bir sevgide, hiçbir beis yok ki. Seni öyle seviyorum ki, bu sevgiden sonra hiçbir seveni azarlayamıyorum, ayıplayamıyorum. Seven, sevdiğini görene baktıkça mutlu olurmuş ya, seni göremediğimde gözlerimle babamı süzüyorum seni görmüşçesine. Senden bir söz açılsa hemencecik can buluyorum sanki seninle sohbet ediyormuşçasına. Doğduğum yerimsin, doğduğum tarihim, ne zaman ölsem kucağında yine bahardır ölüm bana. Sen benim aşk duamsın aşk mabedim.

    Uzat ellerini Şems. Yokluğumu, yıkılmışlığımı sonlandır. Yalnızlığımı birleştir yalnızlığınla. Beni gözlerinde uyut. Masmavi rüyalar göreyim sevda yolunda.

    Sırların ortaya çıktığı mahşerde benim için, kalbimin özünde ve içinde "sevgi sırrı" kalır. Kınayan kınasın beni ey aşk, beni aşksızlara benzetme.

    Gel artık Şems!

    Hüzün toplayan gamzelerimin gizemini okşamasın haramî... Rüzgârlar. Seni beklerken nice zaman geçti gitti ömrümden. Kim sayabilir bu zamanı? ...Hangi kalem, hangi divit, hangi hokka akıtabilir kendini, bana akıttığın gözyaşları kadar...

    Yüreğim, umut çilegâhında doğup batarken, sen... Sen... Sen diye sesleniyorum kör zamanlara. Kan tuttu parmaklarım.

Oysa Yusuf'un gömleğini yüzüme sürdüm açılsın hasretin yolu diye...

"Yanan ben miyim yoksa sen mi Züleyha!...

Kenan illerinden tüten dumân yoksa Şems midir?

Ölüm tatlı bir uyku ise gömlek bekleyen gözlerim neden Şems'sizdir?"

Çöker gecenin karanlığı alnıma... Tüner hercai efkarlar sineme... Delik deşiktir sinem... Ah! Öyle yaralar var ki... Söyleyemedim. Söylesem de söz biçare... Söner ay parçası bakışlarım... Yetimliğim ile yıldızlarla avunmakta... Yitikliğim kör kuyularda. Gökten kan düşer, üşür ölüm bile. Ağla Şems yarım yaşıyorum hayatı. Tıpkı bir gelincik gibi dokunsalar dökülecek yapraklarım. Saçının telini en ufak bir yelden bile sakındığım Şems. Anla beni! Yarım yamalak bir yürek taşıyorum. Kalbimin söküklerini gözlerinden akan ışıklarla dikiyorum. Bir kelebeğim ben ömrü kısa... Gözü ateşte kanadından önce kalbi yanan bir kelebek.

Uzaklardan yağıyor hüznüm figân figân üstüne

Gök yırtılıyor kanıyor yaram hicrân hicrân üstüne

Yanıyor ateşim Şems hasret hasret üstüne

Bilirim, yanmaktır biricik çaresi aşkımın

Ağlatma da yak hali perişan bakma benim

Ben aşkın çocuğuyum, yüreğim vaktin kırılganlığında haylazca koşan bir çocuktu. Çocuk yürekte kırılgan vakitleri taşımak ne kadar zordur. Sen benden daha iyi bilirsin. Vaktin kör demindeyim Şems. Anın dilsiz ahlarındayım. Söz susar, ses diner, hayatın soluğu kesilir ayrılıklardan... Tesellisi olmayan ölümcül hallere düştüm. Halden hale geçiyorum. Delik deşik bağrım. Bir deşikten ateş akar, bir delikten hasret tüter.

Ah sevgili... İsmini geceye fısıldadığım Şems. Bak yine ezanlar okunuyor, niyaz vaktidir gelip çatan, sen gölgeni üstüme bırakıp gittiğinden beri ettiğim niyazın tadı yok. Aşkın beni çocuklaştırırken ayrılığının yaşlandırdığını gördüm. Yine de zamanla hüzünlü bir sevinci bekletiyorum içimde. Bu bekleyişle tutunuyorum hayata. Pencerelere bıraktım yüreğimi. Belki gelip de mahzunlaşan omzuma elinle dokunursun diye.

Sevdiğimden bîhaber Şems'im.

Kendi kendime bile itiraf etmekten kaçındığım bu gerçek, üç beş kelimenin içine yerleştirilebilir mi? Yine de söylemeliyim. Mecbur kaldığım için söylemiyorum. Aşk mecburiyet değildir. Sana sevdalıyım. Senli duygular her sabah yakama yapışıyor ve haykırıyor: "Adımı koy!"

İşte ben de bunu yaptım, adını koydum: "Sen aşksın. Aşkımsın. Biliyorum aşkın olduğu yerde hüzün başlar. Zaten sevgilerde hüzünle beslenip kök salmazlar mı? Her şeyin yolu yordamında gittiği kadın-erkek ilişkileri ne hüsran; ama ne de aşk çıkartır. Aşkın doğması için çilekeş olmak gerekiyor ya, anla Şems, çilemsin. Adını veriyorum sen çilesin. Ne güzel bir çile."

Aşığın yüreğinde sevgi engellere çarpa çarpa büyüyor. Yürek, ümit ve korku arasındaki "gel-git" ler, geleni olmayan bekleyişler, bekleyişler içerisinde sancı çekmelerle yürekliğin biliyor. Sen, bir yasak meyveye elimi uzatamadığımsın. Geçiyor zaman. Akıyor ömür. Neredesin Şems? Aşk kendimi fark edişim ama aynı zamanda sende yalnızlığımı yaşamamdır. Aşk, tek başına yaptığın konuşmalarda bulduğum huzurdur. Huzurum! Uykularım kaçıyor, neredesin?

Alevin gözyaşıdır bu, susuyor şimdi sesim

Ağlıyor aşk ile âlem, budur aşk hevesim

Sensizim, can veriyor sönüyor son nefesim

Duysan, dayanabilir miydin? Bak tükeniyor mecalim

Bir gün mutlaka geleceksin. Her şeye rağmen senden asla vazgeçmedim... Senden asla umudumu kesmedim. Sen, hayatımın anlamısın... Sen, hayatımın gayesi ve sen hayatımın gerçeğisin... Bunu sana nasıl söylesem bilmiyorum. İçimdeki yanan volkanların ateşi sensin. Sensiz ne dünüm oldu, ne yarınım olacak. Ve geceler boyu, içimde yanan ateşlerin kıvılcım kıvılcım yıldızların yoluna düşmesi, boşuna değil. Boşuna değil bu sevdanın yüreğimi yakması ve şiirlerimin yıldızlara akması, boşuna değil... Biliyorum boşuna olmadığını, sen de biliyorsun ama...

Yokluğun, denizde vurgun yemiş yanımdır ve 'cehennemin öbür adıdır üşüyorum kapama gözlerini' yüreğinin en sıcak yerinden öpüyorum.

Şems'im, bana yadigâr bıraktığın, upuzun bir yalnızlık ve hasretlerdir. Senden kalan kokuna sarılıyorum. O koku, sınırsız hatıralar denizi. Hatıralarından başka bir şey yok ki elimde. Gün geliyor hatırlar da yetmiyor. Gelirsen bir mevsim getir, adı ilkbahar olsun

Bu mektuplar içine yüreğimi koyduğum bir sandıktır. İçimde hayallerimi, yalnızlıklarımı, yaşanmamışlıklarımı, sitemlerimi, özlemlerimi, sancılarımı ve aşkımın mahremiyetini kâğıt kâğıt dürüp çeyiz olarak yerleştirdiğim bir sandık. Yüreğimin bütün kıvrımlarını bu kâğıtlara döktüm. Ey en aşk halim! Bütün bu yazıları hayalinin dizlerine başımı koyup ağlayarak yazdığımı ah bir bilsen. Kalbim ile kalemim arasında kapı yok. Biliyorum ki, yaralarımla çıkmamalıydım ortaya ama neylersen bu da aşkın cilvesidir. Yaralarımla yalnızlığımı yazmaktan başka çarem yoktu.

Özlem beni ne kadar uykusuz bırakırsa bıraksın. Uzaklığın beni ne kadar şaşırtırsa şaşırtsın. Ne özlemin ateşi beni değiştirir ne de günler beni senden uzaklaştırır. Ayrılığın gözlerimde ne uyku bıraktı ne de gözyaşı. Uykuyu unuttum ondaki rüyalarımı unuttum. Geceleri unuttum gündüzleri unuttum. Özlem ve acı, korku ve evham arasında. Ömrümden ömrümü al. Sadece seni görmem için bir bakışlık an bırak. Ey kalbimin nuru neredesin. Neredesin ki sana dert yanayım. Gözyaşlarımla sana anlatacaklarım var

Sen ey aşkımın cenneti ve özlemim ve deli oluşum! Sen ey ruhumun kıblesi ve coşkum ve hüznüm!

Ruhun konuşması ruhlara gider Aşkın gözyaşları taştı ve bir çığlık gibi benden çıktı ve feleklerin göklerine uçtu ve ağlayışım bütün âlemleri ayağa kaldırdı. Ne zaman kadar dilsiz bir çiçek gibi susacağım? Yokluğunda günler yıl gibi geçti. Eğer sen yoksan, bu dünyada kimsem yoktur.

Ey bana benden değerli olan! Ey dünün sevgilisi ve şu anın sevgilisi! Ey yarının sevgilisi Bir senin için hayatımı sevdim. Seninle ilk tanıştığımda kalbimi verdim. Ey kalbimin hayatı bu sevinçten başka bir düş bilmiyorum. Sana daha önce kimseye söylenmemiş bir kelime ile seslenmeyi umuyorum. Bütün aşkına denk bir kelime, bütün özlemlerime denk bir kelime senin gibi bir kelime ve senin gibi olan nerde? Sen yaşadığım aşkı bin aşk gibi dirilttin. Sana her bakışımda yeniden seviyorum. Seni hep seviyorum. Ben *dünyayı gözlerinde sevdim, bütün dünyayı hatta ayıran ve kıskananları bile. Bütün insanlar o güneş gözlerinde güzeldirler.*

Duam odur ki; "Ey Allah'ım! Bize ne ayrılığın acı kadehiyle sulanmış bir ömür, ne nerde olduğumuzu bilmeyen, bize uğramayan bir sevgi, ne de sevinç dışında yakılmış mumların olduğu bir gece nasip eyle! Böyle bir gecesiz ömür nedir ki!.."

Ah ey aşk! Akıbetimizi sana teslim ettik, ve ben hazin bir besteyle ağlıyorum.

Senden başkası okumasın, değmesin mektubuma bir başkasının eli denize düşmüş de yaşamaya çalışan bir insan gibiyim. Hayatımda ilk ve son sarılacağım insan sen olacaksın. Ama bir düşün; denize düşüşüm yorgunluğum olsun, çırpınışım ama becerikli, ama beceriksiz ama bilinçli, ama bilinçsiz ama işe yarasın ama yaramasın beni sana ya kavuşturacak ya da kavuşturmayacak.

Öldüğümde, bana artık cevap vermek zorunda kaldığında sırrımı öğreneceksin... Eğer yazmaya devam edersem bu mektupları yırtıp yakacağım ve her zaman ki gibi susmaya devam edeceğim. Ama bu mektuplar eline geçerse, bir ölünün yüreğini sana anlattığını, aslında başından sonuna kadar senin olan aşkını sana anlattığını bileceksin.

Yaşlar akarak belki uçar zerresi aşkımın

Ateşle yaşar yaşla değil yâresi aşkımın

Şiirlerimin hıçkırığı niyaz eder Mevlâ'ya.

Bak! Neler söyletiyor derdin kul Kimya'ya

Şems elini sedire dayayıp destek alarak doğrulurken ağlamaktan ıslanmış sakalını sıvazlayıp mektuplara sürdü. Mektupları sandığa tekrar dürüp yerleştirirken titreyen parmaklarına dudağı eşlik ediyordu:

Okudum yalnızlığını yanıklığını okudum Merdud-i Didem!

Sen beni seviyordun, âşıktın. Sende olan benimle ilgili şeyler ise bir heves değildi, oyun değildi, macera değildi, bencillik değildi, sadakat ve gerçeklik dolu gerçek bir aşktı. Bu yüzden sabretme gücün vardı. Tahammül ediyordun. Yalnızlık çektin.

Zorluk gördün. Feryat etmedin. Ümitsizliğe kapılmadın. Unutmadın. Sabır çektin. Oruç tuttun, ibadet ettin, inzivaya çekildin. Kendine daldın, zor geceleri yuttun, diz çökmedin, yıkılmadın, sabah çiçeğine benzeyen o ince bedenin, o kara fırtınaların vahşi darbelerine dayandı da kırılmadı. Ah Kimya! Sen aşkı bile ağlattın. Sen istediğini yazabiliyorsun. Ben mecburum içindekini saklamaya. Benim içimde bir Mevlâna vardı. Senin içinde bin Şems.

Kim öğretti Kimya sana bu halinle de tebessüm etmeyi! Seni vurduğum yerden kanıyorum şimdi. Ağlıyorum Kimya, öyle gözyaşları döküyorum ki ancak kirpiklerin silebilir.

Ah Kimya! Hüznüm sırdır, gözyaşım sır. Bir sır ki ne söyleyen duyar ne söylenen, melekler bile duymaz.

Ey Kimya!

Şimdi sorarım sana, hangi aşk daha büyüktür?

Anlatılarak dile düşen mi?

Anlatılmayıp yürek deşen mi?

YAŞAMAK: RÜYAMIN EN KISA HECESİ
ÖLÜM: GELİNLİĞİMİN KINA GECESİ

Gözlerim kan çanağı. Ceylan gözlerimden kan damlıyor. Kör karanlıklar yırtılırken göğümde bedenim bir ölüm arifesinde. Yeni bir hüzün soluyor safran sarısı ellerim. Artık kurtuluyorum dünyanın bal mumundan. Umutlar dahil ne varsa sevda adına biriktirdiğim, bir kıyametin eşiğinde bırakıyorum dünyadan aldığım her şeyi. Aslında hayattan bir alacağım kaldı aşktan yana. Şems'imi nasip etmesiyle ödeştim belki de kim bilir? Yolun sonundayım. Daha dün gibiydi yola çıkmışlığım. Yeni ölümler çizdim kayıp giden zamanlara, hatıralar dahil. Bu yüzden şafak sökmeden, serçeler ötmeden çıktım yola, uçurumlar seçtim boyuna. Hiçbir zaman pişman olmadım, bir uçurum kelebeğiydim nihayetinde. Ateşe gönül vererek uçtum. Yandım. Yıkıldım. Yaktığım ateşlerden daha beter ateşlerde yanacağımı nereden bilecektim. İyi ki yanmışım. Ne mutlu ki Şems'i yaşamışım. En hızlı ölümlerde ölmeliyim. Saçlarımı gece öpmeden. Şems'ten gayrisine haramdır ruhum. Dedim ya ben bir uçurum sevdalısıyım. Münzevi bir hayatım miras kalsın "kendinde yalnız" bütün kadınlara.

Mevsimin ilk karı yağıyordu. Yüzlerce serçe yeni kazılmış, misafirini bekleyen bir mezarın üzerinde uçuyordu. Karlı bir günde doğanı, karlı bir günde uğurlamakta vardı kaderin yazısında. Ayaz; yağan karları parlak kristallere dönüştürmüştü. Karların üzerine gökkuşağı doğuyordu.

Ayaz bir gece yavaş yavaş şehrin üzerine yayılıyordu. Bu gece diğer gecelerden farklıydı. Havadan beter daha ağır bir soğukluk vardı. Kefen rengine bürünmüştü Konya.

Kimya abdest almak için yattığı yerden doğruldu. Sendeledi. Döşeğin üzerine düştü. Şems'in camiden gelmesini bekledi. Yatağına uzandı. Kendini çok yorgun hissediyordu. Yorganına sığındı. Ellerini göğsünün altında kilitledi. Gözlerini tavana dikti. Ocaktaki ateşin ışığı tavanda şekilden şekle giriyordu. Çocukluğunu hatırladı. Kış gecelerinde tavandaki ışıklarla parmağı ile oyunlar oynardı kendince. Gülümsedi. Sonra derin bir iç geçirdi. Annesi Kerra, yengesi Fatma ile tarhana çorbası getirmişti. İçmek istemedi, hiç iştahı yoktu. Bir leğen ve ibrik istedi. Abdest aldı. Oturarak namazını kıldı.

Odaya, sırtına bütün üzüntülerini yüklemiş de gelmiş gibi iki büklüm ayaklarını yere sürçerek gelen Mevlâna girdi. Gözlerinde ha aktı ha akacak gözyaşlarının akmaması için kendini zorlayarak kızının yanı başına oturdu. Gözyaşlarının kızından saklamak istiyordu. Kimya'nın acısına acı eklememek istiyordu. Baba ciğeri ne kadar da parçaydı. O nurlu elleri ile kızının saçlarını okşadı. Eğildi alnından öptü. Halini hatırını sorduktan sonra:

- Kızım, dünya bir zindandır. Fakat zindanda olan ve zincire vurulan birine "Bu şehirde sadece benim için kalma, özgür kalabileceğin yeri seç!" diye söylemek ağlanacak bir durumdur. Kızım! Eğer dünya için biri, din için de başka biri kurban edilecekse ikinci kurbanlığa can kurban. Senin için iyi olan yol, beni ve geleceğimi düşünmeden yürümendir diyen babandır. Zira evlat babayla başlar, baba evlatla biter.

- Babacığım! Şimdi bu dünyada kalırsam sadece nefsim istediği için kalırım, gidersem sadece aşkım için giderim. Akıl hayatında yalnızlık zordur. Aşk hayatında ise kalmak zordur. Beni azade kıl. Azadeyim. Acuzeyim. Divaneyim.

Mevlâna kızının gözlerinin önünde her geçen vakit eriyip tükenişine dayanamıyordu. Tevekkül ve teslimiyetin tam inancı içerisindeydi. Fakat gök ekin misali solan kızının haline yüreği kan ağlıyordu. Kimya'nın yanaklarını öpüp namaz için camiye gitmek üzere yerinden kalktı. Günlerdir kızının sağlığı için niyazdaydı.

Babası odadan ayrıldıktan sonra Kimya tekrar yatağına uzandı. Acı çekiyordu. Ağrıları gittikçe artmıştı. Öyle bir acı çekiyordu ki, acılarını gözyaşlarına yüklemek için uygun bir köşe aradı gözleri. Gözleri yaşlı, gönlü ise ahiret neşesi ile doluydu. Yakıcı bir neşeydi bu. Yakıyor ancak doyulmuyor. Odanın içinde tatlı, uhrevi bir loşluk sarmıştı etrafı. O kara gözlerini sonsuzluğa salmış öylece duruyordu yatağın içinde. Elini uzatsa yıldızlara dokunacaktı sanki. Sonsuzluk her zaman olduğu gibi ilahî aşk ile semah ediyordu. Meleklerin kanat seslerini duyar gibi oldu. Sayıklamaya benzer iniltiler mırıldandı. Ağrı dolu göğsünün üzerine Kur'an koyulmasını istedi. Bir sükûnet, bir huzur gelip bu göğse yerleşti. Şems'ini yanı başında görmek acılarını az da olsa dindirdi:

"Beni senin uğurlamanı istiyorum. Seninle yürüdüğümüz her yere benden selam söyle, benim adıma vedalaş."

"Ben zaten bunu yaptım."

"Aşkımın üzüntüsü ile ölünce beni sevgilimin ilk ayak bastığı yere gömün. Çünkü maşukun ayak vurduğu yer Firdevs'tir..."

Odada ölümün gölgesi dolaşmaktaydı... Sessizlik ve ağır bir keder çökmüştü... Sessizlik... Sessizlik... Sessizlik...

Şems bu zamana gelene kadar, gözünün önünde yitip giden sayısız hayat görmüştü. Çaresi olmayan hastalıklar, onlarca köyü kırıp geçiren salgınlar, savaşlar...

Şimdi içinde bulunduğu durum da belki onlarla aynıydı

ama Kimya'da bulduğu aşk onu, beşeri aşkın ne anlama geldiğini yaşatır hale getirmişti. Kimya'nın günlerdir çektiği acıları an be an artık o da bedeninin her tarafında hissediyordu.

Koca Tebrizli, dili bir bıçaktan daha keskin, bir âlimi ilimle tanıştıran bilge, ilahî aşkla yoğrulmuş derviş... Şimdi, Kimya'sının hastalığına çare bulamaktan muzdarip.

Kimya yavaşça ve hafifçe yatağa yattı, kıbleye döndü, beklemeye başladı. Bir dakika geçti, bir dakika daha ve dakikalar... Kirpiklerini kapadı ve ceylan gözlerini onu bekleyen mahbubu Şems'ine çevirdi. Önce ardıç tahtası ile kaplı tavanda gezindirdi gözlerini, usul usul inen gözleri sonra taş duvarlara süzüldü, sanki duvarın içinden bir gölge gibi geçiyordu. Ne çok konuşmuştu taş duvarla. Sırlarını döktüğü rüzgar yalımı yemiş duvarlara. Bakışları odanın içindekilerine çevrilmişti. Annesi, babası ve maşuğu Şems. Topladı kendini zar zor çıkan sesine kısık kısık esen nefesinden medet alarak:

- Annem, babam hüzün gurbetinden neşe yurduna hicrete edeceğim şu son demlerimde Şems ile baş başa kalmak istiyorum. Onun soluğu ile, onun kokusu ile uğurlanmamı bana çok görmeyin. dedi.

Kerra Hatun ilkin çıkmak istemese de, Şems, "Çıkın!" dedi odadakilere. "Beni, Kimyam ile baş başa bırakın..."Şems, Kimya'nın yanına diz çöküp, elini alnına götürdü. Hastalığından, ince ince ter birikmiş alnını hem elleriyle kuruladı, hem de şefkatle okşadı.

"Şems..." dedi yeniden aynı takatsiz ses.

"Söyle Kimya'm, söyle Canparem. "

"Sana gitmeden diyeceklerim var. Biliyorum, artık çok yakın. Canım çekiliyor sanki ağır ağır. Ayaklarım üşüyor. Soğuk artık tüm bedenimi sarmalamaya başladı. Dedim ya sana son kez diyeceklerim var. "

Şems sessizce dinlemeye koyuldu.

"Bir rüya gördüm Şems'im. Taştan bir evin içindesin. Tavanı yok. Kapkara gece yukarıda. Duvarları gece kadar kapkara. Yangın yerinden sonra gibi. Senin yanındayım ama sen benim orada olduğumun farkında değilsin. Sana olduğum yerden 'Gitme!' diye bağırıyorum. 'Seni öldürecekler!' diye feryat ediyorum ama sanki sen beni duymuyorsun. Taştan evin ortasında bir kuyu var. Benim sesime kapkara yedi tane kuzgunun sesi karışıyor. Senin üzerine konuyorlar. Sen onlara, onlarda sana öylece bakıyorlar. İçlerinden en cılız olanı seni ısırdığında, diğerleri de ona ayak uyduruyor."

Şems, Kimya'nın anlattıklarını dikkatlice dinliyor, arada sırada hasta karısının başını okşuyordu.

"Sen kendini üzme Kimya'm..." diyebildi sadece. Kimya anlatmaya devam etti. Bu kez söyledikleri, az öncekilerden daha fazla içini acıtıyordu Tebrizli'nin.

"Mezarıma bir ferace sersinler. Taşımın üzerine 'Şemsin Kimyası' yazsınlar. Bin ömürlük nefesim olsa hepsi de Şemsime feda olsun. Üşüyorum toprağın altında Şems. Uzat ellerini yeniden dirilsin bu yürek... Günü gelir beni sorarlarsa, kimdi Kimya derlerse size Allah'ın sevgili bir kulu olabilmek için çabaladı hayatı boyunca desinler. İlahî aşk ile tutuştu ve bir secde anı içinde canını verip gitti bu dünyadan, Şems'inin dizinde secdesini yaptı diye anlatsınlar."

Şems daha fazla dayanamamıştı. Gözlerinden akan yaşlar, sakalını ıslatıyordu. Boğazına çöreklenen yumru, giderek büyüyor, sanki onu nefessiz bırakıyordu.

"Ağlama," dedi Kimya. "Unuttun mu? Ölmek en büyük vuslattır. Cenab-ı Hakk'ın bana emanet ettiği ruhun, şimdi gerçek sahibine ulaşma zamanıdır. Âşık, maşukuna kavuşacak artık. Bu kavuşma yeniden doğuş olacak. Bütün doğumlar sancılı olurmuş ya. Aslında ben bunu bilmiyorum. Anne olamadan, sana bir evlat veremeden gidiyorum, kusurumu bağışla Şems'im...

Ben yeni bir doğuşa hazırlanıyorum ya. Çektiğim bunca sıkıntı, acı bundandır. Ölüm günü tabutumu servi ağacından yapın ki gidiyorum yükseklerin yüksek acısına. Söyleyin kadınlara bundan sonra kına gecelerinde avuçlarına kına yakmasınlar. Şems'in parmak ucu değdi değeli bütün kadınlarında bir güneş parlar. Örtmeyin kızıl acılarımı.

Ey Şems! Ey aşkın soluğu! Nefsimi öldürdüm. Bu dünyaya ait şu zayıf, şu cılız bedenden başka şey kalmadı. Kalbimi sorarsan, orada yalnızca cennet kelimeleri saklı. Şems'e ayan sözcükler kaldı. Kim benim kadar hasrettir, yaşanılmamış sevdaları yaşamaya ben güneş ülkesinde, çiçeklerin sevgi açtığı yerdeyim... Ellerim karanfil, ellerim gül. Gelirken kendini getir ne olur. Kan kırmızı düşlerimden inme ne olur. Ah Şems! Yüzünde bir öpücüklük ben olsam.

Kimya'nın bu sözleri karşısında, bir meclisi susturan Tebrizli Şems, susmanın ne demek olduğunu şimdi daha iyi anlıyordu. Âlimlere akıl veren koca dervişin aklı, sanki bir bıçakla ortadan ikiye ayrılmıştı. Elinden gelense sadece, aşkına gözyaşlarını sunmaktı. Şems ağlıyordu

"Bak!" diye fısıldadı Kimya. Gözleriyle kapının olduğu yöne bakıyordu. "İşte geldiler. Beni Rabbime kavuşturmaya geldiler... Sorsalar bana: Ne kadar yaşadın? Bir günde bin ömür yaşadım, bin ömürde ise bir gün. *"Sizi çağıracağı ve sizin de onu överek bu çağrıya cevap vereceğiniz ve kendinizi yeryüzünde çok kısa bir süre oyalanmış gibi hissedeceğiniz bir Gün..."* (**İsrâ**, 52)

Hakkım varsa helal olsun Şems'im. Hakkını helal et!"

Gözyaşlarıyla ıslanmış sakallarının örttüğü dudaklarından iki kelime duyuldu.

"Helal olsun..."

- Şems son bir arzum var, yapar mısın?
- Buyur var-ı canım, söyle nâr-ı canânım.
- Elimi tuttun, alnıma yanağıma buseler kondurdun. Bir kez bile saçlarımı okşayıp dudağıma buse sunmadın. Dünya zindanından giderken beni busen ile gönderir misin? O cennet kokulu soluğun leb-i beyzâ'm olsun.

Şems akan gözyaşları yanağından dudağına sızan Kimya'nın dudağını parmağı ile öpüp alnına sürdükten sonra usulca eğilerek dudağını Kimya'ya doğru götürüyordu. Zaman donmuştu. Mekan sarsılmaya ramak kalmıştı. Yaklaştı... Yaklaştı. Ilık nefesi Kimya'nın gamzesinde bâd-ı berîn oluyordu. Yaklaştı... Yaklaştı... Şems Kimya'nın dudağına doğru eğilirken pencereden bir ışık huzmesi süzüldü odaya. Oda göz kamaştıracak bir şekilde ışıkla dolmuştu. Bir gül kokusu yayıldı odanın her yanına. Kimya başını pencereye doğru çevirdi. Hemen ayaklarını dizlerine, dizini ise karnına doğru çekti tıpkı bir bebeğin anne karnında durması gibi. Kimya yatağın içinde doğrulmaya çalıştı. Tebessüm etti. Dudaklarından " Efendimiz.. .Efendimiz"... Çivit renkli yastığa kan ile şahadet teslimiyeti düştü:

"Eşhedü en lâ ilâhe illallah ve eşhedü enne Muhammeden abdûhü ve rasûlühû"

Şems Kimya'ya sarıldı. Sarsılarak ağlıyordu artık. Hıçkırıklarla çatallaşan gür sesi önce odayı, sonra dergâha oradan da tüm şehri sarsıyordu:

"Kimyaaaaa!

Kimyaaaaaa!"

Şems'in sesini duyan Kerra Hatun girdi odaya ilkin. Peşi sıra gelen, Mevlâna, Sultan Veled ve Fatma Hatun ...

Kerra Hatun, yatağında cansız yatan kızının ellerine yapıştı. Haykırarak ağlıyordu. Ardından ağıtlar yakıyordu, küçük kızı için. Ateş düşmüştü ve ağır ağır, acıta acıta Kerra Hatun'un ciğerini yakıyordu. Kim ne derse desin, o anaydı. Küçük kuzusunun, anasıydı.

Şems, duvarda asılı olan ipek mahfazanın içinden Kur'an-ı Kerim'i çıkardı. Kitabın kapağını açtığında kucağına düşen akasya çiçeğini gördü. Yavaşça alıp, kokladı. Kimya kokuyordu.

Mevlâna ise can dostuna sarılmıştı. İkisi birden sessizce gözyaşlarını paylaşıyorlardı...

Arştan melekler iniyordu. Arzdan kelebekler yükseliyordu. Bir zemheri iklimde çatlamış dudak dualar okuyordu. Kimya'nın okuduğu dualar yankılanıyordu odada. Şu kirli ve günahkâr yeryüzünü temizlemek ister gibi katre katre düşen dualar. Baştan sona bir rüya kadar anın yerküresinden uçarken kelebekçe iki emanet bırakıyordu dünyalılara: Aşk-ı Şems'ten, aşk-ı İlahiliğe yol pusulası ve Mekke kokulu dualar...

Bir namaz ferahlığı içinde sana gelmeme izin ver Rabbim. Yolumu aç! Kalbimi süreyim, gözyaşlarımı süreyim, şehadet parmağımı süreyim, Muhammed'e dualar süreyim uçsuz bucaksız yolunu aç Rabbim. Sevgilinin yürüdüğü yolların tozu sana alnıma değsin. Yoksulluğumla, çaresizliğimle, kimsesizliğimle sana geliyorum ey aşk! Yolumu aç! Gülümsemeler arasına saklanmış gururlardan, gözleri şaşılaştıran şehvetlerden, içimize vesvese fısıldayan fitnelerden, düğümlere üfleyen hasetlerden sana sığınıyorum Allah'ım. Eli boş gidilmez gidilen yere, Ey İlâhî! ben boş gelmedim, suç getirdim. Günah getirdim. Dağlar çekemez o ağır yükü, iki kat sırtımda pek güç getirdim. Elimi tut! Ellerimde derman kalmadı. Tut elimi Rabbim. Beni bana bile bırakma!

Ya Rabbi! Bana birçok nimetler verdin, ancak beni şükreden bulmadın.

Bana bela verdin, ama beni sabreden bulmadın.

Eğer bana azap edersen, ben buna layığım.

Eğer affedersen sen buna layıksın.

Yâ ilahî! Haşrinde ve neşrinde bana rahmet et. O gün benim yerimi aşk meclisinde oturan dostlarının yanı eyle. Meskenimi sana yakın eyle.

Yâ ilahî! Yunus Peygamber gece karanlığında iken, sana "Senden başka ilah yok, sen bütün eksikliklerden münezzehsin." diye dua etmişti de, sen onu kurtarmıştın. Yunus'u gece karanlığında günahından kurtaran Rabbim! Sana günah karanlığında dua ediyorum. Beni kurtar.

İnsan, ancak Allahtan uzaklaşırsa mutsuz olur ve yalnız O'nda huzura kavuşur. Allah'ım sana geliyorum. Seni tanımanın dışında hepsi boştur, manasızdır. Nurlu yollarında bana rehber ol. Ey aşk! Acı bana.

Rabbim! Dünyada aşkın ile yanan kullarını o karanlık günde Cemalinin nuru ile dirilt ve kabrimizden aşk-ı muhabbet ile kaldır.

Rabbim! Seni seviyorum… Allah'ım ne büyük lütuflarla kuşatıyorsun beni!

SÖZÜN SONU

Geçtim Diyar-ı Yârdan, Bana Yadigâr Yaram Kaldı,
o da mahşere kaldı

Hayatını sevgilinin yoluna adayarak kazanmak; hayatını yaşayarak sevgiliyi kazanmakla aynı şey değildir. İnceliğin ve duyguların zirvesindeki ruh; sevgiliyi, hayatını ona adayarak kazanır. Maşuk yanına değil yarana gelen demekti. Benim üç yaram var: hayat yarası, ölüm yarası ve aşk yarası. Sen hangisine geleceksin Şems?

Muhabbet ve sevgi dolu bakışına feda olayım Şems. O iki siyah göz değil iki güzel gökyüzüdür. Gözlerim bakışlarının vatanıdır. O gönül gözü ile ilahî güzelliğin nüzulü görülür.

Kâinat kitabını oku ey insan! İnsan gözlerini tabiata kapamamalı onu anlamaya çalışmalı. İnsan ümmetliğini bilmelidir. Ümmet, ortak bir inancı olan, ortak bir amacı paylaşan insanlar topluluğudur. İnsan, olmayanın arayışına düşmemeli. Aşkı aramalı. Aşkı aramayan kendi özünü âlemden ayrı kendi ruhunu âlemle uyumsuz sanır.

"Ol âşıklar ki zehri içerler sevgilinin dilinden, şekeri yemezler başkalarının elinden."

Ey toprak! Ayrılık köşesinde bizi tek başımıza kalmış sanma; eğer sevgili senin koynunda yatıyorsa elemi de bizim koynumuzda yatmaktadır...

Ben kenarı yarım gülümsemelerin değil, acısını dudağında bir çizgi olarak hüzün gülümsemelerinin gölgesinde kalbine gömenlere sesleniyorum. Aşkı konuşan değil; başkalarından, ötekilerinden, hatta kendi benliğinden dahi sakınıp saklayanlar beni çok iyi anlayacaklardır. Gelin. Uzaktan, çok uzaktan yüreklerinin bir emaneti gibi aşkına sadık kalanlara gönüldaş olalım.

Aşk denilince, sırların kutsallığına inanarak kör kuyulara sırrını fısıldayan aşk yolcuları olalım. Aşkın kıyılarından bakan bir "ben"iniz olsun. O vakit göreceksiniz ki, söyleyemediğiniz sözler, yazamadığınız kelimeler, suskun kaldığınız zamanın derinliğinde aşkınızı keşfedeceksiniz. Ben size ayrıntıların örtüsünü açmak istiyorum. Kendinizi ömrün kıyılarında saklamayın, aşkın yankısını içinizin içine yerleştirin. Aşk hayatın tam şeklidir. Bedenler, birbirinize en kolay verebileceğiniz şeylerdir; asıl mesele, hayatınızı verebilmenizdir. Baştan aşağı bir aşk olabilmek, bir aynanın içine iki kişi girip oradan tek ruh olarak çıkmaktır.

Ben, aşk ülkesine bir geçit arayan yolcuyum. Bir geçit. Sadece bir geçit... Bir rüyadan ibaret sayılan şu dünya hayatında razıyım geçitlerin izbe karanlığına. Razıyım kalabalıklar içerisinde yalnız kalmaya. Bilmezdim. Beklerdim. Görmezdim. Beklerdim. Bana aşk ülkesini ilk Şems anlattı. Şimdi sorarım size, Şems'iniz nerede?

Anlayın beni, anlayın ey aşka sadık kalpliler! Siz Şems'i sadece duydunuz da âşık oldunuz, ya benim yerimde olsanız nasıl lime lime ciğerinizin dağlandığını görürdünüz. Ben bir kokusu ile vurgun yedim, bir de benim kadar Şems'e ayan olsanız ne kıyametler devirirdiniz: «Şems›im neredesin ?" diye...

Yürek kaleme sığmaz kan damlar beyaz kâğıda, aşk ancak bu denli düşer sükûta. Hamuş olsa da dil ele ne? Göz göğe aksa da sele ne? Yürekte kesilmez sur üflenir, dağdan esen yele ne? Hamuş yürek ne güzel hoş geldin demiş aşkı gözyaşları ile yazana. Aşkın cemre cemre düşen harfleri zamana sığmaz bir sızı ki ah etsen olmaz, etmesen âleme Şems doğmaz. Aşk içre yanan yakılan sineleri ile Şems'ine vuslat eden yüreklere selam olsun....

"İçimin yangınından neler çektiğimi nasıl söyleyeyim sana?

Yarı hüzün, yarı acı olan benim hikâyemi Aşkın Gözyaşları'na sor. "

KAYNAKÇA

Mesnevi şerhi – *Şefik Can,* Ötüken yay.
Mesnevi şerhi – *Tahir ' ül Mevlevi,* Şamil yay.
Tefhimu'l Kur'an Mevdudi insan yay.
Kuşeyri Risalesi –*Süleyman Uludağ,* Dergah yay.
Sonsuz Nur, M.Fethullah Gülen, Nil Yay.
İnsan-ı Kamil, Azizüddin Nesefi, Dergah yay.
Tasavvuf Tarihi, Prof.Dr. Cavit Sunar, Anadolu aydınlanma Vakfı yay.
Aşk bir dava ya benzer , H.nur Artıran, Sufi yay.
Can-ı Candır, Cemâlnur Sargut, Nefes yay.
Ey insan, Cemâlnur Sargut, Nefes yay.
Peygambere Sevdirilen Kadın, Cemâlnur Sargut, Nefes yay.
Hz. Adem, Cemâlnur Sargut, Nefes yay.
Gönül sohbetleri, Tuğrul inançer, Sufi yay.
Mir'atü'l Arifin, Sadreddin Konevi, Gelenek yay.
Hayal bilgisi 4.sayı Mevlana ile bir Ömür, Şefik Can, Sufi yay.
İntiha-name-i Sultan Veled , Hülya Küçük, Ataç yay.
Üç Muhammed, Mustafa İslamoğlu, Denge yay.
Doğuştan günümüze İslam Tarihi, Akçay yay.
Ariflerin Menkibeleri, Ahmet Eflaki, Kabalcı yay.
Şifaü'l esrar Seyyid Yahya Şirvani, Sufi yay.
Yalnızlık Sözleri, Ali Şeriati Fecr yay,
İsim ve ateş, Nazan Bekiroğlu, Timaş yay.
*Aşkın sönmeyen ateşi , Mustafa Demirci,*Timaş yay.
Divan-ı Kebir ,Şefik Can, Ötüken yay.
Mevlana Hayatı, fikirleri ve şahsiyeti, Şefik Can, Ötüken yay.
Kamil Mürşidlerin Mirası, A. Yüksel Özemre sufi yay.
Güneşimin Önünden Çekil, A. Ali Ural, Şûle yay.
Zebür-i Adem Peyam-i Maşrık, Muhammed ikbal, Sufi yay.
Allah Dostlarında Sohbetler, Tarık Velioğlu, Hayy kitap
Şeyh Sadrettin Konevi, Mevlüt Bayraktar,
İslamda Aşk Tasavvufu, Joseph Norment Bell İnsan yay.

Sinan Yağmur'un kalemi ile;

KERBELÂ, AŞK'A BELÂ
İmam Hz. Hüseyin
Biyografik Roman

<u>Şubat 2012 Kitapçılarda</u>

Belâ; Varoluşumuzun misakıdır. Elest âleminde Allah buyurdu: *"Ben sizin Rabb'iniz değil miyim?"* İnsanlık, hep bir ağızdan: *"Belâ"* diye söz verdi.

İmam Hüseyin kimin kulu, kimin torunu, kimin oğlu olduğunu çölün çığlığında *"Belâ"* kavline akan kanı ile sahip çıktı. Ya sizler?

Siz, hâlâ yas tutmaya devam edin!

İki tufanım vardı. Yedi yaşındaydım. Bir sabah annemin ve babamın hıçkırık sesleriyle uyandım. Ağlayışlarının nedenini öğrendim. "Dedem!" dedim. Koptu tufan. Kerbela'dayız. Günlerdir susuz kalan yeğenimi kucağıma aldım. Parmağımla dudağımı yokladım. Yoktu bir damlacık tükürüğüm. Ağlıyordu. Ciğeri kavrulmuştu susuzluktan. Kumun üzerine kolumdan akan kan akmıştı. Parmağımla kumdaki pıhtıya bandım, kumu ağzıma aldım. Kumları yuttum. Kanı tam yeğenimin dudağına götürüyordum başı koluma düştü. "Bebem!" dedim.

"İsmim Allah tarafından Cebrail aracılığı ile dedeme bildirilmiş Hüseyin'im ben. Kulağıma ezan okuyan bir Peygamberin torunu. Siz zulüm cemaati! Bugünden sonra hep zillet içerisinde olacaksınız. İki yakanız bir araya gelemeyecek. Kan ve ateş Sizi bırakmayacak!" Suretleri batılın rengine batmış hırs asilerini " Zikrullah" sesi ile susturuyordu İmam Hüseyin.

" İki dünya mutluluğu iyi kurban olmaya bağlı. Kurbanınım Rabbim. Çöle çakal sürüsü toplanmış. Ey sahibim! Koyun ve kuzuları koru! Ey Ehl-i Beytim! Kendiniz için hiddetlendiğiniz halde Allah için hiddetleniyoruz diye hiddet gösterisi yapmayın. Bugün burada Allah için kulluğunu arayan kurbanlarız. İsmail dedemi hep yanımda gördüm. Tevhit hırsızlarına karşı kurbanınızı koruyun"

İmam Hüseyin namaza durmuştu. Arkasında iki kişi ona saldırmak için fırsat kolluyordu. İmam namaz selamını verirken birisi irkildi geriye doğru çekildi. Arkadaşı:" Ne yapıyorsun? Tam sırası. Yanında kimse yok. Birlikte namaz kılarken çullansaydık tepesine ya". Diğeri:" Rasulullah'a kılıç mı çekeceğiz? Baksana orada namaz kılan Peygamberimizdir." Der.

Ubeydullah Yezid'e mektup yazar: Kerbela'da Hüseyin ve ehlini kuşatmamız devam ediyor. Gün geçtikçe bizim tarafımızdan Hüseyin tarafına geçen taraftarlar artıyor. Ne yapmamı dilersiniz? Yezid cevabi mektup da 'Ben seni oraya dırdır yapasın, mazeret gönderesin diye yollamadım. Senin yerine bir ihtiyar kadını komutan gönderseydim şimdiye kadar görevini layıkıyla yapardı. Hüseyin sağ çıkmayacak. Bundan sonra o hayatta olduğu sürece bana uyku haram. Ne Mekke'ye dönsün ne Kufe'ye gitsin. Kes başını iş bitsin. Onun başı gelmezse, kendi kelleni bana sepet içinde göndersinler.

İmam yaralıydı tek başına Sinan b. Enes imamın arkasına doğru dolandı. İmamın arkasından gelerek mızrağını köprücük kemiğinden saplayıp göğsünden çıkardı. İmam yüzünün üzerine kumlara düştü. Sağ tarafa doğru döndü. Eliyle mızrağın uç kısmını çıkarmaya çalıştı. Mızrağı çekti. Yönünü gökyüzüne çevirdi. Sağ elini havaya kaldırdı. Gözleri tebessüm içerisinde:" Dedem.. Babam... Annem... Kokunuzu özledim. Geliyorum. Şehadet parmağı havada:" "Şehadet ederim ki Allah'tan başka ilah yoktur ve yine şehadet ederim ki Muhammed onun kulu ve Peygamberidir".

Cesedi atlarla çiğnendi. Elbiseleri tek tek çıkarılıp çıplak bırakıldı. Askerin birisi parmağındaki yüzüğü çıkaramayınca imamın parmağını kesti. O parmağa o yüzüğü Hz. Fatma takmıştı kendi elleri ile. Şimr, Havli ve Sinan atlarından inip imamın her bir kemiği ezilmiş, kolu bacağı vücudundan koptu kopacak olan sallanan bedenine tekme atmaya başlar. Sinan kanlı kılıcını son bir hamle ile imamın boynuna vurur. Öyle bir hızla vurur ki, gövdeden ayrılan baş yuvarlanarak bir adım ötedeki çukura düşer. Şimr kesik başı saçlarından tutarak havaya kaldırıp bağırır: Yaşasın Hüseyin için cehennem!

Gözleri dönmüş çapulcular, imamın naaşının başında toplandılar. Niyetleri müsle yapmaktı. Ellerinde bıçaklar, imamın burnunu, kulağını kesip hatıra olarak saklamayı düşünüyorlardı. "Veyl olsun! İmam'ın teline zarar veren ellere." Nidasını duyunca vaz geçtiler. Ses, Hz. Peygamber'in Veda Haccı'nda ki sesiydi.

İmamın başının ardından, yetmiş iki şehidin de teker teker başları kesildi. Başları kesenlere Yezid mükâfat kesti. Ziyafet sofrası kuruldu. Şaraplar döküldü kâselere. Her kâseye bir şehidin kanı damlatılarak." Bugün dünya bir beladan kurtuldu" diye nara atan Yezid yanındaki rakkaseye seslendi" oyna, bugün benim düğünüm var."İmamın başı masanın üzerine konur. Yezid elindeki sopa ile imamın dilini dürter." Konuşsana Ali'nin oğlu. Ne oldu dilin mi koptu? Kahkahalar attıktan sonra yanındaki askere: Dilini kesin köpeklere atın! Emrini verdi.

Bir gün Hz. Peygamber, eşi Ümmü Seleme'ye bir avuç toprak getirip saklamasını istedi. Ümmü Seleme annemiz: Bu toprak neyin nesidir? Peygamberimiz:" Bu toprak kan haline gelince bil ki reyhanım Hüseyin şehit olmuştur. Ümmü Seleme bu toprağı sırça bir çanağın içinde sakladı. Yıllar sonra. Bir ikindi vakti, toprağın kan haline geldiğini gördü. Ağladı. Oraya bayıldı. Rüyasında Peygamberimizi gördü. Peygamberimiz sürekli ağlıyordu. Saçı ve sakalı toz toprak içindeydi. Sordum: Ya Rasulallah sana ne oldu? " Biraz önce Hüseyin'imi şehit ederlerken Kerbela'daydım.

İman tarihimizde var olan sermayelerin en değerlisi şehadettir. Şehadet geleneğini unutup şehitlere mezarcılık yaptığımız günden beri İmam Hüseyin'in kanı daima ıslak kalacaktır. Yas tutmak değildir Hüseyin'i anlamak. Hüseyin bizden gözyaşı, inilti istemiyor. Onurlu bir kul olarak yaşamayı. Bu yaşayışa Yezidlik yapanlara karşı şehadet şerbetini içmeye davet ediyor. İmam Hüseyin bize, şehadetinden de büyük bir ders vermiştir. Bu ders, Haccı yarıda bırakıp, şehadete doğru yola çıkmasıdır. Bedeninle Kâbe'yi tavaftasın. Ruhunla Yezid'in yeşil sarayında sofradasın. "Hak ile batıl arasında geçen savaşa katılmadıktan sonra nerede olursan ol, ne fark eder? İster namaza dur! İster içki sofrasına otur; ne fark eder!

Ey İmam! Tam on dört asır geçti. Sesin hala taze, kanın hala ıslak. Sen söylenmesi gerekenleri söyledin, işitmediler. Sen Kuran'da hayat buldun. Karşına Kuran'ı mızraklarının ucuna takıp çıktılar. Konuşma! Sus! Diyorlardı Hüseyin'e. Nasıl susabilirdi; Deccaller karşısında susmak kabir azabından beterdi. Kanla örtülü çölde, şehadetin denizini taşıyarak başını verdi.

Sinan Yağmur'un kalemi ile;

ÖLÜMÜ ÖPEN DERVİŞ: HALLÂC-I MANSUR

Biyografik roman

Nisan 2012 kitapçılarda

Vay ki vay kalbime! Allah'ı anmayan kalbi lime lime edesim gelir. Yol Mekke. Yön Kâbe. Hıçkırıklar sel olur ıslatır mabet perdesini. Günlerce, haftalarca güneşin altında oturur. Karşısında Kâbe. Başkalarının gözü kamaşır bakamazken o tutuşan gönlü ile " En'el Hak" diye haykırır. Çınlar Mekke sokakları. Uyanır uykusunda olanlar. "En'el Hak" nidasını duyan koşar Kâbe'ye. Gelenler de haset ateşi. Onda İlahi aşk ateşi. Ateş nehrini yutar Hallâc'ın gözünden akan bir damla gözyaşı.

İdama götürülürken bakar kendisini seyretmek için sokağa dökülen halka. Ayak takımından birkaç kişi: Vah hürriyeti alınmış köleye der. Hallâc: "Kul, ubudiyetin bütün özelliklerini kendinde toplarsa, Allahtan başkasına köle olmaz. Allah'a köle olan hürdür."

Sekiz yıl tek kişilik hücrede Rükû vaziyetinde durur. Bir gece onu zindanda bulamazlar. Başlar telaş: Nereye kaçtı? İkinci gece ne hücre var ortada ne de Hallâc. Ertesi gece onu hücresinde secde durumunda bulurlar. Sorarlar. Susar. Döverler. Pusar. Bir karınca dile gelir: İlk gece O'nunlaydı. İkinci gece Kâbe'ye gitti. Üçüncü gece Kâbe geldi. Karıncayı duyanın kulağı çınlar. Onu dövenlerin kulaklarından kan sızar.

Hallâcın hocası Bestami: "Kendimi tesbih ederim, benim şanım ne büyüktür", dayısı Cüneyt Bağdadi "Cübbemin altında Allah'tan başkası yoktur" deyince bu sözleri ilahi aşk sarhoşluğuna yorumlarlar da Hallâcın "Ene'l Hak" sözüne darağacı dikilir Dicle kenarına.

Dicle. Berrak Dicle. Peygamberlerin göz bebeği nehir. Şimdi Hallâc'ı misafir ediyor. Darağacı göğe doğru uzanmış heyula. Kan. Önce Hallâc'ın abdest suyu, sonra Dicle'nin rengi oluyor. Taşlar geliyor her yandan darağacındaki adama. Tüy gibi, başına, gövdesine gelen taşlar. "ah Taif" diyor. Kan sızıyor tepeden tırnağa taşlar yağmur gibi ine dursun. Acı yok kana boyanmış yüzünde. Bir el gül atıyor. Şiblî'nin gülü değince tenine "Ah" çekiyor. Yakıyor gül sinesini. "Zavallıların attığı taşlardan değil dostun attığı gülden yaralandım" diyor.

" En'el Hak demeyip te 'enel batıl' mı diyecektim. Eğer Allah'ı tanımıyorsanız eserini tanıyın. İşte o eser benim. Ben Hakkım; Çünkü ebediyen Hak ile Hakkım."

" Ey renksizlere renk veren ölüm! Gel! Seni öpeyim. Ey Rabbim, kendimle geliyorum sana. İsimsiz. Cisimsiz. Resimsiz. Vuslattan sonra hangi Hâl var ki! "

" Dün Âdem bendim, bugün İsa benim, yarın Ahmet ben olacağım. Siz benimle konuşmuyorsunuz şu anda konuştuğunuz suret: Ene'l Hak'tır."

Ey her şeyi savup dağıtan. Sana boşuna Hallâc dememişler. Bir cümle söyledin dünyayı tutuşturdun. Söyle infazından sonra seni nereye gömmemizi istersin?

"Ne fark eder, her yer ahirete eşit mesafede! Varlığa efendi diyorsunuz yokluğa köle. Hele bir ölün bakalım görürsünüz kim köle kim efendi!"

Şiblî: 'Ben ve Hallâc, aynı kâseden içtik. Ben ayık kaldım ama o sarhoş oldu. Bunun üzerine hapsedildi, dövüldü ve nihayet idamı bekliyor.' Şiblî'nin bu sözü ölmezden önce Hallâc'a ulaşınca:" Şiblî öyle sansın. Şayet o da benim içtiğimi içseydi, o da benim oturduğum yerde oturur ve benim sözümü söylerdi".

Zülfün sevdâsı kimin boynuna takılsa,

Mansûr gibi âkibet yolunda idam olur.

Sinan Yağmur'un kalemi ile,

MESNEVİ ŞERİF YORUMLARI (2 cilt)

Mesnevî birçok yönden bizim duygu ve düşünce dünyamıza kaynaklık etmiş, kültür hayatımızı derinden etkilemiştir. Asırlarca her seviyeden insan tarafından okunmuş, bilenler tarafından halka anlatılmaya çalışılmış, birçok âlim ve mutasavvıf tarafından tercüme ve şerh edilmiş, fikirlere, eserlere, sanat ve edebiyat ürünlerine ilham kaynağı olmuştur.

Mevlâna'dan miras kalan ' Vahdet dükkanı ve gönüller şifası" Mesnevi'yi bugüne kadar şerh edilişinden farklı bir şekilde okuyacağınız bir eser. Yirmi yıllık çalışma sonucu akıcı bir üslup, güncel konular ve anlaşılır bir dil ile Sinan Yağmur'un kaleminden 2 cilt halinde sizlere sunuluyor.

Mevlâna'nın düşüncelerini anlayabilmek için tek çare, özlü konuları ayrıntılı konulara veya tam tersine, ayrıntılı konuları özlü konularına yönlendirerek Mesnevi'nin tefsirini yine Mesnevi'nin kendisinde aramamızdır. Dermanı, derdin çıktığı yerde aramak.

Bu eseri sizlere hazırlarken, Mesnevi'nin konularına göre şerhi alanında öncelik sahibi olması nedeniyle, , Mesnevi'nin anlaşılması için güçlü birer kaynak olan Tahir'ül Mevlevî ve Şefik Can dedemizin şerhlerinden yararlanılmıştır.

Mesnevî, nefsin Râziye (Ben O'nu severim) makamından Marziye (O, beni sever) makamına geçişte bize mananın özünü üfleyen bir kitaptır.

Konularına göre beyitlerin ayet ve hadis ışığında açıklanıp, tasavvuf kokulu hoş bir sohbet tadındaki bu eseri okudukça "işte aradığımız Mesnevi yorumu" diyeceksiniz. Yüreğinizin cümle kapısını aralayan Mevlevi havayı teneffüs edeceğiniz bu eser;

Mayıs 2012'de bütün kitapçılarda